数字化时代的图书馆采编实践

江 寰 著

北方文藝出版社
·哈尔滨·

图书在版编目（CIP）数据

数字化时代的图书馆采编实践 / 江寰著. -- 哈尔滨：
北方文艺出版社，2025.5. -- ISBN 978-7-5317-6649-0

Ⅰ.G254.3

中国国家版本馆CIP数据核字第2025UC5088号

数字化时代的图书馆采编实践
SHUZIHUA SHIDAI DE TUSHUGUAN CAIBIAN SHIJIAN

作　　者 / 江　寰			
责任编辑 / 邢　也		封面设计 / 琥珀视觉	
出版发行 / 北方文艺出版社		邮　　编 / 150008	
发行电话 / （0451）86825533		经　　销 / 新华书店	
地　　址 / 哈尔滨市南岗区宣庆小区 1 号楼		网　　址 / www.bfwy.com	
印　　刷 / 河北昌联印刷有限公司		开　　本 / 710mm×1000mm　1/16	
字　　数 / 180 千		印　　张 / 14	
版　　次 / 2025 年 6 月第 1 版		印　　次 / 2025 年 6 月第 1 次印刷	
书　　号 / ISBN 978-7-5317-6649-0		定　　价 / 85.00 元	

前　言

在信息爆炸的当代社会，图书馆作为知识传播与文化传承的重要阵地，其角色与功能正经历着前所未有的变革。随着数字化、网络化、智能化的快速发展，图书馆采编工作，这一图书馆资源建设的基础环节，也面临着新的挑战与机遇。本书《数字化时代的图书馆采编实践》旨在深入探讨这一领域，通过理论分析、实践探索与未来展望，为图书馆采编工作的优化与发展提供系统性指导。

第一章图书馆采编概述，为全书奠定了理论基础。通过对图书馆文献采访与编目业务的基础介绍，我们明确了采编工作的基本范畴、历史沿革及其在图书馆服务体系中的核心地位。特别是在数字化时代背景下，本章还深入分析了采编工作的新特点与新要求，为后续章节的展开铺设了道路。

第二章图书馆文献采购的理论分析与实践探索，是对文献采购工作的深入剖析。理论部分，我们梳理了图书馆文献采购的基本原则、策略与影响因素，为实践提供了理论支撑。实践部分，通过具体案例的分享，展示了不同类型图书馆在文献采购中的创新做法与成功经验。同时，本章还强调了文献采购过程中的注意事项，帮助读者规避潜在风险，确保采购工作的顺利进行。

第三章图书馆文献的分类采选，详细阐述了图书、期刊、报纸、古籍特藏及信息类资源等各类文献的采选原则与方法。针对不同类型文献的特点，提出了具体的采选策略与技巧，旨在提高文献采选的针对性和有效性，满足读者多样化的信息需求。

第四章图书馆文献的分类编目，聚焦于文献编目的具体操作与实践。从中文文献到外文文献，从古籍特藏到信息类资源，本章全面介绍了各类文献的编目规则、流程与技巧。规范化的编目工作，不仅能够提升图书馆资源的利用效率，还能够为读者提供更加便捷、准确的检索服务。

第五章数字化时代电子图书馆数字资源的发展与模式，是本书的重点章节之一。面对数字资源的迅猛发展，本章深入分析了数字资源的发展现状与面临的挑战，提出了数字资源采购模式、价格模式及采购流程的优化策略。这些策略不仅有助于图书馆更好地适应数字化时代的需求，还能够促进数字资源的规范管理与高效利用。

第六章数字化时代下的智慧图书馆，是对未来图书馆发展趋势的展望。通过介绍智慧图书馆的概念、特点及其与文献资源采访的关系，本章揭示了智慧图书馆在提升图书馆服务水平、优化资源配置等方面的重要作用。同时，本章还探讨了新一代图书馆业务管理系统的应用与智能选书技术的发展方向，为图书馆采编工作的智能化转型提供了思路与参考。

第七章数字化时代下图书馆采编业务流程与优化，作为全书的总结与升华，深入探讨了图书馆采编工作流程的改进与优化路径。通过案例分析、流程再造等方法，本章提出了一系列切实可行的优化措施，旨在提高采编工作的效率与质量，推动图书馆向更加高效、智能的方向发展。

总之，《数字化时代的图书馆采编实践》一书，对当前图书馆采编工作的现状进行了全面梳理与深入分析，希望通过本书的引导与启发，可以为图书馆采编事业的发展贡献力量。

王玲环
2024年7月

目 录

第一章　图书馆采编概述 ··· 1
　　第一节　图书馆文献采访业务基础 ·· 1
　　第二节　图书馆文献编目业务基础 ······································ 16
　　第三节　数字化时代公共图书馆采编工作的现状 ················· 26

第二章　图书馆文献采购的理论分析与实践探索 ····················· 32
　　第一节　图书馆采购工作的理论分析 ································· 32
　　第二节　图书馆采购工作的实践探索 ································· 48
　　第三节　开展图书馆采购工作需注意的问题 ······················· 64

第三章　图书馆文献的分类采选 ·· 78
　　第一节　图书类文献的采选 ·· 78
　　第二节　期刊类文献采选 ·· 89
　　第三节　报纸类文献采选 ·· 96
　　第四节　古籍与特藏文献的采选 ······································ 103
　　第五节　信息类资源的采选 ·· 106

第四章　图书馆文献的分类编目 ·· 114
　　第一节　中文文献的编目及加工 ······································ 114
　　第二节　外文文献的编目及加工 ······································ 124
　　第三节　古籍与特藏文献的编目 ······································ 128
　　第四节　信息类资源的编目 ·· 133

第五章　数字化时代电子图书馆数字资源的发展与模式 ········ 136
　　第一节　数字化时代电子资源的发展与挑战 ····················· 136

第二节　数字电子资源采购模式…………………………………148
　　第三节　数字电子资源采购的价格模式……………………………166
第六章　数字化时代下的智慧图书馆……………………………………181
　　第一节　什么是智慧图书馆…………………………………………181
　　第二节　文献资源采访和智慧图书馆之间的关系…………………183
　　第三节　下一代图书馆业务管理系统………………………………189
　　第四节　智能选书系统………………………………………………197
第七章　数字化时代下图书馆采编业务流程与优化……………………205
　　第一节　基于业务流程的图书馆采编工作改进……………………205
　　第二节　公共图书馆采编业务发展的现实问题及优化路径………208
后　　记……………………………………………………………………215
参考文献……………………………………………………………………216

第一章 图书馆采编概述

本章概述了图书馆两大核心业务基础——文献采访与编目，并探讨了数字化时代下的新挑战与现状。文献采访业务基础涵盖了图书、期刊等资源的选择、订购与评估策略，确保馆藏的丰富性与针对性。文献编目业务则聚焦于资源的分类、标引、著录，构建信息检索的基石。随着数字化时代的到来，图书馆采编工作正经历深刻变革，电子资源激增，自动化与智能化工具广泛应用，促进了采编流程的高效化与精准化，同时也对人员技能与服务模式提出了更高要求。

第一节 图书馆文献采访业务基础

一、文献的定义及分类

（一）文献的定义

"文献"包含两方面的内容：一是指有关典章制度的文字资料和熟悉掌故的人；二是专指有历史价值或参考价值的图书资料。《论语·八佾》中最早提到"文献"一词："夏礼，吾能言之，杞不足征也；殷礼，吾能言之，宋不足征也。文献不足故也。"朱熹在《四书章句集注》中将"文献"注释为："文，典籍也；献，贤也。"所以，这时候的"文"指典籍文章，"献"指的是古代先贤的见闻、言论以及他们所熟悉的各种礼仪和自己的经历。《虞夏书·益稷》也有相关的引证说明"文献"一词的原意是指典籍与宿贤。《辞海》（1997年版）对"文献"的解释是："文献原指典籍与宿贤，今专指具有历史价值的图书文物资料，如历史文献。亦指与某一学科有关的重要图书资料，如医学文献。"信息时代对"文献"的定义是：文献是以文字、声像符号等为信号编码的，以便于长期保存和广泛传播的以物体为载体的人类精神信息的固态品。

随着社会发展与技术进步，记录信息的载体发生了翻天覆地的变化，载体形式从甲骨金属、竹简、绢帛、羊皮发展到纸、感光片、唱片、磁带、磁盘、U盘、手机等。文献的概念随之发展变化，目前国内外都对文献进行了统一的定义和规范。国际标准化组织制定的《文献情报术语国际标准》对"文献"的定义为："文献是记录一切人类知识信息的载体。"我国国家标准《文献著录第 1 部分：总则》将"文献"定义为："记录有知识的一切载体。"现代文献学专家从广义角度对文献进行了界定，认为凡属于人类的知识，用文字、图形、符号、声频、视频等手段记录下来，固定在一定的物质载体上都属于文献。由此可见，构成文献必须有两个要素：一要有知识内容；二要有记录知识的载体。因此，没有记录任何知识内容的纸张、录音磁带等不能称为文献；只存在于人们头脑里的知识，没有知识载体也不能称为文献。只有将知识用文字、图像等各种符号，采用书写、印刷或其他诸如光学、电磁学等方法记录在一定的物质载体上，才可以称为文献。[1]

（二）文献、情报和信息的联系与区别

"文献"与"情报"存在千丝万缕的联系，它们都是记录、传播与继承知识的一种手段，是人类社会活动中最基本、最主要的信息来源。两者的区别在于："文献"是各种出版物的总和，包括图书、期刊、报纸、年鉴、专利、科技报告及资料、学位论文、会议论文、手稿及声音、图像等一切出版物；[2]"情报"是指被传递的知识或事实，是知识的再激活，是运用一定的媒体（载体），越过空间和时间传递给特定用户，解决科研、生产中的具体问题所需要的特定知识和信息。

"信息"一词在英文中为"information"，日文中为"情报"，我国台湾称为"资讯"，我国古代用的是"消息"。"信息"作为科学术语最早出现在哈特莱于 1928 年撰写的《信息传输》一文中。20 世纪 40 年代，数学家香农给出了"信息"的明确定义："信息是用来消除随机不定性的东西。"之后，

---

[1] 杜密科，陈有富. 高校图书馆文献利用通论 [M]. 北京：兵器工业出版社，2001.
[2] 孟广均. 信息资源管理导论 [M]. 北京：科学出版社，2003.

各研究领域均给出了"信息"的定义。有的认为信息是人与人所生产的记录跨越时空与其他人所交流的内容,强调人对信息的感知;① 有的认为信息是音讯、消息、通信系统传输和处理的对象,泛指人类社会传播的一切内容;② 还有的认为信息是创建一切宇宙万物的最基本的万能单位。

文献、情报和信息三者的联系与区别在于:文献是被物化了的知识记录,是为人们所认知并可进行长期管理的信息。情报是人们为解决特定问题而活化了的更为高级、更为实用的知识。情报蕴含在文献之中,但不是所有文献都是情报。文献是贮存与传递知识、情报和信息的介质,它们之间的逻辑关系是一种包含关系。

(三)文献的分类及特点

文献的本质内涵是将知识信息用特定的符号记录在一定的物质载体上,并通过某种方式或形式进行不同程度的加工制作,最后呈现出来的物质实体。时代的发展与进步使文献的内容和形式呈现出多样性,文献的分类越来越复杂、多元。依据载体形式、内容性质、出版形式可划分为以下几类:

1. 按载体形式划分

文献按照载体形式的不同,可划分为刻版型文献、印刷型文献、缩微型文献、数字型文献和声像型文献。

(1)刻版型文献

刻版型文献是以刻刀刻画或手工书写为主要方式,将知识信息内容雕刻或记录在各种物质材料上而形成的文献,主要载体有甲骨、金属、竹简、绢帛、羊皮、纸张等,如古代的甲骨文、金文、帛书等,现代的手稿、书信、会议记录、读书笔记、手抄摘要等。

(2)印刷型文献

自从有了印刷术,我国很多文献都成为印刷型文献。印刷型文献是目前采用最多、最频繁的文献形式,是占主导地位的知识载体。印刷型文献使用方便简单、成本低廉,便于阅读和收藏。与新型的电子资源相比,印刷型文献存在一定的局限性。首先,信息存储的密度低、体积大,需要的空间多,如目前许多高校图书馆都存在收藏空间不足的现象。其次,印刷

---

① 孟广均. 信息资源管理导论[M]. 北京:科学出版社,2003.
② 严怡民. 情报学概论[M]. 武汉:武汉大学出版社,1994.

型文献受时间、气候、温度、湿度及周围环境的影响较大，难以长期保存，转移或传递文献需要大量的人力和物力，不利于实现现代信息自动化和高速度的传递与交换。

（3）缩微型文献

缩微型文献是以感光材料为贮存载体，利用摄影技术把印刷品或手稿按比例缩小而产生的文献形式，品种有缩微胶卷、缩微卡片、缩微平片、缩微印刷品等。缩微型文献的特点是：①体积小，节省存储空间。②保存期长，在最适当的条件下可保存500年。③提取传递方便，价格便宜。④规格一致，便于计算机管理和实现全文检索。其缺点是必须借助缩微文献阅读机才能阅读。

（4）数字型文献

数字型文献是现代材料技术与计算机技术相结合的产物，是指依赖计算机系统存取并可在通信网络上传输的文本、图像、音频、视频等文献。数字型文献也叫作电子文献。随着电子技术的进步，贮存信息的介质越来越丰富。除了原有的磁带、磁盘、光盘等介质外，目前使用更多的是手机、电脑、iPad等电子设备。在未来发展趋势中，电子文献所占比例将不断增大。数字型文献的特点是：文献存贮量大，设备简单，费用低，检索速度快，应用范围广，不受时空限制，使用灵活方便。

（5）声像型文献

声像型文献又叫作视听型文献，是以磁性材料或感光材料为载体，借助机械设备，直接记录声音信息和图像信息的文献形式，包括唱片、录音带、录像带、电影、幻灯片等。声像型文献的优点是给人以真实、直观、生动的感受，缺点是需要借助一定的机械设备和技术条件。

2. 按内容性质划分

文献按内容性质可划分为三类，即一次文献、二次文献和三次文献。

（1）一次文献

一次文献也称为原始文献，属于原创性的文献，是直接记录科研、生产过程，报道新成果、新发明、新技术、新知识的文献，记载的知识、信息比较新颖、具体、详尽。例如，期刊论文、科技报告、会议文献、学位论文、专利说明书等都属于一次文献。一次文献的特点是：具有创造性；具有参考、借鉴和利用的价值；文种多样。

（2）二次文献

二次文献是对一次文献进行鉴别、筛选、加工、整理而组织形成的系统文献。二次文献又可按加工深度的不同，分为目录、索引、文摘、简介等检索工具和方法。①

（3）三次文献

在学术的海洋中，三次文献犹如一座灯塔，指引着研究者们穿越知识的迷雾。这些文献并非直接源自原始研究，也不是简单地对已有文献的整理，而是通过深入的分析与批判，将一次文献和二次文献的精华提炼出来，形成更为系统的知识体系。例如，综述文章、专题评述、学科年度回顾、进展报告以及数据手册等，都是三次文献的典型代表。这些文献不仅总结了某一领域的最新发展，还对其进行了深入的评论和展望，为后续的研究提供了宝贵的参考和指导。通过这种方式，三次文献在学术交流中扮演着至关重要的角色，促进了知识的传承与创新。

3. 按出版形式划分

（1）图书

"图书"泛指书籍，它是人类用来记录一切成就的主要工具，也是人类交融感情、取得知识、传承经验的重要媒介，对人类文明的发展做出了巨大的贡献。联合国教科文组织对"图书"的定义是：凡由出版社（商）出版的不包括封面和封底在内49页以上的印刷品，具有特定的书名和著者名，编有国际标准书号，有定价并取得版权保护的出版物称为图书；5～48页的非定期出版物则称为小册子。一般正式图书出版物都有封面、扉页、目录、正文、参考文献、封底等内容。ISBN是国际标准书号的英文简称，是图书出版的唯一标识号码，就像人类的身份证一样。②

图书按知识内容可分为社科类图书和科技类图书。按语种可分为中文图书、英文图书、俄文图书、日文图书及其他一些小语种图书。按使用目的可分为两类：第一类是供阅读的著作，包括专著、译著、语言类作品、文学艺术作品、教材、论文集、科普与通俗读物汇编；第二类是供查找、检索和考证用的工具书，包括索引、书目、文摘、百科全书、年鉴、手册、

---

① 张令锋. 中西医学文献检索与利用 [M]. 上海：上海中医药大学出版社，1995.
② 曹均. 网络环境下高校图书馆信息资源采访 [M]. 成都：电子科技大学出版社，2008.

辞典、指南等类型。按出版方式可分为单本书、套书、多卷书、丛书等。按装帧形式可分为平装、精装、线装、盒装等。按版次可分为第一版、第二版、第三版、增订版及修订版等。

图书是人类思想的产物，是一种特定的不断发展着的知识传播工具。所以，无论古今中外，人们对于图书总是给予最高的肯定与特别的关怀。

（2）期刊

期刊又称为杂志，是由依法设立的期刊出版单位出版的有固定刊名，定期或不定期用卷、期或年、月顺序编号，有统一的装帧形式的一种连续出版物。

根据期刊的规范性和审核批准的程序，可以分为正式性期刊和非正式性期刊两种。非正式性期刊只限于行业内交流，不公开发行。

期刊按内容可分为学术性期刊、文学艺术类期刊、政法性期刊、行业性期刊、检索性期刊、工程实用技术性期刊、资料性期刊、报道性期刊、娱乐及消遣性期刊等。

期刊的特点是：内容广泛，出版周期较短，信息量较大。

（3）报纸

报纸是以刊载新闻和时事评论为主的定期向公众发行的印刷出版物。世界上最古老的报纸出现于公元前60年——古罗马政治家恺撒把罗马市以及国家发生的事件书写在白色的木板上告示市民。我国唐代的邸报是中国最早的报纸。印刷的报纸始于德国，随着古登堡研制了适合西文特点的金属活字印刷技术，德国于1609年率先发行定期报纸。报纸按社会职能分为新闻性报纸、商业性报纸、评论性报纸、学术性报纸、娱乐及生活类报纸等。

（4）会议文献

会议文献是指各种学术会议上宣读或交流的论文和报告，包括国内和国际学术会议文献。会议文献通常可分为会前文献、会中文献和会后文献三种。

会前文献主要包括征文启事、会议通知、会议内容、日程、预告、论文摘要、论文预印本等。

会中文献包括主持人对会议的简述、开幕词、领导和权威专家的讲话、学术报告、讨论记录、会议决议、闭幕词等。

在学术交流的璀璨星空中，每一次会议都是知识的盛宴，而会后的文献则是这场盛宴的珍贵记录。这些文献涵盖了多种形式，如会议录、汇编、论文集、参会者的报告、学术讨论会的报告以及会议专刊等。其中，会议录尤为重要，它是对会议期间所呈现的论文、报告内容以及讨论过程的详细记录，经过精心汇编后，以公开出版或发表的形式呈现给学术界。

会议文献具有重要的学术价值和社会价值。学者通过对会议文献进行学术研究，既可以了解、分析相关课题的研究状况，检索所需的参考文献，还可以了解某学科发展动态，了解学术前沿，借鉴和吸收专家的观点、方法和建议等。

（5）研究报告

研究报告的范畴广泛，从宏观的行业趋势到微观的项目细节，无一不包。它如同一位智者，以其深邃的洞察力，为行业的未来描绘蓝图。这份力量的源泉，却源自对每一个数据点的严谨审视与解读。在报告的编纂过程中，研究者们如同探险家，深入未知的领域，搜集珍贵的信息。他们运用各种工具与方法，从定量分析到定性判断，确保每一项结论都建立在坚实的基础之上。这份报告，不仅是数据的集合，更是智慧的结晶。

广义的研究报告包括实证性研究报告、文献性研究报告、理论性研究报告等。狭义的研究报告又称为"科技报告"或"技术报告"，它是科学研究进展情况的实际记录与科研成果的汇总。具体来说，是指研究单位和个人向上级或委托单位提交的关于某个课题研究成果的正式报告。

研究报告一般包括三要素：论点、论证、论据。研究报告有一定的写作格式：第一部分包含引言、概述、研究背景和意义、研究方法和角度、研究对象与方法；第二部分包含研究内容及主要成果、现状与问题、分析与讨论；第三部分包含研究结论和说明、问题与对策、研究展望。

（6）专利文献

专利文献是记载专利申请、审核、批准过程中所产生的各种信息的文件资料。世界上最早建立专利制度的是威尼斯共和国，于1416年2月20日批准了第一件有记载的专利。自1985年4月1日起，我国开始实行《专利法》，此举标志着我国专利文献体系的建立。该体系以《发明专利公报》《实用新型专利公报》《外观设计专利公报》和专利说明书为核心。这些专利文献不仅具备创新性、先进性、实用性、可靠性和高质量等特点，而且覆盖面广、发布速度快、数量庞大、格式标准、格式统一。《中国专利索引》是检索专利文献的一种十分有效的工具书。该索引在 1997 年以前出版《分类年度索引》和《申请人、专利权人年度索引》两种，1997 年增加《申请号、专利号索引》。

（7）学位论文

学位论文是高等院校或研究机构的学生为获得学位，在导师指导下完成的学术论文或科学实验成果的书面报告，一般分为学士论文、硕士论文、博士论文三个级别。学位论文具有一定的学术水平和研究价值，尤以博士论文质量最高，是具有一定独创性的科学研究著作，也是收集和利用的重点。

按照研究方法的不同，学位论文可分为理论型论文、实验型论文、描述型论文。按照研究领域的不同，学位论文又可分为人文科学学位论文、自然科学学位论文等。

（8）标准文献

标准文献是对工农业新产品和工程建设的质量、规格、参数及检验方法所做的技术规定。它是一种经权威机构批准的规章性文献，具有一定的法律约束力，如政府公报、会议文件和记录、法令汇编、调查统计资料等。1901 年，英国成立了第一个全国性标准化机构，同年世界上第一批国家标准问世。中国于 1957 年成立国家标准局，次年颁布第一批国家标准。

标准文献有四种类型：国际标准、国家标准、部门标准、企业标准。它的特点有：具有固定的代号，标准格式整齐划一，具有法律效力。随着经济的发展和科学技术水平的提高，制定者对标准不断地进行了修订及更新，使其拥有很强的专指度。另外，标准文献具有自身的检索系统。

（9）产品资料

产品资料包括在消费者手中，那些精心制作的宣传材料，如产品目录、样品展示、操作指南、全面概览以及详尽手册，构成了厂商与顾客沟通的桥梁。这些资料，作为厂商推广和销售策略的一部分，旨在免费提供给潜在买家，以便他们更好地了解和使用产品。通过这些详尽的资料，厂商不仅展示了产品的特性和优势，还确保了消费者能够充分掌握产品的使用方法，从而增强了产品的吸引力和市场竞争力。产品资料主要是对定型产品的性能、构造、用途、用法和操作规程等做具体说明，其数据真实可靠，内容详细、精准、直观。

（10）档案文献

档案文献包括文书档案和科技档案。它是国家机构、社会组织以及个人从事政治、军事、经济、科学、技术、文化、宗教等活动直接形成的具有保存价值的卷宗材料，有一定的保密性。对于保密性强的资料，要出示一定的证明材料才能查阅。档案文献有文字、图表、声像等多样化的记录形式。

档案文献有个人档案与集体档案之分。一般为内部使用，不公开出版发行，具有保密性，常限定使用范围。我国已经建立起各级别的档案局（馆），有国家、省、市和县四级档案行政主管体系。

（11）其他出版物

简介性的出版物主要包括宣传册、传单、价格表等印刷品。图片文献包括地图、地质图、行政区域图、各类展示图、范图、照片、书画作品等。[①]

二、文献采访

（一）文献采访的定义

文献采访是图书馆的一项重要的基础工作，随图书馆的发展而发展，与图书馆的兴衰共存共荣。各行业专家对文献采访的定义和看法并不一致。美国阿瑟·柯利和多萝西·布罗德里克在《图书馆藏书建设》中将文献采访分为选书和采访两个环节。认为选书应由具有一定专业技术的人员来完成，即由图书馆的馆员完成；采访的主要工作是文献选择后的订购，属于后续跟进的后勤工作，由图书馆中的办事人员来实现，可由非专业人员担任。[②]

在《图书馆采访学》这部著作中，一位来自我国台湾的学者顾敏提出了有关"文献采访"的独到见解。他指出，这一过程并非仅仅局限于图书馆的采访活动，同时他还首次提出了广义与狭义两种图书馆采访的概念。所谓广义图书馆采访，是指为了丰富图书馆的馆藏资源，所进行的一系列寻求、挑选与采购的活动。而狭义图书馆采访，则是指专门为了馆藏建设而展开的收集工作。[③]

[①] 王细荣，吕玉龙，李仁德. 文献信息检索与论文写作 [M]. 上海：上海交通大学出版社，2015.

[②] 柯利，布罗德里克. 图书馆藏书建设 [M]. 北京：书目文献出版社，1991.

[③] 顾敏. 图书馆采访学 [M]. 台北：台湾学生书局，1979.

《中国大百科全书》认为，文献采访是根据各自的目标和读者需要，图书馆及其他文献情报机构选择文献，并通过购买等多种方式获取文献，补充和完善馆藏建设，满足读者需求的过程。

在黄宗忠教授的深刻见解中，图书馆的馆藏建设被赋予了一种动态的生命力。他强调，这一过程应当紧密结合图书馆的实际状况，特别是在经济条件允许的范围内，优先考虑读者的需求。图书馆通过一系列精心策划的活动，如搜寻、筛选和收集，来构建其宝贵的藏书。持续不断地引入新近出版的资料，以丰富和更新馆藏，确保图书馆始终保持其学术前沿的地位。这一过程不仅是图书馆自我更新的体现，也是对知识传播和学术研究持续贡献的明证。[①] 黄宗忠教授对文献采访的定义强调了三个方面的内容：其一，文献采访是一种连续不断的过程；其二，文献采访工作是按图书馆的要求实施的；其三，文献采访需要一定的方式和技巧。黄教授认为"文献采访"又可以称为图书选择、图书采访、藏书建设、藏书补充、文献资源建设等，在图书馆建设中具有重要性，随图书馆的存在而存在。对于一个图书馆的馆藏建设情况，主要根据文献采访质量的优劣评判。因此，图书馆对文献采访工作的要求越来越严格和规范，有些高校图书馆对采访人员的资质和学历有一定的条件和要求。图书馆要明确文献采访的概念和范围，筹划和推进文献采访工作，并使之符合现代图书馆的要求。[②]

在图书馆的宏伟架构中，文献的采集与管理是一项基础而关键的任务。杨肥生在其深入探讨《文献采访学研究》的著作中，精辟地阐述了这一过程的复杂性与重要性。他指出，文献采访不仅仅是图书馆（或文献情报机构）为了丰富馆藏而进行的一项活动，它更是一种精心策划的选择、搜集、寻访和收取文献的过程。这一过程的对象广泛，涵盖了各种形式的文献，而不仅仅是传统的图书。图书馆内部，为了确保文献采访工作的顺利进行，通常会设立专门的部门，如采访部或采访编目部，这些部门的设置与文献采访的流程和管理需求紧密相连。这些部门的存在，不仅体现了图书馆对文献采访工作的重视，也反映了其在组织结构上的合理布局，以支持这一关键职能的高效执行。杨肥生的研究，为我们提供了一个深入了解图书馆

---

① 黄宗忠.文献采访学 [M].北京：北京图书馆出版社，2001.
② 韩红予，张联锋.高校图书馆文献采访理论与实践 [M].武汉：武汉大学出版社，2012.

文献采访工作的窗口，揭示了其在图书馆运营中的核心地位。通过这样的研究，我们能够更加清晰地认识到，文献采访不仅是图书馆资源建设的基础，更是其服务功能得以实现的重要保障。[①]

"文献采访"一词在图书馆学的专业术语中具有专指性。杨肥生提出文献采访活动具有四个要素：第一，谁在采访；第二，为何采访；第三，采访什么；第四，怎样采访。这四个要素表明了文献采访的实施者（即文献采访的主体是图书馆，指图书馆采访）、文献采访的目的（即文献资源建设，强调文献采访对文献资源建设的主导作用，文献资源建设还需要对采访的文献进行加工、组织、保存和保护）、文献采访的内容（文献采访的对象是文献，而非出版物）、文献采访的方式（包括选择、获取等方式），充分体现了文献采访在图书馆专业术语中的位置。文献采访包括文献选择、文献获取、文献交换、文献采购等内容。文献采访与文献分类、文献编目、文献流通等几个环节相互关联、相互牵制。

综上所述，对文献采访比较统一和规范的定义应为：文献采访是指图书馆文献采访工作，是各图书馆根据自身的性质、任务、读者需求、经费状况等，通过觅求、选择、采集等方式进行文献资源建设的过程。

文献采访工作是图书馆文献资源建设的重要环节，它直接影响图书馆藏书的质量，与读者需求的满足程度息息相关，是图书馆文献资源建设持续稳定发展的一个重要因素。

（二）文献采访经费与出版发行分析

1. 经费分析、预算及分配

文献采访需要进行经费分析、经费预算及经费分配等，具体应遵循以下原则：

（1）重点学科、新增专业优先采访原则

文献采访要与学校的发展和学科建设联系起来。重点学科包括国家重点学科、省重点学科、本校重点学科，学校对重点学科的建设水平代表本校的教学和科研水平。图书馆优先采访重点学科文献是整个文献资源建设的核心问题之一。另外，对新增专业的文献资源进行采购是对学科新设专业的基本支撑。

[①] 杨肥生. 文献采访学研究 [M]. 合肥：安徽大学出版社，2005.

（2）经费合理分配原则

图书馆要根据专业设置和学科建设等具体情况，均衡性地使用和分配经费。图书馆文献采访工作要全面和系统，既要保证重点学科的深度和广度，还要考虑读者普遍性和常规性的特点，满足读者对文献的需求。①

（3）互补性采访原则

文献资源建设包括纸质资源和电子资源，两者相互补充、相互支撑。图书馆在经费预算过程中要协调好两者的关系和比例，根据各学科建设的特点和对文献的要求做好经费分配。

（4）分析借阅率和流通率原则

图书馆要定期对文献的借阅率和流通率进行统计，分析借阅率和流通率高的文献，视具体情况合理加大此类文献的采访力度。

2. 出版发行分析

（1）国际出版行业概况

20世纪90年代以来，全球大力发展文化产业，文化产业属于"朝阳产业"和"黄金产业"。文化产业主要由新闻出版发行、广播电影电视、文化信息传播、文化艺术及文化创意等服务业组成。欧美发达国家是出版大国，也是出版强国。2012年6月，法国《图书周刊》、德国《书业报告》、美国《出版商周刊》、英国《书商》和巴西《出版新闻》五家业内权威杂志联合公布了2011年销售额超过1.5亿欧元的全球54个图书出版集团。美国出版商协会公布的年度《统计快照》显示，2015年，美国出版业净收入为277.8亿美元，销售量为27.1亿套（册）。净收入以及销量与2014年基本持平，收入与2014年相比下降0.6%，而销售量却比2014年增长0.5%。在线零售仍然是出版商创收的主要渠道，2015年的市场份额为37.4%，销售量为8.06亿套（册）。目前，图书出版形式呈多样化，多媒体技术推动了网上销售，促进了物流业的发展和繁荣。另外，现代化信息技术使按需印刷、实时销售、零库存、全面营销分析等得以实现。

（2）国内出版行业概况

根据国家新闻出版署2023年2月发布的《2021年新闻出版产业分析报告》《2021年全国新闻出版业基本情况》，2021年，全国出版、印刷和发行

---

① 俞国琴. 图书馆文献配置价值链创新研究[M]. 上海：世界图书出版公司，2014.

服务实现营业收入 18564.7 亿元，较 2020 年增长 10.7%；利润总额 1085.5 亿元，增长 5.9%。图书出版实现营业收入 1082.2 亿元，期刊出版实现营业收入 224.6 亿元，报纸出版实现营业收入 579.2 亿元，音像制品出版实现营业收入 30.5 亿元，电子出版物出版实现营业收入 20.0 亿元，全国印刷复制实现营业收入 13301.4 亿元，出版物发行实现营业收入 3239.2 亿元。

目前全国出版行业形成了以综合出版集团公司为主体和分散单一出版社并存的竞争格局。出版集团分为两大阵营，一类是中央级出版集团，包括以专业出版、大众出版为主要定位的中国出版、以教育出版为主要定位的教育出版集团、以专业出版为主要定位的中国科传等；另一类是地方级出版集团，包括凤凰传媒、中南传媒、新华文轩、山东出版等，在各地教育出版领域占据一定优势，在大众出版、专业出版领域亦占有一定市场地位。

（三）文献采访工作的具体内容

文献采访工作辐射面广，了解科研课题的研究内容、进展情况、出版动态等信息，有计划、有目的、系统地搜集文献是文献采访工作的第一关。文献采访工作的具体内容包括：制定采访标准，确定采访计划和文献搜集范围；研究出版动态，关注图书市场变化、汇率变化，调查文献信息来源与涉及的内容和价值；调查读者需求，满足读者需要；对书目进行筛选、查重，发现重要文献的馆藏遗漏情况后要及时补充；领导和专家小组审核初选书目；在图书馆的日常运营中，财务报账问题，如付款和记账，是不可或缺的一环。供货商在接到订单后，需采取补救措施以确保未收到的书籍能够及时送达。馆员们则负责对这些书籍进行跟踪和反馈，确保每一本书都能准确无误地到达读者手中。新书到货后，验收登录成为首要任务，这一过程确保了图书馆藏书的完整性和准确性。为了更好地管理文献资源，建立文献采访档案显得尤为重要，这一档案记录了所有将要采访的资料，为后续的工作提供了便利。采访人员根据领导和专家小组的指导，结合读者需求和馆藏建设的要求，精心挑选并订购文献。随后，这些订单被发送给供货商，开启了文献采购的新篇章。新书验收完后，移送编目部门进行文献信息的著录；采访人员及时收集读者反馈信息，定期做好馆藏质量评估，根据各评估结果进行复选与剔除工作。

（四）文献采访的环节与程序

文献采访由六个环节构成：文献信息收集、文献信息确认、文献选择、文献获取、文献移送和文献评价。

目前，文献信息收集有三种类型。第一种：供货商向采访人员定期发送电子版书目数据单。文件一般采用 Excel 格式，采访人员根据需求把采访数据导入操作系统进行查重，根据相关结果形成书目单。由于某个供货商提供的书目与其他供货商提供的书目或有重复，所以采访人员的查重工作十分重要。第二种：国家新闻出版总署直接发 CIP 电子数据单，CIP 数据单由出版社独家提供，不存在重复数据，只需经过系统查重即可。第三种：通过其他各种途径收集的书目单，如网络、报刊、出版社等途径，特别是有些权威或专业出版社为了争取市场份额，会主动联系图书馆发送采访数据。

采访人员根据教学、科研和图书馆的要求对查重后的书目单进行文献采访，同时联系各院系的资料员，进行书目推荐和采购，整合各方面的采访信息，形成采访数据订单。对于大码洋图书，要经过图书馆领导的确认后，方可发送订单给外包的供货商。

图书馆文献采访的一般流程为：采访人员采访—部门预审—部门审核—采购小组审核形成询价单—发送订单—供货商反馈信息—采访人员再次确认订单—供货商发货。

（五）文献采访的策略

高校图书馆在学科建设中起着重要的文献保障作用，是教学、科研及学科建设的重要支撑力量。对于图书馆的文献资源建设而言，高等教育体制改革及院校学术机构调整既是机遇又是挑战。高质量地采购教学、科研所需要的文献是高校图书馆工作的重心，它直接反映高校图书馆的学术水准，能有效地提升高校教学和科研水平。以下对高校图书馆文献采访策略提出几点思考。

1. 高校图书馆做好自我定位

在探讨高等教育机构图书馆的角色与功能时，我们必须首先审视其核心使命，即紧密围绕其所在学府的教育与研究需求。这一原则要求图书馆避免无目的的模仿，不应简单复制大型综合图书馆的藏书策略，特别是那些虽珍贵却与本校学术发展关联不大的巨著。相反，图书馆应深入挖掘并强化与现有及未来专业课程紧密相关的文献资源建设。回溯至图书馆的本质，其定位需精准且实用，确保每一本书、每一篇文献都能直接服务于师生的学术探索与知识构建。这种以需求为导向的收藏策略，不仅提升了资源的利用效率，也确保了图书馆在学术支持中的核心地位。通过精心策划的文献建设，图书馆能够为学术研究提供坚实的基础，同时也为教学活动的深化提供了丰富的素材。高校图书馆的自我定位与文献建设策略，应当是一个深思熟虑、目标明确的过程。这一过程不仅关乎资源的收集与管理，更涉及如何最大化地服务于学术发展的长远目标。通过这样的策略调整，图书馆将成为推动学术进步的强大引擎，而非仅仅是书籍的储藏室。

2. 图书应分为教学类和科研类

在学术探索的征途上，青年教师往往需要一盏明灯来照亮前行的道路。这盏明灯，便是那些经过精心挑选的学术著作。这些著作的筛选过程并非一帆风顺。虽然教学类图书的目录可以由本校的授课教师来决定，但科研领域的书籍选择却不能如此简单。教师们在学术研究的道路上，经历了漫长的学习与成长，他们深知自己的局限性，因此渴望得到领域内专家的指引。图书馆，作为知识的宝库，应当承担起这一重任。它不应仅仅依赖本校教师的判断，而应广泛征求校内外专家学者的意见。这些专家学者，如同导航者，能够准确地指出通往学术前沿的必经之路，并列出那些不可或缺的书籍清单。图书馆根据这些清单进行采购，确保所购书籍既全面又权威，为青年教师提供了一条清晰且可靠的学术路径。通过这种方式，图书馆不仅为青年教师提供了宝贵的学术资源，也为他们搭建了一个与领域内顶尖专家交流的桥梁。这不仅有助于青年教师快速融入学术前沿，也为他们的学术成长奠定了坚实的基础。

第二节 图书馆文献编目业务基础

在人类文明的长河中，有一座知识的灯塔，那便是图书馆。它不仅是纸质文献的大本营，更是科技与文化传播的殿堂，群众汲取智慧的源泉。这样的公益殿堂，作为政府与民众之间的桥梁，承载着保存和传承人类知识的重要使命。在这里，先进的科技文化知识得以广泛传播，每一位踏入其门内的访客，都能感受到知识共享带来的温暖和力量。开展公共文化服务视角下的图书馆采编业务建设对于普及科学文化知识，提高全民素质，进而推动社会文明的进步，具有十分重要的意义。

一、新公共文化服务理论及其基础

（一）新公共文化服务的概念

新公共文化服务不仅仅是一种服务，更是一种责任，一种使命。政府公共服务部门以人民的需求为导向，以满足人民群众基本文化生活权利为目标，不断地创新，不断地完善，为公民提供更加丰富、更加多样、更加优质的文化服务。国家在制定新公共文化服务的政策时，通常会立足实际，考虑到目前社会及经济发展所处的阶段以及整体水平，做到与时俱进、契合实际，让群众的文化权益得到有效的保护。群众能够享受到的基本文化权益包括很多，如在城乡推进公共文化设施建设，让城乡居民享受到文化事业发展的成果。发布公共文化信息可以让城乡居民更好地获得与文化相关的信息以及服务，为参与文化实践活动打下坚实的基础。

（二）新公共服务的理论依据

1.新公共文化服务是公共服务的重要组成部分

新公共文化服务是政府在发挥职能过程中需要着重关注的一项内容。因为政府担当着新公共服务的职能，而此项职能的核心要点就是为广大人民群众提供良好的新公共文化服务。我们把公共经济学以及管理学作为重要的研究视角，认为新公共文化服务事业和经营性质的文化产业是存在本质差别的，因为新公共文化服务事业侧重点为保障社会效益，向社会提供带有非竞争性以及非排他性的公共产品以及服务。新公共文化服务事业和文化领域之中其他的经营性文化产业共同构成了国家的文化建设整体。

新公共文化服务产生于改革开放的深入发展进程当中，是在政府积极转变职能和打造服务型政府背景之下提出的，是政府新公共服务体系当中不可或缺的组成部分。新公共文化服务体系是新公共服务当中至关重要的构成要素，也是政府服务职能得以实现的重要工具。政府在落实文化管理职能的过程中，需要充分承担起新公共文化服务的职责，让人民的文化权利得到有效保障。新公共文化服务特别重视人民文化权利的获得，以及给广大人民提供文化产品和服务。这样的功能是否可以得到有效的落实，直接影响新公共服务体系的建设效果，同时还和人民对政府的满意度密切相关。要想建设让人民满意的政府，就要关注公众的文化诉求，保证新公共文化服务建设的质量。

2. 新公共文化服务是人民文化权利的基本保障

新公共文化服务简单来说就是由国家政府出资，由公共文化服务机构以免费或者是低价的方式提供给群众的文化服务。具体而言，可以给广大人民群众提供公共文化服务的机构有公共图书馆、科技馆、博物馆、美术馆、文化馆等。而文化服务的具体事项有读书、看报、公共文化鉴赏、群众文化活动等。

新公共文化服务和经营性文化产业是截然不同的，之所以得出这样的结论，是因为新公共文化服务具备以下几项根本的特点，而这些特点是经营性文化产业不具备的。第一，平等性特征。新公共文化服务以及各项服务性资源必须秉持公平分配的原则，确保公共文化设施和资源得到均衡配置以及合理化的应用，让人民均可享受到平等的、公共的文化服务，而不存在高低贵贱之分，也不存在多寡之分。第二，便利性特征。新公共文化服务应该给人们提供距离近且经常性的服务，让人们随时随地便捷性地获得公共文化服务的支持。第三，多样性特征。这里所说的多样性包括两个层面，一个层面是所提供的公共文化产品以及服务，在种类、层次、特点等诸多方面应该拥有多元化的特点；另一个层面指新公共服务所面向的服务对象是多样性的，考虑差异化群体的多元化文化诉求，同时还会给一些特殊群体提供针对性强的服务支持。第四，公益性特征。新公共文化服务部门不把获得盈利作为根本目的，而是考虑社会效益，让广大人民共享文化建设和文化发展的重要成果，让公共服务和公共产品用免费或者是以较低费用的形式让人们得到享受，带有明显的公益性特征，彰显人文关怀及对于人们文化素质培养的重视。第五，基本性特征。这里所提到的基本性特征，主要强调新公共文化服务是为满足人民基本文化生活诉求而产生的，超过基本性服务范围的，可在文化市场当中得到有关的服务和帮助。第六，普及性特征。从面向的对象方面看，新公共文化服务面向广大人民群众，所有公民普遍享有。广大人民享受的是多元化且无差别的文化服务内容，能够更加方便快捷地促进新知识理念的普及推广，也能够让广大人民的文化权利得到普遍性的保护。

在信息化时代和知识经济的快速发展进程中，图书馆的功能显现出被淡化、忽略、转移的情况，影响图书馆资源价值和服务功能的发挥，同时也在很大程度上损害了图书馆的公共服务形象，无法凸显图书馆各项服务工作的公益性特质。在 21 世纪初期，新公共服务理念被提出，重新强调公益性组织的价值回归，给公益性组织的图书馆带来了巨大的发展契机，使得图书馆对自身功能和定位进行重新调整，并获得更好的发展。

二、图书馆文献编目概论及其基础

（一）文献编目的概念

在图书馆的庄严空间里，那些精心编排的图书目录，宛如一位智慧的引路人，带领着渴求知识的探索者穿梭于无垠的书卷世界。这些目录，作为图书馆藏品的精髓指引，其根本任务是为寻求者提供一条便捷的通道，深入展现每一部作品的独特魅力。简而言之，图书目录的核心价值在于其展现与指引的双重角色，而其中，展现文献则是这一角色的根基。为了更好地履行其指引职责，图书目录必须持续优化文献记录，提高文献报道的及时性和文献识别的准确性。尽管指引文献是从展现文献这一特性中派生出来的，但它已成为现代图书目录的关键使命。在图书馆中，作者目录、标题目录、分类目录等各种目录形式，尽管受到多种客观条件的制约，仍努力为读者提供图书文献的外在特征，满足他们对特定作者或标题的搜索需求，同时也确保了基本的阅读服务和书籍流通。追溯到图书目录的起源，其初衷便是为了满足人们对图书文献资料的广泛需求。通过这一特殊的指引工具，图书馆不仅揭示了馆藏图书的内容，更在指导阅读和推广图书方面发挥了不可替代的作用。因此，图书目录的编制，始终围绕着指引、识别与展现馆藏图书文献这一核心目标展开，确保每一位读者都能在知识的海洋中找到属于自己的宝藏。

（二）文献编目的作用

1. 揭示馆藏文献

在图书馆的庄严空间里，众多宝贵的书籍悄然安息，它们是历史的守望者，承载着人类思想的精华。这些书籍穿越了时间的隧道，覆盖了从远古到现代、从东方到西方的广阔领域，它们以多种语言和文字的形式存在，构成了图书馆珍贵的资产。文献编目，这一细致的工作，旨在通过客观的描述，将这些宝贵的藏品展示给读者，为他们提供识别和利用这些资源的依据。从微观的视角来看，文献编目如同一位精细的画家，精心描绘每一份文献的独特特征，凸显它们之间的差异与联系，使得每一份文献都如同一个缩影，让目录的使用者能够轻松区分、鉴别并选择他们所需的著作和版本。而从宏观的角度审视，文献编目的目的在于全面揭示馆藏的丰富性，向外界报告馆藏的数量、质量、种类以及它们在图书馆中的分布情况，从而使目录的使用者能够一窥馆藏的全貌。这些文献，不仅仅是纸张和墨水的结合，它们是知识的载体，是历史的见证，是文化的传承。文献编目，就是将这些无形的财富，通过有序的排列和精确的描述，转化为可供人们利用的宝贵资源。在这个过程中，每一份文献都得到了尊重，每一条信息都得到了精确的记录，从而确保了图书馆的馆藏能够被有效地管理和利用，为人类的进步和发展贡献着力量。

2. 提供检索依据

在现代社会的知识的海洋中，学术成就和科学研究的光辉，在很大程度上，是依托于对那些关键信息的掌握。这些宝贵的信息，一方面来源于现实世界实验的直接赐予，另一方面则来自对过往历史和全球文献深邃挖掘的间接收获。科技的跃进，使得信息的海洋愈加浩瀚，形式更加多元，这也孕育了一个巨大的矛盾：丰富的资料与人们特定需求之间的冲突。为了缓解这一冲突，迫切需要一种有如指南针的工具，它能引导人们在信息的海洋中定位，寻找到他们需要的知识灯塔。而图书馆的编目工作，正是为了打造这样的导航系统。编目，是图书馆向公众展示其丰富的藏书的一种方式，无论是实物书籍，还是虚拟资源。这是一份揭示藏书的每年的增长，以及它们的内涵和外延的工作。它详尽地记录了文献的种类、主题、名称和各种版本，对于指导读者挑选合适文献，起到了不可替代的作用。通过编目，读者还能洞察图书馆的收藏精华，比如哪种语言的书籍更为丰厚，哪个主题的期刊更为完备，或是某些稀世珍宝级的文献如何被妥善珍藏。编目还提供了文献的方位指南，让读者能够准确快速地找到心仪的书籍。得益于计算机科学与现代信息技术的伟大进步，只需轻点鼠标，进入图书馆的自动化系统，读者便能利用多种检索方式，轻松获取文献的具体位置——是书库的哪一层，阅览室的哪一角，甚至是书架的哪一层。这样的系统，无疑是读者探索知识宝库的明灯，引领他们在书海中驶向正确的彼岸。

3. 有效管理馆藏文献

在图书馆宏伟乐章中，文献编目工作是那至关重要的韵律。它不仅确保了馆藏的秩序，还是一位隐形的守护者，悄悄地维系着知识的疆界。编目，这一过程中，对每一本书、每一篇论文、每一张卡片上的信息进行精细的记录，就像是给每一份知识都制作了一个独特的身份证，使它们在信息的海洋中得以被准确地定位和识别。当一册册新书被采购回来，它们像是远航归来的探险家，带着新的故事和知识，被送回它们的家园——图书馆。而编目人员，就像是善于识别宝藏的炼金术士，他们记录下每本书的每一行字，每一个图表，每一个公式，让这些知识宝藏被妥善地分类、整理，便于读者们寻找到它们所需的那一份智慧。这个过程不仅服务于图书馆内部的工作人员，如采访、典藏、流通和参考咨询等岗位，提供了他们工作所需的基础信息平台，更让采购人员能够根据中央书目库详尽的数据，了解每一种文献的收藏状况，精准地制订采购计划，避免盲目地搜集。在读者服务部门，书目信息成了他们的得力助手，通过它，他们可以向读者们宣告新书的到来，举办令人期待的展览，以及提供及时而精准的咨询服务，从而极大地提升服务质量。而对馆藏人员而言，这些书目信息则像是他们的第三只眼，透过它，他们可以随时清点馆藏的数量，编制出各种精确的统计报表，确保馆藏的准确性。通过这样一套细致入微的编目流程，图书馆的每一位员工都像是被赋予了一种神奇的力量，他们可以驾驭着这些看似普通却充满魔力的信息，让图书馆这座知识的宝库，永远秩序井然，光彩照人。

三、公共文化服务与图书馆采编业务相融合的意义

在信息化时代以及知识经济的快速发展进程中，图书馆的功能显现出被淡化、忽略、转移的情况，这影响到图书馆资源价值和服务功能的发挥，同时也在很大程度上损害了图书馆的公共服务形象，无法凸显图书馆的公益性特质。21世纪初，伴随新公共文化服务理念的提出，重新强调公益性组织的价值回归，这给属于公益性组织的图书馆带来了巨大的发展契机，使得图书馆可以对功能和定位进行重新调整，并获得更好的发展。另外，图书馆的性质充分体现了新公共文化服务的核心——公共性，并准确地将其传递给大众。

（一）有利于推动文化大发展大繁荣

在现代社会中，图书馆不仅是一个知识的宝库，更是一个文化交流的中心。它的存在，如同一位智者，见证了人类文明的演进与知识的积累。当我们回溯其发展历程，不难发现，图书馆的形成并非一蹴而就，而是一个逐步成熟和完善的过程。这一过程中，图书馆的管理理论逐渐成形，为后来的体系建设奠定了坚实的基础。图书馆的核心功能之一，是其采编业务。这项业务不仅为知识的传播提供了便捷的途径，更是图书馆内容丰富性的关键所在。通过采编，图书馆能够将海量的文化资源进行有序的分类和整合，从而为读者提供了一个清晰、易于导航的知识海洋。在这个信息爆炸的时代，图书馆的这一功能显得尤为重要，它帮助人们在无序的信息洪流中找到方向，提供了宝贵的知识导航服务。图书馆不仅仅是书籍的集

合体，它还是一个社交和娱乐的场所。在这里，人们可以交流思想，分享经验，享受阅读带来的乐趣。图书馆所营造的文化氛围和价值理念，使其在社会体系中占据了不可替代的位置。它不仅丰富了人们的精神生活，也成了一个社区的文化心脏。图书馆作为一个不断进化的有机体，其重要性不仅体现在其丰富的馆藏和高效的服务上，更在于它如何通过科学的管理和创新的业务模式，适应时代的变化，满足人们日益增长的知识需求。在这个过程中，图书馆不仅保存了知识，更传递了文化，成为连接过去与未来、传统与现代的桥梁。在创建"知识型社会"的大环境下，图书馆想要充分发挥自身功能，就必须把服务公众摆上议事日程。图书馆要将服务深入公众，深入社会的各个阶层，深入学校、机关、社会团体等各个领域。

（二）保障公共文化权利的实现

1. 公共文化权利概念界定

公共文化是指由政府主导，社会参与形成的普及文化知识、传播先进文化、提供精神食粮、满足人民群众文化需求、保障人民群众基本文化权益的各种公益性文化机构和服务的总和。仅从词语含义来说，"公共"是一个相对于"个体"或"私有"的概念。然而，"文化"却是一个集"人化"与"社会化"于一体的术语。也就是说，"文化"从来都具有不容忽视的公共性。只要有社会存在，就必然有公共文化存在。公共文化是一个伴随社会发展的必然产物，也是一个社会存在与延续的基本要素。显然，公共文化是一个相对经营文化而言的概念，也是一种为满足社会的共同需要而形成的文化形态。基于全民参与、共享与非营利的性质，人类文化有史以来就强烈地表现为公共文化。不管人类社会怎样产生、演化与发展，公共文化自始至终都是依赖人类、扶持人类而实现自身价值。

公共文化主要是相对于经营文化而言的特殊范畴，同样涉及物质形态、精神内涵、人文意蕴等各个层面。从内涵来看，它是整体性、公开性、公益性、一致性等内在公共性的文化，体现着大众群体的公共观念和文化价值；从外延来看，它是指包括文化场所、文化活动、文化产品等一切公共文化资源在内的物质范畴。公共文化是社会可持续发展并形成社会凝聚力的根本因素，是实现人与社会和谐发展的重要条件。由于公共文化是社会大众互相作用的结果，它必然深刻地影响着作为社会个体的人。也就是说，人的活动创造了公共文化，公共文化反过来作用于人的发展。当前，文化被称为社会或城市的灵魂，因而倡导、发展公共文化无疑是实施文化强国战略的重要决策。公共文化具有偏重社会公有共享的文化属性，强调为社会全体民众共同作用所形成的文化形态。因此，在公共文化活动领域，有人人参与、人人享受与人人创造文化的基本观念。可见，公共文化利益涉及人类生存与发展的方方面面。可以说，人是文化的存在，人类是追求文化利益的动物。

2. 保障公共文化权利的意义

（1）公民文化权利的充分实现，是"人的全面自由发展"的基本表现

在人类的发展史中，一个显著的里程碑便是文化的诞生。正是文化，将人类与自然界及其原始的野性区分开来，使人类得以迈向更高的文明阶梯。文化，被誉为人类精神的灯塔，它不仅照亮了人类前行的道路，还赋予了人类感知自由和幸福的能力。而在这个过程中，人类逐渐成了所谓的"文化的存在"。这种"文化的存在"不仅仅是一个抽象的概念，它意味着人类必须拥有基本的公共文化权利。这种权利，与政治权利和经济权利一样重要，它保障了人类在文化领域的自由。缺乏公共文化权利的人，将无法实现自我全面发展，他们的自由也将变得残缺不全。公共文化权利的存在，是为了让人类能够在文化的熏陶下，不断提升自我，不断超越自我。它是人类追求更高文明、更大自由的重要保障。因此，我们必须重视公共文化权利，保护公共文化权利，让人类在文化的沐浴下，真正成为能够感知自由和幸福的高级动物。

（2）保障公民的公共文化权利，是增强国家文化实力的需要

在当今世界，文化的力量无疑成为衡量一个国家综合实力的重要标志。正如我国在《国家"十一五"时期文化发展规划纲要》中所强调的，文化不仅仅是经济社会全面协调发展的强大精神动力，更是经济社会发展的重要内容。在当今这个时代，文化与经济、政治的交融日益紧密，与科技的结合愈发紧密，文化在综合国力竞争中的地位和作用越来越突出，成为衡量一个国家综合实力强弱的重要尺度之一。要赢得国际竞争，仅仅依靠强大的经济实力、科技实力和国防实力是远远不够的，我们还需要强大的文

化实力。这就涉及国家的公共文化实力与公民的公共文化权利的关系问题。对国家或政府来说，保障公民的公共文化权利，实质上就是满足公民的基本文化需求。而要满足公民的基本文化需求，就必须建设公共文化服务体系。在这个公共文化服务体系中，公共图书馆发挥着不可替代的重要作用。公共图书馆不仅是公众学习知识、进行社会阅读的场所，也是文化休闲和观赏的场所。发展图书馆的采编业务，能让公民更加自由和便利地获取信息，这无疑发挥了其他文化设施无法替代的重要作用。许多国家和地区都已经开始重视公共文化政策和公民公共文化权利的保障问题。人们普遍认识到，文化的繁荣是发展的最高目标，文化的创造性是人类进步的源泉，文化的多样性是人类最宝贵的财富。因此，以高瞻远瞩的目光，许多国家、地区和城市都开始制定系列文化战略、文化政策，以保障公民的公共文化权利，满足公民的基本文化需求，从而提升国家的文化实力，赢得国际竞争。

（三）有利于学习型社会稳步推进

图书馆是公众的终身学堂。绝大多数国家的宪法明确规定：公众享有接受教育的权利，享有获取知识的自由。教育是公众个人持续获得生存与发展的前提条件，也是社会整体不断发展与进步的基本保障。在人类教育事业之中，学校教育、社会教育和家庭教育是三种最基本的教育形式，无论哪种教育都离不开文献资料的支撑与辅助。因此，图书馆在学校教育、社会教育和家庭教育中都占有重要地位，尤其是近现代以来，图书馆已经成为社会教育的中坚力量。在欧美发达国家，图书馆是中小学学生及学前儿童的快乐天堂，他们经常在课下去图书馆学习、交流与娱乐。早在古希腊时期，终身教育的思想观念已经开始萌发，在历史的长卷中，有些思想如同熠熠生辉的星辰，照亮了人类前行的道路。在教育的领域，柏拉图和亚里士多德的理论，就像指南针和微风，分别指引和轻拂着哲学教育和闲暇教育的方向。当文艺复兴和工业革命的浪潮来临，一场以成人教育为核心的教育革命悄然萌发。这就是终身教育的理念，犹如破晓的曙光，预示着教育的新纪元。1965 年，法国成人教育家保罗·郎格朗，像一位设计师，用他的智慧和笔触，绘出了终身教育的蓝图。他的《论终身教育》的报告书，提出了终身教育的概念，并明确了它的内涵和外延，从而使这股教育潮流成为一股世界性的风暴。随着学习型组织、学习型政府、学习型城市与学习型社会的建设风潮愈演愈烈，图书馆，这个知识的宝库，自然而然地成了实施终身教育（学习）的最佳场所。它像一艘巨轮，承载着无数渴望知识的人，驶向知识的海洋。发展文化的基础是发展图书馆的采编业务，而图书馆，这个知识的殿堂，更应该成为地方的信息中心与教育中心。它犹如一座灯塔，指引着人们在知识的海洋中前行，不断地学习，不断地进步。学习型社会建设的目标旨在打造终身学习、人人学习的学习平台，这需要完善的文献资源保障体系的保障。图书馆作为服务网络的重要节点，不仅是地方的文献信息中心和文化休闲中心，而且是民众的终身学校和交流场所，为学习型社会建设奠定了坚实基础。图书馆的采编业务建设应打破传统图书馆区域间的独立运营模式，将各个独立的图书馆整合为统一的服务网络，有效促进各馆间的互动合作。

　　学习型社会建设也得益于学习型文化的保驾护航，图书馆是信息获取、持续学习、终身教育等文化理念的孵化地。图书馆通过具体业务行为（如对文献的采访选择、推荐、导读、评定乃至类别编目）直接影响人们的文献接受与文化理解，参与社会文化的塑造与定型，具有独特的文化构建能力。图书馆是社会的公共文化设施与精神文明载体，它促进了人类文化遗产的社会传承，也提供了和谐社会构建的文化阵地。

　　学习型社会建设离不开社会文化的支撑，图书馆是社会文化传承、弘扬与创新的场所。它是图书馆系统的一种纵向延伸和横向拓展，肩负文化的传承、导向、规范与整合等职责。图书馆是集信息服务、文化休闲、教育培训于一体的基础性公共文化服务设施，具有促进社会发展、培育社会文化、开发闲暇时间、传递实用信息等功能。总而言之，图书馆是社会公共文化事业的重要成员与文明发展程度的重要标志，它的文献采编业务肩负着传承社会文化、提供文献资料、开展信息交流、传递社会信息、开发智力资源、开展社会教育、提高民众素质、促进社会和谐的重要职责。没有图书馆采编业务的融合发展，就没有社会文化的蓬勃发展，就没有学习型社会的稳步推进。

第三节 数字化时代公共图书馆采编工作的现状

在信息化浪潮席卷下，公共图书馆的采编工作正面临前所未有的挑战与机遇。网络科技的发展，像春风般催生了无数网络科技公司，为图书馆的资源建设带来了翻天覆地的变化。这个领域里，资源的边界被不断拓展，服务能力也得到前所未有的加强。这片蓝色的海洋也孕育着新的挑战，图书馆采编工作必须在变革的浪潮中找到自己的方向。这场变革要求公共图书馆在采编工作上做出深刻的调整，利用网络科技的便利性和高效性，提升采编的效率和质量。这是对图书馆工作的重塑，也是对传统采编方式的挑战。公共图书馆必须在这场变革中找到自己的定位，以适应新的网络环境。采编工作是图书馆工作的基础和核心，它关乎到图书馆的馆藏资源建设、文献资源的流通、信息服务的质量以及学术研究活动的支持。公共图书馆要在这场变革中保持其服务的优质性和多样性，就必须高度重视采编工作，确保其工作的优质性和多样性。特别是在近年来，网络环境对采编工作的影响日益明显，这要求公共图书馆的采编工作必须与时俱进，充分利用网络科技的优势，提升采编工作的效率和质量。同时，公共图书馆也必须在新的挑战中寻找新的发展机遇，以实现新的突破。本部分内容旨在研究网络环境下公共图书馆采编工作的现状，以期在变革中找到公共图书馆采编工作的新方向，为读者提供更加优质的信息资源和服务。

一、网络环境下公共图书馆采编工作的新挑战

（一）信息爆炸与过载

公共图书馆的采编工作面临着严峻挑战，原因在于信息的爆炸式增长。采编工作的核心任务是筛选和评估文献资源。在信息爆炸的背景下，采编人员需要精准识别真实、可靠、权威的资料。文献资源的整理和分类也是一个巨大挑战。面对海量信息资源，采编人员需要投入更多时间和精力进行有效的组织和分类。为了提升工作效率，他们需要掌握最新的信息管理

和组织技巧，以便提升文献资源的利用价值。在信息技术飞速发展的今天，公共图书馆的采编人员迎来了前所未有的挑战和机遇。他们肩负着确保馆藏资源与时俱进的重任，必须时刻关注信息的最新动态。采编人员需要不断提升专业技能，以适应信息爆炸带来的巨大变化。只有这样，他们才能在瞬息万变的网络环境中，为读者提供最及时、最准确的信息服务。这不仅是对采编工作的要求，更是对他们专业素养的极大考验。信息的更新速度令人惊叹，网络环境下的新资讯层出不穷，这使得图书馆的资源更新工作变得尤为重要。为了确保馆藏资源的时代感和新鲜感，采编人员需要定期监测、扩展和优化采编渠道，保持与信息环境的同步。在享受网络便利的同时，采编人员也必须面对信息爆炸带来的种种挑战。他们需要在纷繁复杂的信息中，筛选出最有价值的内容，并迅速将其纳入馆藏，供读者查阅。这不仅需要敏锐的判断力，还需要熟练的操作技能和丰富的专业知识。采编工作的背后，是采编人员对读者需求的深刻理解和对信息质量的严格把控。他们不断学习和适应，不断更新和补充馆藏资源，为读者提供更好的服务。这不仅是对他们专业能力的认可，更是对他们辛勤付出的最好回报。公共图书馆的采编工作既充满了挑战，也充满了机遇。采编人员需要在不断变化的环境中，不断提升自己，才能更好地为读者服务，满足他们的信息需求。通过不断努力和创新，他们将图书馆打造成一个充满活力和吸引力的信息中心，为社会进步和文化传播做出积极贡献。

（二）读者需求多元化

在数字革命的浪潮中，公共图书馆的采编业务正经历着一场深刻的转型。随着互联网技术的普及和信息量的激增，读者对图书资源的多样性和品质有了更为苛刻的期待。他们追求的是能够精准匹配个人喜好和需求的定制化阅读方案和服务指南。这一需求使得采编工作变得愈发复杂，同时也对采编人员提出了更高的要求，需要他们具备跨学科的知识整合能力，以便从众多学科中精选出满足读者个性化需求的文献资料。在全球化的推动下，读者对不同文化和语言的学习兴趣日益增强。因此，采编人员必须加强对多元文化图书文献的搜集和整理，以提供更加丰富的学习资源。在这一系列新挑战的驱动下，采编人员应当不断调整和优化服务策略，确保读者能够享受到个性化的阅读推荐和针对性的服务引导。网络环境的变革不仅丰富了读者的阅读习惯和学习方式，也对公共图书馆的采编工作提出了更高的要求。采编人员必须不断适应这些变化，通过提供多样化的资源和服务，来满足读者不断变化的个性化需求。随着数字化的发展，读者对多媒体资源（如图像、音频和视频等）的需求日益增长。因此，采编工作不仅要关注传统的纸质文献，还必须兼顾电子书籍、在线教育课程和视频资料等多种形式的资源。这种多元化的资源整合策略，旨在满足读者日益增长的个性化阅读需求。

（三）数字化转型与技术更新

在数字化时代的洪流中，图书馆的采编工作正站在一个转折点上，迎接着前所未有的考验与契机。资金的紧缺成了我们不得不直面的难题，如何在有限的预算内为采编部门配备充足的资源，以满足数字化变革的迫切需求，这无疑是一项艰巨的任务。这不仅仅是关于数据库系统的升级换代，更涉及引入尖端的信息检索工具，这些投入对图书馆的财务状况构成了严峻的挑战。随着数字化资源的迅猛增长，数据的安全性和用户的隐私保护成了我们必须解决的课题。为此，我们需要构建一套严密的安全技术体系和管理规范，以确保用户数据的安全不受威胁，维护信息的完整性。数字化变革还要求我们提高服务水平，为读者提供更为便捷和优质的数字化服务。这意味着我们需要在信息推荐上更加精准，多媒体资源的支持更加便捷，以满足读者的多样化需求。采编人员也需不断提升自身技能，以适应数字化变革的要求。这包括掌握新的知识，如数据库检索技巧、信息分类方法、数字化资源管理技术等。这不仅增加了采编人员的学习负担，也带来了技术更新的压力。面对这些挑战，公共图书馆不能坐以待毙，而应主动出击，从多方面着手，制定并实施数字化变革的规划和部署，通过有针对性的培训和指导，提升采编工作的效率和质量。在数字化变革的进程中，采编工作既要应对资金、技术等方面的压力，也要抓住机遇，提升自身的服务能力和水平，以适应数字化时代的需求。这是图书馆面临的挑战，也是机遇。

二、网络环境下公共图书馆采编工作的新趋势

（一）采编工作一体化

在图书馆的现代化进程中，采编工作的整合已成为不可逆转的趋势。曾几何时，采购与编目这两个环节各自为政，互不干涉。时至今日，这一局面已被彻底颠覆。一体化不仅意味着环节间的紧密结合，更代表着效率与质量的双重提升。通过构建共享数据库、确立统一的操作标准与流程，以及采用尖端技术工具，采编工作的协同性与整合度得到了显著增强。在具体实施层面，共享数据库的创建显得尤为关键。采购人员在图书采购初期便将相关信息录入数据库，与编目人员进行实时沟通，确保图书一旦到馆便能迅速完成编目并投入使用。统一的工作标准与流程也是不可或缺的一环。这包括了统一的选书评估标准、编目细则以及分类规则，旨在确保采编流程的井然有序，从而提升整体工作效率。借助这些措施，图书的上架速度得以加快，工作负担也相应减轻。采编工作的一体化不仅提升了工作效率，更是对读者服务质量的一次全面优化。在这一过程中，自然语言处理、机器学习等先进技术的应用，使得编目、分类等环节实现了自动化，极大地提高了工作的准确性与效率。近年来，大数据分析与人工智能技术的广泛应用，为采编工作带来了革命性的变革。通过对读者阅读行为与兴趣的深入分析，这些技术能够精准把握读者的需求，为采购与编目工作提供有力的数据支持。通过引入这些前沿技术并加大资金投入，采编工作的一体化得以更加深入地推进。编目人员依据既定标准对图书进行精准编目与分类，致力于提升采编工作的效率与质量。采购人员则在充分了解编目人员需求的基础上，有针对性地进行图书采购。这种紧密的协同合作，不仅显著提高了工作效率，更进一步优化了图书馆的服务品质。

（二）读者服务个性化

在信息化时代，公共图书馆为了实现长效发展并更好地满足读者需求，必须注重创新，并秉持个性化原则，为读者提供更优质的信息服务。为此，

采编人员应购置不同的文献资源，包括数字出版物和多媒体资源，以扩大读者的信息选择空间。他们还应该立足于本馆资源配置现状与工作实际，拟定针对性的采编方案，综合运用主题采编、特别采编等手段，购置更多元、更丰富的文献资源，以提高馆藏资源的丰富性。在网络环境下，公共图书馆的采编工作现状和发展趋势被深入探讨。图书馆可以利用技术优势，通过丰富数字化馆藏、提供电子阅读服务和建立个性化推荐系统等方式，为读者提供个性化的信息服务。这些服务在信息化技术的支撑下，不仅有利于保障信息安全和用户隐私，同时也提升了读者获取信息的便利性和独特体验。为了更好地了解读者的阅读偏好、需求和行为习惯，图书馆需要进行深入的读者调研和需求分析。通过广泛运用网络平台、社交媒体等多种渠道，对读者的检索记录、借阅历史、意见反馈等信息进行综合分析，有助于全面把握不同读者群体的信息需求。图书馆还应该组织类型多元的阅读活动，以满足不同读者群体的兴趣爱好。通过设计丰富多彩的阅读活动，如图书分享会、名著专题讲座等，让读者在参与活动的过程中获取更多知识，提升阅读体验。这种面向不同读者群体的个性化服务和丰富多样的阅读活动，将进一步推动公共图书馆在网络环境下的发展与创新。图书推介活动可以依托这些平台开展，不仅能及时获取阅读反馈信息，而且还可以同读者展开互动，充分利用社交媒体。采编人员在这方面也需努力。

（三）采编人员专业化

在数字时代的浪潮中，公共图书馆的采编人员不仅需掌握传统专业知识，更需精通数字技术的运用。为了打造一支适应网络时代的专业化队伍，图书馆必须从人才培养和内部管理两方面着手，确保采编人员能够熟练运用现代技术，有效管理数字资源。图书馆应着重于内部管理的强化，制定详尽的人才培养策略，确保采编人员能够持续接受专业培训。这包括提供资金支持，创造更多学习机会，特别是在数字资源管理和利用方面。例如，通过培训使工作人员掌握数字图书馆的建设、数字化编目与分类技术，以及线上文献资源的采购流程。还应教授数据分析和应用技巧，使采编人员能够利用图书馆系统和其他分析工具，深入分析读者的阅读行为，从而获取宝贵的反馈信息。同时，加强战略规划和交流合作的培训，促进与出版单位、社区合作伙伴的深入合作，确保获取高质量的文献资源。图书馆在人才招聘方面也需进行革新，摒弃传统观念，不再将采编工作简单等同于图书选购。应根据图书馆采编工作的实际需求，优化岗位体系，明确各岗位的职责和要求。同时，根据人才需求分析的结果，进行有效的人才招聘和引进，吸引那些具备信息化采编能力且经验丰富的专业人才。图书馆可以通过举办行业研讨会、主题研修、项目指导等方式，以及建立内部知识共享机制，鼓励采编人员在日常工作中不断提升自身的业务素养和综合能力。通过这些措施，图书馆不仅能够培养出一支技术娴熟、适应力强的采编队伍，还能确保其在数字时代中保持竞争力和创新力。

第二章 图书馆文献采购的理论分析与实践探索

本章深入剖析图书馆采购工作的双重维度，首先从理论上构建其框架，探讨采购策略、成本控制、资源优化等核心理论，为科学决策奠定基石。随后，通过实践探索，分享案例研究，展示高效采购流程、供应商管理、数字资源采购等新兴实践，强调理论与实践的紧密结合。最后，聚焦开展采购工作时需注意的关键问题，如合规性审查、需求精准对接、绩效评估等，旨在提升图书馆采购工作的整体效能与服务质量。

第一节 图书馆采购工作的理论分析

一、图书馆采购工作的内容分析

（一）图书馆文献采购

图书馆工作的重要环节之一就是文献采购，图书馆文献采购工作具有重要的意义，是文献资源建设的基础。它随图书馆的产生而产生，随图书馆的发展而发展。只要图书馆存在，文献采购工作就会随之存在下去。馆藏文献资源建设的关键主要取决于文献采购质量。

1. 文献采购思想与理论

人们不断地进行文献采购活动，进而形成了文献采购的相关理论。古代的文献采购思想是比较分散的，尚未形成系统的理论，大多表现在藏书家个人的购书实践中。到了近代，图书馆向社会开放之后，文献采购活动日趋复杂，有关文献采购的理论开始形成。古今中外的图书馆都很重视对文献采购实践的总结和理论研究，并形成了不同的理论流派。

在中国古代的藏书楼时期，文献采购被认为是极为重要的事情。古代藏书家不仅非常重视文献采购，而且注意对藏书实践进行总结，留下了许多颇有价值的论述。但我国古代比较系统的藏书建设理论与方法是在宋代以后才开始出现的，尤以明清时期私人藏书家的有关著述影响最大。他们在藏书实践中积累了丰富的经验，并对文献采购进行了系统的研究，留下了诸多著述，提出了许多有价值的文献采购理论，颇受后世藏书家尊崇和效法。

辛亥革命前后，国民的思想十分活跃，社会形势动荡，也是图书馆事业迅速发展的时期。在那个时期，大量的图书馆被建立，越来越多的人投身图书馆建设事业。由于图书馆增多，出版物品种和发行数量直线上升，文献采购工作面临新的挑战。图书馆界的先辈们愈加注重对文献采购的研究。

中国文献采购向来注重以人为本和满足需求的思想。以人为本、满足需求的思想在21世纪得到了更多的关注。很多著述都阐述了这样的观点，图书馆是适应社会的需要而产生和发展起来的，满足社会大众对文献、信息和知识的需求，是图书馆根本不变的宗旨。

在文献采购过程中，图书馆要践行以人为本、满足需求的思想，就必须坚持满足不同读者的阅读需求。以图书馆的社会服务任务和读者需求为参考依据，来采购与馆藏相关的学科、类型、语言文种的图书文献，同时要随着服务任务的变化与读者阅读需求的变化，调整图书馆藏书的学科范围、内容水平、类型结构，使之始终与社会需求保持一致。

这一采购思想改变了图书馆的评价标准。在评价图书馆时，人们更加看重图书馆是否满足读者信息需求和阅读需要。图书馆所有的业务活动，都要围绕用户的需要开展。图书馆信息资源建设也必须服务于这一需要。因此，在文献采购过程中，图书馆一方面要衡量文献的价值，另一方面也要判断读者对文献的需求。了解图书馆服务地区的方针、政策，掌握用户的构成和水平，是选书人员落实以人为本、满足需求思想的基础。这是现代图书馆选书所必须遵循的要求。

2. 文献采购能力

（1）经费保障能力

当前，就国内图书馆界而言，图书馆的文献购置经费一般都处于短缺状态。原因主要是文献价格上涨幅度过大，文献品种和数量增长过快，经费供给增幅滞后。

每个图书馆由于其服务功能、服务对象、服务范围的区别，其文献购置费的需求也是不相同的。人们在谈论经费供给的时候，采用对比的方法无可厚非，但这种方法多是粗放式的，缺少科学的成分。一个图书馆每年需要多少文献购置经费，不能仅靠比较和估计，而是要依据图书馆的具体情况进行分析。

（2）经费来源

图书馆的经费来源有多种渠道：

①政府财政拨款。主要针对各级公共图书馆。

②主管部门拨款。主要针对学校、科研机构、机关单位图书馆等。

③社会捐赠。社会捐赠有个人捐赠和社会团体捐赠两种形式。捐赠对象多为学校图书馆和公共图书馆。

④自筹经费。主要针对个人或股份制图书馆。

随着改革开放的深入进行，图书馆的经费来源呈现多元化。

（3）经费的使用

考察一个图书馆经费保障能力的另一个重要方面是经费使用的合理性。图书馆的文献购置经费不是一次性使用完的，而是在一个年度范围之内分批使用的。图书馆采购文献大多不是采购单一类型的文献，而是采购多种类型的文献。这就涉及经费的使用计划，经费对各类型文献的投入比例，以及经费使用的审计和监督等问题。

经费使用状况，各馆因自身的情况有所不同，但总体来看难以令人满意。这一结果受多种因素的影响，比如图书馆在意识方面存在偏差，过分注重消费而轻视效益和服务；管理方式过于粗放，缺乏经费管理机制：不经论证就申报经费，不经计划就随意使用经费。

3. 管理保障能力

文献采购在图书馆工作中处于"龙头"的重要地位。每个图书馆不论大小，都要设立相应的采购工作部门，配备适合的采购工作人员。采购工作量大、采购文献品种多、专业性强的图书馆应设立采购委员会—采访部—采购馆员三级管理体制，必要时还应设立文献采购咨询委员会。采购委员会负责全馆采购工作重大问题的决策；采购部负责全馆采购工作的实施；采购馆员负责具体的采购工作。

政策和制度是文献采购工作程序化的重要保障。图书馆的馆藏文献不是散乱无序的堆积，而是有目的的不断增长的有序的文献集合体。馆藏文献建设的目的性、有序性，决定了文献采购的目的性、有序性。也就是说，在馆藏文献建设方面，图书馆采购的方针和政策是非常重要的。图书馆采购工作是一项复杂的工作，涉及钱和物的交易，相对健全的采购制度，有利于规范图书馆采购流程，使图书馆的采购工作更加规范有序。

文献采购工作与图书馆其他各项工作相比较，具有其自身的重要性、复杂性和多样性。说其重要，是因为每年有大量的资金从采购人员的手中支出，大批文献由采购馆员手中采入。资金投入的价值如何，采购馆员的行为起着重要的作用。说其复杂，是因为每一种文献从发行信息的收集到采购进馆，经历了多道程序。从管理的角度出发，要搞好文献采购工作，不仅需要合理设置采购机构和人员、制定和完善相关的规章制度，而且还需要一个优化了的工作环境。

（二）图书馆文献采购工作

1. 馆藏文献建设规划

馆藏文献建设是图书馆有目的、有计划、持续不断进行的一项基本建设。它是图书馆文献资源建设的最高原则或行为指南。文献采购工作要以本馆馆藏文献建设规划为依据和目标。馆藏建设规划与采购工作密切相关的内容包括：

（1）藏书发展纲要

藏书发展纲要对于馆藏文献建设来说意义重大，能够指导图书馆采购工作。藏书发展纲要在制订过程中是存在一定的难度的，先是针对藏书的学科范围进行分类，在此基础上制订详细、规范的学科框架一览表。接下来针对各学科范围内的文献进行收藏级别划分，在此基础上制订科学合理的收藏目标。最后，制订学科齐全的"藏书结构一览表"，以便更好地规划图书馆藏书发展纲要。

（2）图书选择与采购政策

图书馆选择和采购政策主要包括馆藏文献选择的原则、标准、复本数，采购工作程序以及图书馆交换、接受捐赠的计划等内容。在参考图书馆的性质、任务和读者的需求的基础上制定相应的图书选择与采购政策。

（3）经费分配政策

经费分配政策主要包括确定购书经费的使用原则、目标、方法等内容。当前，随着信息载体的变化和网络电子信息的发展，藏书发展政策面临着几项艰巨的任务：合理安排出版形式；规划不同载体文献的经费比例；解决"网上资源"与"馆藏资源"建设的经费矛盾等。

（4）合作藏书发展政策

合作藏书发展政策主要包括确定合作藏书的目标、任务、参加合作图书馆的入藏文献的范围、文献的报道和共同利用等。

2. 文献采购政策

文献采购工作，要有文献采购政策的指导。文献采购政策指图书馆在文献采购工作中为实现采购目的而制定的文献采购方针和政策。文献采购政策是采购工作落实馆藏文献建设规划的具体安排，馆藏文献建设规划是制定文献采购政策的依据。一个较为完整的文献采购政策应包括如下内容：文献采购总则、文献采购经费分配原则、采购人员安排与文献采购组织、采购文献的类型和级别、文献采购的形式和方法、文献采购工作程序、采购部门的责任与要求等。

3. 文献采购工作程序

文献采购工作是一个过程，这一程序由五个环节构成，即文献信息收集、文献信息确认、文献选择、文献获取、成果移送与评价。

（1）文献信息收集

开展文献采购工作必须掌握足够的文献信息，文献信息主要由两部分内容组成，分别是文献的出版发行信息和图书馆对文献的需求信息。书目订单、书展消息、书评、新书预告等都属于出版发行信息。

（2）文献信息确认

信息确认指对收集到的文献信息进行整理、筛选、确认，以区分当用信息、备用信息和不用信息。

（3）文献选择

在文献采购过程中，文献选择主要由具体文献的选择和文献获取方式的选择两部分内容组成。选择文献的过程就是采购进行决策的过程，必须保证决策的科学与合理。

（4）文献获取

这一程序主要指的是利用各种方法获取所选择的文献，使文献前期采购工作成果化的过程。文献获取的工作相对其他环节来说，耗时比较长，工作内容也更为复杂。

（5）成果移送与评价

进行到成果移送这一环节就代表着一轮采购活动进行到了尾声。成果移送就是将整理好的文献移交给下一道工序加工、分编。成果评价就是评价文献采购的成果。成果评价包含多方面内容，比如采购者的自我评价、文献在分编和使用过程中得到的评价等。开展成果评价具有重要的意义，能够有效提升文献采购工作的水平。

（三）图书馆采购工作形式

1. 书目数据提供

图书馆采购工作的重要形式之一就是书目数据提供，这一形式被大多数图书馆所采用。为了采购到更加全面和具有针对性的图书，图书馆不仅需要了解新书出版情况，还要明确自身采购需求，在此基础上拟定购书单。书目数据提供指的是以新书书单为依据，图书馆确定好馆藏图书，将确定了的书单交给馆配商，馆配商以书单为依据，与出版社进行沟通，确定供货书目。图书馆主要是通过《新华书目报》等刊物来了解新书书目信息，了解出版情况的。馆配市场的发展在一定程度上提升了馆配商整合书目信息的能力。馆配商通过与出版社的沟通联系获取相关的图书信息，之后对这些图书信息进行整合，再向合作的图书馆推送这些信息。图书馆分析这些图书信息可以全面地了解当年的新书书目。通过这种方式，馆配商也能掌握图书馆的购书需求，并根据图书馆需求为其提供合适的书单，这大大节省了图书馆获取图书信息的时间。针对馆配商提供的书目信息，图书馆需要做进一步的筛选，筛选完成后的书单即为订单，后续的采购环节也以此为基础展开。

2. 图书现采

图书现采主要是为各地图书馆提供图书现场采购的机会，目标是达成更多订单。图书现采活动主要是馆配商发起的、各大出版社参与的现场活动。图书现采活动一般一年有两场，分别是春季图书现采和秋季图书现采。和线上购买、图书招标相比，图书现采有其自身特点，具体来讲主要包含以下三点：第一，图书现采采购到新书的概率是很高的，图书馆采购人员利用图书现采平台可以直接下单本年度新书；第二，通过图书现采，在图书的质量和内容方面，采购人员可以把控得更精准，提高采购的质量；第三，图书现采的图书库存量是比较充足的，图书馆通过图书现采可以快速拿到现书，提升到货率。

3. 纲目购书

纲目购书，也称自动配书，于20世纪60年代发源于美国，随后在北美、欧洲得到迅速发展，至今仍是大多欧美图书馆所采用的主要购书方式之一。所谓纲目购书，就是馆配商根据图书馆所需求和认可的购书纲目（出版社、图书类型、学术水平等）以及其他条件来主动推送图书给图书馆，图书馆根据需求来挑选适合馆藏的图书，不符合馆藏需求的图书则被退回，但退回量有一定的限制。

近年来，我国对社会文化建设的要求不断提高，图书馆对文献资源的质量问题也逐渐重视起来。结合我国馆配行业现状，我国图书馆与馆配商并未完全照搬国外纲目购书的订购模式，而是在部分领域逐渐建立出符合自身需求的订购模式。如在电子书采购领域，湖北三新自主研发的纸电图书采购平台设有基于中图分类法及其他条件的图书筛选器，用户可根据自身需求建立详细的图书甄选规则。用户不仅可以自行检索选购图书，系统也可以根据图书馆的选购规则及采购历史定期推送符合条件的新书。同时，不同图书馆用户可参考其他图书馆的选书规则模板，方便中小型图书馆向大型图书馆借鉴学习。在这个过程中实际上已经完成图书馆与馆配商共同制订购书纲目的任务，从而解决购书纲目难制订的问题，满足精准、快速订购图书的目的。随着图书出版、馆配领域网络信息技术应用的增强，图书馆与馆配商在图书订购模式方面的探索及合作也越来越普遍。

4. 业务外包模式

业务外包模式指的是图书馆将馆内部分业务承包给馆配商来完成。图书加工上架及图书编目业务是馆配商主要的承包业务，换句话说，馆配商主要承包图书馆的图书生产加工业务，图书在经过馆配商的加工后，能够直接在图书馆上架供读者借阅。这对于图书馆来说是非常便利的，在一定程度上节约了图书馆的人力、物力，同时也便于图书馆进行资源优化。业务外包模式对于馆配商来说也具有重要意义，一方面可以为馆配商自身带来利润，另一方面，也能提升馆配商的服务能力，有利于与图书馆开展长远合作。不仅如此，还能在一定程度上促进图书馆功能的提升。

（四）图书馆的采购方式

1. 目录采购

纸质目录和电子版目录是图书馆目录采购的主要依据，图书馆将筛选之后的订单提交给经销商，经销商以订单为依据开展后续的采购环节，直至图书在图书馆上架。

目录获取的途径主要有以下几种：

一是经销商提供。

二是出版社提供。

三是订阅书目报。

四是通过各种订货会收集。北京图书订货会（每年1月）；全国书市（每年4或5月）；经销商举办的图书馆订货会。

五是媒体赠送，媒体制作的目录，往往会随刊附赠给图书馆。

六是在出版社或经销商网站上下载。

2. 数据采购

图书馆进行数据采购以MARC（机器可读目录）格式的数据为基础，将筛选过的订单提交给经销商；经销商以订单为依据，开展后续的采购环节，直至图书在图书馆上架。数据获取的途径主要有以下几种：

一是经销商提供。

二是媒体提供。媒体制作的光盘目录上，往往都有MARC数据。

三是在出版社或经销商网站上下载。

3. 样本采购

图书馆采购人员通过翻阅图书样书，考察其内容、层次、开本、价格等因素，从而决定是否采购。

图书馆实现样本采购的途径主要有以下几种：

一是各种图书馆订货会。

二是经销商的样本库、现货库或卖场。（从事馆配业务的经销商一般都有自己的样本库或现货库，有的甚至将卖场直接作为图书馆现采的场地。）

三是经销商定期将样书送到图书馆，图书馆看完后再由经销商取回。

四是出版社的样书室（很多出版社拥有品种齐全、分类清晰的样书室）。

（五）图书馆图书采集的渠道

高校图书馆图书采集的渠道多种多样，常见的采集方式有购买、交换、受赠、征集、呈缴和复制等，采集渠道有批销商、零售商、网上书店、出版社、协作机构、团体和个人等多种途径。

1. 购买

购买是高校图书馆采集图书的主要方式和馆藏文献的主要来源。

我国外文原版图书的进口由国家指定的具有图书进口权的进出口公司负责。经国务院批准享受为大专院校、科研单位进口图书资料免征进口环节增值税的公司有：中国图书进出口（集团）总公司及其具有独立法人资格的子公司、中国教育图书进出口公司、中国科技资料进出口总公司、北京中科进出口有限责任公司、中国国际图书贸易集团有限公司、中国经济图书进出口公司和中国出版对外贸易总公司等7家。前两家进出口公司是目前外文图书征订目录的主要提供商，也是高校图书馆进口外文图书的主要合作伙伴。

2. 文献交换

文献交换是指两个或两个以上图书馆之间，或图书馆与其他文献收藏单位之间相互交换出版物，互通有无，调剂余缺，以增加文献来源。文献交换是高校图书馆丰富与补充馆藏，与其他文献收藏单位发展合作关系的一种重要方式，包括国际交换和国内交换两种类型。

文献交换工作应本着以我所有、换我所需和平等互利的原则，根据图书馆自身的业务范围和收藏特点，选择能提供本馆所需文献的对口交换单位建立交换关系。根据交换双方的实际需求和可提供的文献（如高校的学报、内部刊物和地方文献等）建立交换目录，着重选取其他途径难于采集或通过交换渠道更利于节省经费的文献进行交换。当交换关系建立后，交换双方应签订交换协议，建立交换档案，详细记录交换单位的邮寄地址、联系方式、相互交换的书刊与其他文献目录、交换费用统计等事项，并定期评估交换文献的效益和利用情况，以评估结论为依据，对文献交换关系进行巩固、调整或取消。

3. 接受捐赠

接受捐赠是指图书馆选择与接受国内外机关团体和个人捐赠的文献，是丰富与补充现有馆藏、节省文献采购经费的重要采集方式。图书馆接受捐赠的文献来源，主要有著者捐赠自己作品、个人捐赠他人作品、出版单位捐赠自己的出版物、基金会组织捐赠的外文图书和其他社会团体捐赠的文献。

接受捐赠的文献应基本符合图书馆文献采选的学科范围和读者阅读层次。凡接受属于入藏范围的捐赠文献，应办理捐赠手续，建立专门的捐赠档案，列明捐赠者、捐赠品名及数量、价值，同时回赠赠书卡以示感谢。对于珍贵文献和价值较高、数量较多的捐赠，除颁发荣誉证书外，还可设立专架陈设和展览。

接受捐赠文献应做好文献内容和复本量的审核和复选工作。凡不属于图书馆收藏范围或者已有足够复本、破损较严重（特藏文献除外）的捐赠文献，应向捐赠方说明情况，婉言谢绝；如捐赠方愿将捐赠文献交由图书馆全权处理，则给予注明非正式入藏的捐赠回执，并依照图书馆的有关规定处理。

4. 呈缴

在高校图书馆，呈缴主要指由学校协调而建立的校内出版物的呈缴制度。对于本校出版的图书、期刊及本校人员的各种著述，学校通常要求著作者在出版后的一定时期内呈缴给图书馆收藏，建立本校著作文库等特色馆藏。

5. 征集

一般来说，采选各类非正式出版物的主要方式就是征集文献。征集文献的文献类型是多种多样的，其中比较典型的类型有本校和外校的博硕士学位论文、政府出版物、方志、家谱和有价值的文献等。

6. 复制

复制的方式也是多种多样的，比如静电复制、照相复制、缩微复制、转录、数字化扫描等。复制这种方式不仅是图书馆丰富馆藏文献的有力补充方式，也是图书馆保存和利用文献的有效手段。一般来说，针对图书馆缺藏的文献，如果不能通过其他采集渠道获得，那么就需要利用复制的方式，获得文献原件的复制品，以丰富馆藏资源。对于利用率高的教学参考资料一般采取数字化扫描上网方式，限制在校园网内使用。

二、图书馆采购工作的流程分析

（一）图书馆采购流程的理论指导

1. 营销管理理论

（1）图书馆市场定位策略，明确图书馆自身定位及服务对象。图书馆馆藏建设的同质化问题已被不少学者提出。然而在业内人士广泛呼吁服务创新的同时，图书馆学本身并没有可直接应用于创新实践的理论依据。而在营销管理学中，通过对市场的细分、客户群定位、企业／产品定位等步骤，即可科学地找出自身特点及差异化经营路径。

（2）以市场为导向，以顾客满意为目标，为读者服务。市场导向要求图书馆时刻关注组织外部及内部环境的变化及其影响，包括社会经济文化发展变化、人口民生变化、科学技术发展以及图书馆自身组织情况等，而不是只着眼于图书出版发行领域；综合考量宏观微观环境，借助SWOT（态势分析法）等营销管理学工具，明确自身优劣势以及外部发展的机会和威胁，进而指导图书馆营销组合策略的选择。同时明确市场需求，以追求顾客（读者）满意度为建设目标，即提供符合目标读者群体所需的信息资源以及能帮助读者的配套服务。社会对图书馆的读者服务能力的要求日益提升。事实上，读者服务日益成为图书馆的主要职能。而对读者行为信息的收集、分析以及利用，是提升图书馆读者服务能力的关键。然而需要指出的是，"顾客导向"是存在一定局限性的，即顾客"受其固有文化影响，不具有先进性"，从而导致完全迎合客户的创新是有局限的。真正了解市场实际需求（尽管有时顾客还没有认识到该需求），引导顾客需求，是图书馆服务营销的关键。

（3）追求并实现图书馆的社会价值，以效益最大化为最终目标。图书馆作为非营利性组织，承担着公共文化服务的职能。长期以来，信息资源的馆藏是图书馆的主要任务，而图书馆的"效益"情况往往被忽视。这实际上是造成图书馆同质化建设、重复建设等问题的主要原因之一。馆藏的信息资源若无法为社会经济文化活动提供参考支撑，或者无法令读者及时、方便地获取所需的文献信息资源，则馆藏资源的社会价值必然较低，图书馆的社会地位及存在意义必然受到拷问。

2. 成本效益理论

（1）成本效益理论与图书馆的考核评估

目前世界各地普遍使用的分析方法就是成本效益分析法，使用这一方法的重点是对其方法的理解。成本效益理论已经成为人们进行技术研究和进行决策的理论基础。

成本效益分析法是为了更方便地评估组织决策的结果，看其是否达到客观科学的要求。可以说，在所有的评估方式中，最常用的一种方式是成本效益分析法，其他的评估方式还有多数投票法、集体谈判法等。成本效益分析法涉及范围是非常广泛的，其中，评估公共服务部门的效益是成本效益分析法最典型的应用。除此之外，其应用还包括公共物品的决策评估、私人投资许可的决策评估等领域。

对于私营组织来说，其成本、收益比较容易从可量化的人员、物资的投入，技术的引进、开发，产品的生产、加工，以及产品或服务销售的收入等方面计算出来；或直接使用财务报表等更加直观的措施评估企业的实际经营情况或项目的实际收益。而对于公共服务部门，由于其并不直接产生经济效益，且其社会效益往往不能直接通过量化的方式观测或计算出来，因此，公共服务部门（如图书馆等）对社会的实际贡献情况、建设成果也经常处于模糊的状态。而成本效益分析法则是评估公共服务部门效益情况的简单有效的方式之一，其关键在于对公共服务输出的价值的界定。

在成本效益理论中，主要有三种分析或界定方法，即消费者剩余法、条件价值评估法，以及时间价值法。消费者剩余法在于找出某一公共服务的市场代替品的价值/价格，并进一步计算出用户愿意付出超出实际的部分，即消费者剩余。例如，廉价的公共交通的代替品是自行驾车，在理想条件下，公共交通的消费者剩余即为自行驾车所应付出的燃油费用与公共交通车票的差额。条件价值评估法是通过调查采访等方式了解用户愿意为某一公共服务所支付的市场价格。比如，社区居民愿意支付多少费用来为社区新增一个图书阅览室等。时间价值法则是计算用户为了使用某种公共服务（如借阅图书）而放弃的同等时间段的机会成本（如去工作赚取工资等）。即对于用户来说使用某一公共服务的价值大于或等于利用相同时间去进行其他活动的价值。如去阅览室阅读一个下午书，对于读者来说其价值大于或等于做一下午零工，则可估计一下午的阅读的价值不小于临时工一下午的工资。

（2）成本效益理论对图书馆与馆配商合作效益评价的意义

在过去图书馆与馆配商的交易来往中，也存在不同程度的项目合作。其中存在由馆配商承担主要投入的情况，也存在图书馆与馆配商共同承担投入的情况。对于馆配商来说，其主要追求的是利润，对合作项目的成本效益评估是其自然的考量。当然，在特定情况下，馆配商也可能选择放弃其短期收益，而着眼于与图书馆未来的长期合作效益。馆配商成本效益的计算方法比较直接，以其销售收入与其投入的总成本的差额即可得出。

（二）不同类型文献的采购流程

1. 图书采购的工作程序

（1）规则制订阶段

采购工作是一项复杂的专业技术工作，有严格的工作流程和规范要求。首先要依据馆藏发展政策，制订科学的、可操作的图书采选原则和标准；其次要依据图书馆自动化管理系统的图书采访模块功能和本馆对采访业务的要求，制订详细的采访业务流程规范和工作细则；最后要依据文献购置经费预算与分配方案，结合学校教学、科研、读者需求和出版发行的实际情况，制订具体翔实的采访工作年度计划。

（2）选择订购阶段

图书选订阶段主要包括书目收集、选书和订购三个业务环节。首先，文献采访人员广泛搜集各种征订书目并进行归类整理，通过网上图书荐购系统进行选书；其次，根据征订书目著录信息进行选书，选书的主体通常为采选馆员和选书专家，具体由各馆采访模式而定。对已选的图书进行内容审核，并进行书名、ISBN（国际标准书号）和著者三道查重，对确认订购的图书进行复本分配和馆藏的分配,生成订单后报批;最后,将审批后的订单发送给书商。

(3)验收加工阶段

根据图书验收工作细则对到馆图书进行验收和加工。图书馆订购图书按送书清单和发票核对图书册数与金额是否相符,在验收系统中对图书进行逐种验收并核实是否与订购记录相符,验收无误后将发票、清单和图书入库单交由文献采访人员审核、主管领导签字后报账。交换和接受捐赠的图书按照有关规定进行接收、筛选、查重和验收。在验收阶段要重视图书的复选和把关,避免不符合入藏原则或不完整、破损的图书进入馆藏。

(4)催询补缺阶段

文献采访馆员要定期跟踪已发送订单的执行情况。通常对发订超过3个月的中文图书订单和发订超过6个月的外文图书订单进行催询。经催询后确认无法完成的订单,及时转往其他合作书商进行二次订购,或通过其他渠道进行补缺。

(5)统计分析阶段

文献采访馆员要定期对书商书目数量、选订量、订购图书到货率和到货周期等进行统计评估,以了解图书供应商的书目供应能力和书目质量、到货能力和售后服务质量,并按财政年度撰写合作书商评价报告,以便公正合理地选择书商,提高图书采购效率和质量。

2. 中文纸本期刊采购招标流程

期刊是一种需要连续出版的特殊商品。期刊具有非常多的特点,比如种类多、信息含量大、内容新颖、时效性强、连续完整等。期刊采购合同类似于期货合同,只需要采购一次,会进行多次配送,并且标的物履约持续时间长。图书馆信息数字化的发展,使期刊采购增加了数据加工的服务,在一定程度上丰富了期刊采购的内涵,同时也对期刊采购中标的供应商提出了更高的要求,供应商需要将精细化管理的理念融入合同履约过程中,使期刊能及时到货,为读者提供阅览服务。

馆藏期刊具有完整性、连续性、系统性等特点。各个图书馆在采购的过程中,要严格遵循其特点,围绕用途、馆藏结构、种类、数量、程序等方面提高纸质期刊采购质量。

根据期刊的采购规律，一般情况下是每年的10月初进入期刊采购期，采购下一年的期刊。关于采购程序，各个图书馆的具体情况因馆而异。以重庆科创职业学院图书馆为例，期刊采购工作主要通过《中文核心期刊要目总览》、邮政报刊发行查询及订阅软件、中国邮政报刊订阅网、中国期刊全文数据库、博看网等途径选购学术研究性、素质拓展性和休闲娱乐性的期刊。

3.外文期刊招标采购的程序

（1）组建外文期刊采购工作组

开展外文期刊招标采购的第一步就是成立外文期刊采购工作组，由图书馆总负责人及审计处、财务处、图书馆工作委员会成员和图书馆的专业技术人员负责图书馆外文期刊的采购。外文期刊采购工作组主要负责订购及荐购期刊，确定外文期刊采购的刊名，规划外文期刊采购的数量，制定相应的招标文件，商讨售后服务的细节等。

（2）图书馆外文期刊采购招标的实施

图书馆馆藏文献的重要组成部分就是外文期刊。图书馆在采购外文期刊时，通过合理、规范的程序可以购得高质量的外文期刊，使图书馆的文献资源更加丰富，促进图书馆的文献资源建设。外文期刊具备较高的专业性和学术性。为了能够采购到高质量的外文期刊，使外文期刊得到更充分的利用，图书馆可以利用自荐和互荐的方式，在各种平台上开展荐购活动。图书馆要保证荐购有广泛的参与基础，制订相应的文件进行招标。

图书馆需要明确采购的具体内容，针对采购内容制订相应的要求。制订相关的采购目录，要求供应商提供高质量的期刊，UCMARC（通用计算机可读编目）数据的提供必须是无偿的，确保发货渠道是畅通、可靠的，交接手续通过书面方式进行办理，同时供应商需要准确无误地提供发货清单。如果到货期刊出现破损和质量问题，供应商应为期刊提供退换保障。

（3）洽谈步骤及合同的签订

接下来需要针对项目采购方面的需求开展洽谈，商讨期刊的质量细节，明确项目采购的服务范围。签订书面合同，通过这一方式确定招标采购合同的服务承诺内容以及违约责任。在签订合同时，以政府采购法和相关法律条例为重要的参考依据。对于没有写入合同的其他内容，由合同双方协商处理。合同签订完成后，双方需要签字盖章，这样才能具备法律效力。

4.电子资源采购流程

（1）采购准备阶段

通过开展需求调研，可以更准确地把握读者的信息需求。由此看来，需求调研是开展所有采购模式的基础环节，在采购流程中发挥着重要作用。为了更好地进行电子资源采购工作，可以通过调查问卷、访谈等方式，全面而深入地调研用户的需求，不仅要了解用户现阶段的需求，还需要深挖用户的潜在需求。深层次开发用户需求，将用户的多样需求编制成调研报告，从而指导电子资源的采购工作。用户需求的调研越全面，越能掌握更多、更真实的用户需求，而且随着信息技术的发展，用户需求调研的手段也被不断地丰富，这在很大程度上方便了用户需求调研工作的开展。

在电子资源采购过程中，不能笼统地、盲目地进行，必须有计划、有目的地开展电子资源的采购工作，这就需要图书馆制订相应的电子资源采购的方案，合理地规划经费的使用，有重点地进行采购。电子资源采购方案涉及电子资源采购的方方面面，比如采购模式、工作流程、保障措施、具体要求等方面，在电子资源采购工作中发挥着重要作用，因此，在制订采购方案时，需要衡量多方面因素，尽可能使制订的方案具备科学性和可操作性。采购方案的制订要以调研报告为基础，要与采购的实际情况相匹配，要符合图书馆的发展目标等。

（2）采购进行阶段

电子资源采购模式主要被分为四类，分别为自主单独采购、集团采购、政府采购、用户驱动采购。其中属于机构层面采购范畴的是自主单独采购、集团采购和政府采购；属于用户层面采购范畴的是 PDA 用户驱动采购。图书馆在电子资源采购实践中，可以参考本馆实际情况灵活选用合适的采购模式。

自主单独采购的主要意思是图书馆与电子资源供应商单独签订购买协议，从而进行采购的一种模式。集团采购的主要意思是图书馆自发地组成集团，从集团中选出谈判代表，谈判代表负责和供应商进行洽谈，确定合适的价格，商定双方应遵循的条款，各加盟馆与供应商分别签订协议，各自支付本馆购买费用的采购模式。

政府采购的主要意思是按照法定的集中采购目录或采购限额标准，利用政府财政性资金进行采购的模式。

（3）后续跟踪阶段

真正的采购环节并不是止步于合同或协议的签订，针对数据库的宣传、培训、维护和评价等情况，还需要进行后续的跟踪。

宣传是非常重要的，能够在一定程度上深化人们对数据库的认识。数据库的宣传方式主要有五种：

第一，通过图书馆主页进行宣传。在图书馆的主页推出公告、电子资源使用指南等来向公众宣传。

第二，通过海报和宣传单进行宣传。向人们发放宣传单，在人多的场所张贴海报等。

第三，通过活动进行宣传。通过各种各样的宣传活动向人们进行宣传。

第四，通过信息公告平台进行宣传。可以在微信、微博等信息公告平台进行宣传。

第五，通过邮件进行宣传。通过向用户推送邮件来开展宣传。

第二节　图书馆采购工作的实践探索

一、图书馆采购工作的实践原则

图书馆采购工作需要以图书馆的基本职能为重要依据，以图书馆所在地经济社会发展的实际情况为出发点，在保证图书馆的长远建设和发展的基础上，将读者需求纳入图书馆采购的参考因素内，充分利用图书馆采购资金，提升图书馆采购质量，打造有馆藏特色的图书馆。因此，图书馆在采购过程中必须坚持一定的原则。

（一）实用性原则

实用性原则又称目的性原则、针对性原则。古代图书馆以藏为本，近代图书馆藏用并重，现代图书馆为用而藏，以最大限度开发利用馆藏文献信息资源为基本目标。实用性原则是图书馆采购工作最基本、最首要的原则。遵循实用性原则，应尽可能使选购的书刊资料具有实用性，满足图书馆任务和读者需要，确保馆藏有最大利用率。

实用性原则要求图书馆采购工作人员必须处理好以下几个方面的问题：

1. 根据图书馆性质和工作任务选书

不同类型图书馆，因其性质、任务、服务对象不同，其文献收藏的范围、重点亦不同。例如高等学校图书馆必须为本校专业教育和科研服务，因而相关专业的教学和科研所需的文献信息资源应丰富、系统。省、自治区公共图书馆肩负为地方精神文明和物质文明建设服务以及保存地方文化遗产（文献）的任务，所以其采购工作重点应突出三点：一是符合地方经济特征的和社会发展的有关科研、生产、管理等文献应重点收藏；二是本地区人民群众学习科学文化知识及进行思想政治宣传所需的书刊资料应能满足基本需求；三是地方文献及反映本地区历史和现状的文献应尽量系统或完整收藏。科研机构图书馆为本单位、本系统或地区科研生产服务，必须配合服务对象的科研生产任务及发展方向，系统收藏有关学科专业文献。

2. 根据读者需要进行采购

不同读者因其工作、学历、年龄、兴趣和知识结构不同，其阅读范围、阅读的方式、检索习惯亦有不同。同一读者的阅读需要和动机从整体上看也是多种多样、多层次的，有一般浏览、消遣，有系统学习或提高修养，有专题研究、创造发明或重大决策等。采访人员应全面、准确地了解本馆读者的阅读范围与倾向、动机与目的、利用图书馆的方式等，有针对性地选购适用文献。①

3. 根据文献价值选书

对于从事科研、生产、管理等活动的"研究型"读者，其需求主要表现为情报信息需求。文献的情报信息价值应从可靠性、适用性、先进性、新颖性、信息含量等多种角度（价值尺度）分析文献的价值。可靠性包括真实性、精确性、成熟性、完善性。适用性可表现在内容性质上对口、应用条件上适合（相符）、时间上适合某种时宜（当前需要或将来需要）三方面。先进性指研究成果有正确或可靠的、富有生命力的创新和发展，可表现在整个成果上的先进，也可表现在成果的理论或技术上、研究方法上或数据材料上的先进。新颖性指有新变化、新影响，其对立面是无新变化、失时、重复。情报含量指有用的情报在信息总量中所占的比重。一般来说，同时

---

① 韩红予，张联锋. 高校图书馆文献采访理论与实践[M]. 武汉：武汉大学出版社，2012.

具备可靠性、适用性、先进性、新颖性及情报信息含量大等特征的才是价值高的文献。因为读者利用情报信息的目的不同，衡量文献情报信息价值的侧重点也不一样。如对研究新动态、新进展的读者而言，首先讲究文献情报信息的先进性或新颖性。从事技术应用的读者，则首先讲究情报信息的适用性，即该项技术是否能增产降耗，能否充分利用当地或本企业的劳动力、材料、技术与能源，是否符合当地传统习惯等。

（二）思想性原则

为了贯彻思想性原则，文献采访人员应该做到以下几点：

（1）具有较高的政治思想和审美素质，学会以马列主义观点立场分析鉴别出版物政治、宗教、伦理观念和倾向及审美情趣，学会区别什么是先进、正确、积极、健康有益的，什么是落后、错误、腐朽、消极有害的。

（2）结合图书馆的政治宣传任务，收藏宣传党和国家方针、政策、法规及宣传马列主义的出版物，严格控制收藏反映错误或敌对政治倾向的出版物。

（3）结合图书馆弘扬民族文化精神、传播世界各国优秀文化的任务，适当收藏有关方面的出版物，严格控制收藏反映封建迷信、伪科学及腐朽落后思想的出版物，控制收藏与我国国情不符的某些西方文化与价值观的出版物。

（4）结合图书馆宣传社会主义伦理道德的任务，收藏健康、文明、高尚、有益社会文明进步的出版物，严格控制入藏文献反映淫秽、自私贪婪、狭隘、庸俗思想的出版物。

（5）思想内容消极、有害或反动的出版物，如有研究参考和保存史料的需要，可适当选择收藏。否则，不予收藏。

（三）经济性原则

当前我国图书馆普遍面临书价持续上涨、经费连年紧缺的困境，图书馆自身也存在一系列的现实问题。同时社会改革的趋势也要求图书馆改革自身传统粗放型的管理方式，由重数量、规模的外延扩展型增长方式向低投入、高效益的内涵式集约化增长方式转变，使图书馆文献信息资源建设符合现实需求。

（四）权威性原则

四项基本原则和党的路线、方针、政策是图书馆采购工作中必须落实的政治思想内容。同时在开展图书馆各项工作中需要融入社会主义核心价值观理念。以读者对象的阅读层次为基础，采购一些具备传播价值的文化科学知识文献。这些文献具备科学、准确的内容，新颖、美观的排版设计，价格也比较合理。在卷帙浩繁的书海中，我们要将视野扩展至国家宏观政策的领域，深入探索科技与文化交相辉映的篇章。购书之时，莫要忽视那些关涉国计民生的重要政策文本，以及那些在科技前沿漫步、文化底蕴深厚的佳作。至于报刊的选择，应当优先考虑那些源自中共中央、国务院、全国人大以及政协的高级别出版物，以及各省出版的重点报刊和学术领域的顶尖期刊，确保能够充分涵盖党报党刊的核心内容。在报刊的汪洋中，做出选择需要慧眼识珠，寻找那些级别较高、论述深远的报刊。北京大学图书馆最新版的《中文核心期刊要目总览》以及中国期刊协会发行的《中国期刊》，是我们进行期刊采购时必须参照的权威指南。这些指南犹如夜空中最亮的星辰，指引我们在知识海洋中不错过任何重要的信息潮流。

（五）系统性、发展性原则

知识的产生与发展是一个承前启后、连续发展的过程，整个人类的知识处在不断发展、分化、交叉、融合之中。出版物是记载和传播知识信息的重要载体，存在着多种多样的形式；在内容方面，出版物整体的内容是连贯系统的，记载了人类各个时期的知识信息，形成了一个承前启后、上下联系、具有明显阶段性的知识整体。从出版发行上看，出版发行的出版物也有很强的计划性、连贯性。形式多样的出版物虽然功能特点不同，但共同构成一个多角度、多渠道传播知识信息的载体系统。知识的系统性、发展性和出版物的系统连贯性特征对图书馆采购工作提出了更高的要求。采购人员需要具备精准挑选文献的能力，能够从众多的出版物中挑选出适合图书馆发展要求的文献。

系统性、发展性的读者需求深刻影响着图书馆采购工作的系统性、发展性，二者在一定程度上必须是匹配的。满足读者的需求，就是图书馆探索读者的工作、学习和研究需求以及兴趣爱好，进而对这类特定知识进行获取和累积。从表面上看，读者的需求和阅读行为呈现出变化莫测的特点。实际上却有一定的规律，一般有三个层次和阶段：为增长见识而浏览、欣赏；为学习某一知识而循序渐进地借阅相应水平的专业文献；为研究或做出重大决策而广泛检索、综合消化大量资料。读者需求的系统性特点是文献采访人员选书的重要依据。系统性原则就是要求所选藏书内容方面具备系统完整的特征，结构方面具备科学合理的特征。

（六）特色化原则与分工协调原则

特色化原则就是要系统完整地收集重点、特色学科或某些专题的文献信息，使馆藏文献信息资源体系带上鲜明的特色性和专业性。特色学科和专题的选择应根据本馆主要任务、重点读者需要、原有馆藏特点、区域文献资源分工布局的要求来确定。

分工协调原则是通过馆际联合采购或地区联合采购等合作方式，对某些学科、某些文种、某些区域的文献进行分工采购。建立一个在某种范围内布局合理、相互依存、资源共享的文献资源保障体系，是图书馆事业生存发展的必然。由于现代科技的飞速发展带来的信息爆炸以及读者文献信息要求的广泛化、专深化、复杂化，单靠一馆之力已无法建立适应时代要求的文献信息资源体系。特色化原则与分工协调原则是相辅相成、缺一不可的关系。各个图书馆的特色藏书是构成整个区域文献资源保障体系的要素。随着网络的发展，没有特色藏书的图书馆就无法起到一个网上文献资源节点的作用，失去其在网上存在的价值。

遵循特色化原则，首先要准确制定本馆特色藏书的学科或专题文献应达到的"藏书级别"，即系统完整程度。然后按既定的建设目标，长期不懈地采集相关文献。在特色化建设中需要正确处理和调整好特色收藏与全面收藏、本馆局部利益与协作网全局利益之间的矛盾。此外还应注意澄清两个观念：一是特色馆藏指内容上较系统、完整反映某一学科或某一专题知识信息领域全貌的馆藏，如果某种文献类型收藏丰富齐全，但不能完整反映某一学科或某一专题知识信息领域全貌，也不能成为特色馆藏。因为通常仅仅靠收集一种文献类型，是无法全面、及时反映出某种知识信息领域全貌的。二是所谓"重点藏书"并不能等同于特色藏书。只有当它在区域图书馆文献资源中具备某种与众不同的优势时，才称得上特色藏书。

分工协调的目标是构建某一范围内布局合理、辐射面宽、资源共享的文献资源保障体系。分工协调的范围有部门、系统、地区、国家或国际等。在各种范围之内,分不同专业组,对专业范围内的文献进行重点分工收藏。

图书馆采购分工协调的工作内容,主要是在文献资源分工协调方案指导下,重点对价格昂贵或一馆不易收集齐全的文献,如外文原版书刊、地方史料、大部头出版物、电子出版物等进行分工采购;对有关学科专题进行分工侧重收藏;在缩微复制、电子文献拷贝、编制新书通报等方面进行合作。

二、图书馆采购工作的实践需求

(一)图书馆用户信息需求

图书馆的信息用户,通常称为读者,是指在教学、科研、管理、技术、生产及其他活动中需要和利用信息的个人和群体。读者既是图书馆服务的对象,也是图书馆开展各项工作要围绕的核心。图书馆采购的目标就是要建立符合读者需求的馆藏信息资源体系。读者需求及其变化是图书馆信息资源建设的原动力,深入调研和准确把握不同类型和层次用户群体的信息需求,是做好图书馆采购工作的前提和基础。

1.用户信息需求的类型和特点

(1)图书馆信息用户群体的划分

对于图书馆的用户群体划分,不同的研究者有不同的划分方法。按服务对象的需求类型,可划分为求学群体、教学群体、科研群体、管理与服务群体、产业群体和消遣性群体;按用户信息需求的程度,可划分为基础型用户群体、探求型用户群体和研究型用户群体;按用户的信息利用方式,可划分为传统型用户群体、网络型用户群体和混合型用户群体。不同的用户群体,对信息需求的内容和利用方式存在一定的差异。

事实上,应该说对于大多数图书馆而言,学习型、教学型和科研型用户构成图书馆信息需求的核心用户群体。图书馆应重点依据核心用户群的构成、比例和需求特点,有针对性地构建与之相适应的信息资源体系和信息服务方式,确保图书馆基本职能的发挥。

(2)图书馆用户信息需求的类型

图书馆用户信息需求的类型复杂多样,需要从多种视角进行划分和考察。

①按用户信息需求的表达状态划分

我们将信息需求的表达状态作为分类的起点。

一是显性信息需求犹如明灯，照亮用户内心的渴望，他们能够清晰且准确地表达自己的需求。图书馆通过与用户的对话交流或文字互动，以及对用户行为数据的深入分析，能够较为便捷地捕捉到这些显性需求，并竭尽所能地予以满足。

二是隐性信息需求则如同深海中的暗流，它们虽存在却未被用户明确表达，或表达得不够充分。这些隐性需求，虽未浮出水面，却对用户实现其显性需求起着潜在的推动作用。图书馆的职责在于，通过用户的显性需求，引导他们揭示那些潜藏的信息渴望，或通过观察用户的信息浏览、传播及收集行为，深入挖掘这些隐性需求，并将其转化为显性需求，从而提升信息资源采集的前瞻性与信息服务的质量。图书馆用户的信息需求，无论是显性的还是隐性的，都需要我们以敏锐的洞察力和细致的服务，去发现、去满足、去转化，以确保每一位用户都能在这知识的海洋中找到属于自己的宝藏。

②按用户信息需求的目的划分

一是学习型信息需求。学习型用户主要有学习和阅读的需要，通过学习掌握知识和信息，充实自己的知识储备和完成课程学习任务。

二是研究型信息需求。研究型用户主要有专业研究与检索参考的需要。为了开拓新的知识领域而在所属学科或技术的前沿进行创造性的探索和研究，研究型用户对信息内容的广度、深度、新颖性、前沿性和可靠性要求较高。

三是应用型信息需求。应用型用户是为了提高业务素质或解决面临的具体任务而要利用有关的信息、知识，比较需要前人较为成熟的经验和成果。

四是偏好型信息需求。其主要指为实现某种生活娱乐目的，或满足个人的兴趣、爱好而产生的信息需求。内容涉及文学、艺术、音乐、体育、旅游等各个方面。

（3）图书馆用户信息需求的特点

①信息系统的集成性和易用性

为了节省成本和提高效率，信息用户期待图书馆将学科领域分散的信息加以知识重组和集成化，以数据库或集合平台的形式予以呈现和利用，从而能够通过资源集成检索系统或一站式发现系统，一次性系统地获取有关某一主题的文献、数据以及多媒体资料。读者倾向于选择便捷易用的、具有简洁明晰结果的搜索引擎、数据库等检索工具，希望图书馆能够针对查询问题给予快速有效的解答，通过最省力的信息途径满足自身的信息需求。

②使用成本的经济性

信息行为的成本问题是读者获取信息时考虑的重要因素之一。读者希望在最短的时间内，花费最小的成本，快速高效地获取价值较高的适用的信息资源。读者更愿意首先利用由图书馆付费购买并提供使用的馆藏资源，以及网络上免费的信息资源。只有当付费资源是读者迫切需要，且在免费资源中无法获得时，才会倾向选择付费获取或自己购买。

③自助和互助行为普遍

图书馆信息用户具备较好的信息素养，比较容易掌握各种检索工具和系统的使用方法，在信息活动中往往倾向于采取自助方式满足自身的信息需求。当自己能力所限无法满足需求时，通常会向熟识的其他用户请教和交流，以互助的方式解决问题，或者寻求图书馆的直接帮助。

2.用户信息需求的影响因素

图书馆资源建设和信息服务效益的大小必须通过用户信息需求实现的程度来体现。用户的知识结构、社会角色和信息素质的差异，图书馆的信息资源结构、信息服务能力和社会网络环境的发展变化，既对用户信息需求的满足产生积极的影响，也会使用户产生潜在信息需求和信息行为障碍。

（1）用户需求特性与信息素质

用户本身的受教育水平决定了用户对不同信息类型的关注程度，对信息数量和质量的要求，以及对不同信息表现形式的接受能力。用户自身的个人偏好、学习工作习惯和心理特点，决定了用户对信息独特的、个性化的需求。用户对信息需求的认知能力、表达能力、接受信息服务的能力、信息系统的使用能力、检索信息的能力和对信息价值的识别能力，决定了用户信息需求的满足程度。

（2）馆藏信息资源结构与获取环境

传统图书馆的馆藏资源以印刷型文献为主，主要服务对象是到馆借阅的读者,资源需求主要集中在纸质的图书、期刊以及科技报告等文献资料上。随着数字出版业和网络技术的迅速发展,图书馆的信息资源结构发生了重大的变化,数字资源和纸质资源共同构成馆藏资源的主体。读者的阅读习惯也在悄然改变,网上阅读和利用资源蔚然成风,读者对期刊、事实数据等类型的数字资源的需求已经超越纸质资源。到馆读者和网络用户共同成为图书馆的重点服务对象,针对网络用户的24小时不间断的网络信息服务,以及针对网络信息资源的参考咨询和学科服务已经成为图书馆服务发展的重心。

在网络环境下,用户信息获取的渠道日益丰富,不再局限于图书馆建筑内,基于数据库的信息获取、基于网络的信息获取和基于人际网络的信息获取发展非常迅速。读者的信息获取也不再局限于图书馆拥有的实体资源和虚拟资源,网络上的搜索引擎、学科门户网站、开放存取资源、博客资源和其他网络免费资料都成为用户可利用的信息资源。同时,随着检索手段由传统的手工检索转向计算机检索,检索工具由传统查找纸质工具书转向依赖国内外大型数据库、搜索引擎等检索系统,大型文摘索引数据库为用户深度查找资源线索和分析文献提供了很好的工具,资源发现系统为用户一站式检索与获取信息提供了极大的便利。

(3)图书馆信息服务能力与质量

图书馆提供信息服务的软硬件环境和质量水平,在不同程度上影响用户信息需求的实现和满足。图书馆的现代化服务设施和网络环境是影响用户需求的重要因素之一,服务设施的配套、检索机的配置、无线网络的分布、上网检索的速度,直接关联用户信息检索与利用的效率和效果。

信息服务人员提供信息的准确性、全面性和适用性,信息服务的响应速度与效率,信息服务的收费标准与用户经济承受能力的关系,以及适应用户需求变化的灵活性等,直接影响用户信息需求的满足程度。图书馆信息服务人员应努力成为信息供需双方交互的桥梁,帮助用户消除信息需求中的不确定性因素和过程,以娴熟的检索技术和渊博的专业知识赢得用户的信任。通过提供更多的信息素养教育课程和培训讲座,帮助用户提高自主检索和利用信息的能力;通过提供深层次、专业化、个性化的分析咨询和解疑服务,吸引用户更多地利用图书馆的信息服务。

3. 高校用户信息需求的调研

（1）用户信息需求调研的目的

图书馆肩负着提供信息资源服务的重任。以用户为中心，满足人们日益增强的信息需求，为社会培养各类高层次人才和进行各种学术活动提供信息资源保障，是图书馆工作的主要职责。

以用户为中心的信息资源服务强调从用户的信息需求出发，以需求定服务，根据用户的层次性信息需求提供有针对性的资源与服务，并随着用户需求层次的不断升级而改变和提升。然而，用户的信息需求，因馆、因时、因地、因人而异。用户的实际需求是什么，主次层次如何体现，有哪些共同特征和差异，最适合需求的资源类型、获取方式、服务手段有哪些，都是图书馆开展信息资源采访和信息服务工作需要掌握和解决的问题。怎样才能有效发现和把握用户信息需求？开展需求调研无疑是解决这些问题的根本途径。

用户信息需求调研是图书馆工作，尤其是信息资源采访工作非常重要的环节。实现信息资源的合理化建设，关键在于及时掌握用户信息需求的内容、特点、规律、障碍、变化趋势和影响因素。通过调研，可以综合了解用户信息需求的整体状况和发展动态，有助于建设结构合理、适合需要的高质量馆藏；通过调研，可以具体把握读者在某一阶段的明确信息需求，并将其作为采购工作的依据和导向，经济合理地安排采访活动；通过调研，可以深入分析用户信息需求及其获取方式的发展变化特征和趋势，发现图书馆实际工作中存在的问题和不足，从而有针对性地改进资源建设和信息服务工作。

（2）用户信息需求调研的内容

图书馆的用户数量庞大，知识结构和专业背景复杂，利用目的各不相同。要较为全面地认识和把握高校用户信息需求的特征和规律，首先必须认真分析、设计和论证需要调研的内容，其次是制定可行的调研方案并付诸实施。

（3）用户信息需求调研的方法

用户信息需求调研的方法和途径多种多样。除了沿用传统的纸质问卷调查、电话调查、访谈调查、召开座谈会、实地观察、馆藏利用统计等方法之外，还可以利用网络技术和数据库技术，开展网络平台调查和信息行为挖掘分析。

（二）信息资源出版与发行需求

信息资源的选择与采集是图书馆采购工作的主要任务。熟悉信息资源出版与发行的状况和规律，把握信息源和信息资源结构的发展变化，是做好图书馆采购工作的重要保证。从19世纪开始，出版业进入以纸本文献出版为代表的传统出版业发展阶段；20世纪40年代出版业进入电子出版时代；20世纪90年代中期以后，随着互联网的高速发展，出版业向以数字出版、网络出版为代表的现代出版业转型，印刷型文献资源与数字化信息资源共同构成现代图书馆的资源体系的主体，信息资源出版及其发行结构的转型和信息技术环境的变化成为推动信息资源采购工作发展的重要力量。

1. 我国图书发行

（1）图书出版业的发展

改革开放和实行市场经济以来，我国的出版行业已不再是依靠国家的计划经济型事业单位，图书已经不再是只注重社会效益的精神产品，也是开始讲求经济效益的物质产品。图书的销售业绩不仅影响出版社的收益，甚至决定出版社的生存发展。图书发行渠道也不再是新华书店一统天下的局面，许多民营书店已逐步进入书业发展的渠道。目前图书市场已经成为出版商和发行商联手打造的市场。

20世纪80年代末，我国的出版发行业开始变革，逐渐开始市场化运行，出版商和发行商开始联手打造图书市场。图书发行渠道也呈现百花齐放的局面。市场化的运作，使得图书出版发行在空前繁华的同时，也出现许多新的问题。图书在内容、形式、质量、宣传、销售、发行等方面出现许多新特点、新变化和新问题，图书馆采购工作人员只有掌握和了解这些特点和变化，重视图书出版发行中出现的新问题，才能为采选的图书提供质量保障。

（2）图书出版发行情况

20世纪90年代以后，特别是21世纪以来，新华书店、私营图书公司、网络书店、出版社甚至个人都参与文献发行，书刊发行市场发生巨变，发行渠道全方位拓宽，逐步形成多种经济成分和多种渠道销售共存的局面。新华书店、图书馆馆配商和网络书店成为图书馆采购图书的三个重要渠道。

2. 期刊发行概况

我国期刊的发行方式主要有以下几种：

（1）邮局发行

1952年8月，我国颁布了《管理书刊出版业印刷业发行业暂行条例》及《期刊登记暂行办法》。1952年12月出版总署和邮电部联合发出了《关于改进出版物发行工作的联合决定》，决定从1953年1月1日起，实行报纸、期刊由邮电局总发行，确立邮局为全国报刊统一发行的体系，这一体系的建立影响深远。20世纪90年代以前，我国期刊发行的主要渠道是邮发，订户通过邮局编印的《报刊简明目录》进行选订，订户资料基本掌握在邮局手里，邮局基本上垄断了期刊的发行，掌握着期刊发行的物流、商流和信息流。直到现在，中国邮政报刊发行仍然代理着全国60%左右的报刊发行工作，利用遍布全国、四通八达的邮政网络开展订阅和投递服务。

（2）联合征订

联合征订是随着期刊出版发行工作的改革和发展，在邮局之外产生的一批期刊发行代理商专门代理期刊的订阅发行工作，以图书馆等集体订户为主要服务对象。联合征订是近十年来发展较快的一种报刊征订方式，最初只是作为邮局征订的补充，主要征订非邮发期刊，随着业务的发展和壮大，后来也开展邮发刊物的征订，成为邮局期刊征订业务的主要竞争对手，并成为高校图书馆中文期刊订购的重要渠道。

联合征订中历史最久、规模最大的是天津的全国非邮发报刊联合征订服务部，其联合征订工作始于1986年的半导体杂志社联合征订。目前它代理征订的邮发和非邮发期刊有8000多种，报纸2000多种，涵盖了各个学科门类，代理征订的期刊信息编辑成《全国非邮发报刊联合征订目录》，以印刷版和网络版的形式推送给订户。此外，目前规模较大的联合征订代理商还有北京人天书报资料中心、华教快捷、海天华教、世纪在线、百事通、国图书刊发行中心、恒昌业文化发展公司等。

（3）自办发行

一些学术性强、读者面窄或者发行量很小的期刊社，为了降低发行成本而未交给邮局发行，往往自行组建发行部门进行自办发行。还有一些没有正式刊号的内部期刊，按照规定，不能通过邮局发行也不能交给发行商联合征订，期刊社只好自办发行以弥补办刊费用。自办发行刊物通常由编辑部印发期刊征订单寄给订户，收到订户填好的征订单和汇款后寄送期刊。

（4）市场零售

近年来，期刊零售现象有所改善，一方面中国邮政集团公司加强了报刊发行业务，扩充门市及零售点，2010年全国邮政报刊零售终端达5.1万个，全年销售期刊11.2亿份，总额30多亿元，占全国期刊总印数的35%，是中国期刊零售市场最主要的渠道之一；另一方面，民营渠道集合体发行系统也渐渐自成体系，使零售网点的货源大幅增加，促进了报刊零售市场的发展。

3.我国数字出版发展

（1）电子出版、网络出版

①电子出版

电子出版是指以电子计算机为中心的完整的配套生产循环体系。它以数字代码方式将图文声像等信息编辑加工后存储在磁、电、光介质上，通过计算机或者具有类似功能的设备读取使用，并可复制发行。

电子出版物是我国新闻出版资料统计中一个传统统计口径。2011年我国共出版电子出版物11154种，其中，只读光盘（CD-ROM）7546种，高密度只读光盘（DVD-ROM）2747种，交互式光盘及其他861种。在我国，近年电子出版物增长已呈下降趋势。

②网络出版

网络出版概念是一个舶来品，于20世纪90年代中期传入中国。我国早期的研究者往往将网络出版类同于电子出版。随着电子出版物、网络信息资源的飞速发展和研究的深入，学者们逐渐将电子出版和网络出版的概念明确区分开来。

（2）我国数字出版的发展现状和趋势

①数字出版发展势头强劲，收入规模持续上升

据《2011—2012中国数字出版产业年度报告》统计，我国数字出版产业2006年至2011年总体收入情况为：2006年213亿元，2007年362.42亿元，2008年556.56亿元，2009年799.4亿元，2010年1051.79亿元，2011年1377.88亿元。表明我国数字出版产业规模出现了大幅增长，表现出强劲的发展势头。

其中,互联网广告、手机出版与网络游戏占据收入榜前三名;数字报纸、电子图书和互联网期刊均保持高速增长,平均增长幅度超过25%。

②数字出版投送平台竞争加剧,由数据库营销走向知识服务

2011年以来,数字出版网上投送平台竞争越来越激烈。许多电子商务网站加强了数字出版平台的投送或升级,如京东商城上线读书频道,百度阅读上线,当当网开启电子书销售,中国电信建立天翼阅读平台,中国移动建立手机阅读基地等。传统出版发行机构也开始加快数字化转型和新建、扩建数字平台,目前逾80%的出版社都建立有自己的网站;大中型发行机构,如深圳书城、北京报刊发行局等纷纷搭建数字内容分发和数字产品销售平台。

为了加强竞争能力,国内一些起步较早的数字资源提供商,纷纷将其学术出版平台从简单的数据库服务升级为知识服务。典型的案例有:第一,同方中国知网推出数字出版全产业链接综合服务平台。《中国知识资源总库》囊括了我国90%的信息资源,提供包括7000多万篇期刊、学位论文、会议论文、报纸、年鉴、统计数据、工具书、专利、标准等资源的一站式检索和下载,以及文献引证和学术趋势分析服务。

第二,万方数据平台升级为"知识服务平台",集信息资源产品、信息增值服务和信息处理方案于一体。不仅提供期刊、学位论文、会议论文、中外标准、中外专利、中国科技成果、中国特种图书、中国政策法规等资源的集成检索与服务,还陆续推出通信、电力和医药行业竞争情报系统、科技创新辅助决策系统、知识脉络分析等一系列信息增值产品,满足用户深层次信息分析需求。

第三,超星公司推出"超星发现系统",依托海量的元数据资源,实现了对240多万种中文图书以及期刊、报纸、学位论文、会议论文、文档等的统一检索和多种方式获取,可将搜索结果按各类文献的时间、文献类型、主题、学科、作者、机构、权威工具收录等多种维度进行聚类和引证分析。

③电子图书产业趋于成熟,成为现阶段跨媒体出版的主要形式

我国电子图书产业发展迅猛,新产品不断涌现,技术不断成熟,阅读人群不断增多,已成为全球电子书的重要消费市场。截至2011年末,我国580家出版社中,已有540多家开展电子图书出版业务。越来越多的出版

社实行电子图书与传统图书的同步出版和传播，电子图书与传统图书的同步出版和传播成为现阶段出版社跨媒体出版的主要形式。

目前我国主要电子图书运营公司有超星公司、书生公司、北大方正、中文在线、当当网、京东商城、百度等，常用电子图书文件格式为PDF、EPUB和CEB三种格式。2011年我国出版的电子图书数量达15万种，累计总量超过90万种，高校图书馆采购金额超过3亿元，成为国内电子图书出版的主要客户源。

④互联网期刊出版已具规模，行业市场趋于饱和

互联网期刊主要出版商有同方中国知网、万方数据科技有限公司、重庆维普资讯有限公司和龙源数字传媒集团，它们占据了绝大部分互联网期刊市场份额和生产规模。以2011年为例，传统期刊互联网出版总收入为9.34亿元，同方知网销售收入为5.3亿元，收录我国学术期刊近8900种；万方数据约3亿元，收录期刊7000多种；维普资讯为0.62亿元，收录期刊8000多种；龙源数媒0.42亿元，收录杂志3000种。同方知网机构用户21000多家，国内本科院校用户占有率达到100%，副省级以上图书馆达到91%；万方数据在高校和图书馆、科研机构用户占有率超过80%。可见，互联网期刊出版已具规模，市场覆盖率基本达到饱和状态，行业瓶颈凸显，亟须开发新产品，开拓海外和个人市场。

⑤手机出版成为数字出版新业态，数字出版内容走向多终端应用

根据中国互联网络信息中心（CNNIC）公布的《第32次中国互联网络发展状况统计报告》中的调查统计，截至2013年6月，我国网民规模达5.91亿，互联网普及率为44.1%；手机网民规模达4.64亿，同比增长29.6%，手机网民在总体网民中的比例进一步提高。手机阅读受时间和地点的限制较小，付费方式便捷，随着移动互联网的迅猛发展，手机出版成为当前发展最快的数字出版新业态，拥有广阔的发展前景。北大方正的云端读报、中文在线旗下的17K网络文学网站、盛大文学等内容运营服务商的手机出版业务呈现良好的发展态势。加强优质内容的跨媒体出版、多平台应用和多终端开发，使一种内容得以在纸书、电子阅读器、智能手机、平板电脑上立体呈现，能使有限的资源内容发挥更大的使用价值，并成为未来数字出版的重要盈利模式。

(三)数字资源发展需求

1. 数字资源馆藏概念内涵

在电子时代的浪潮下,图书馆的藏书体系不再局限于书本这一单一形式。它们包含了各式各样的信息载体——从录像带、磁带到软盘、光盘,涵盖了信息世界的广泛类型,如应用软件、书目文档、全文信息、数字文档以及多媒体等。图书馆的边界已经超越了固有的实体空间,外部信息资源的融入使其形成了所谓的"虚拟馆藏"。这不仅仅是一个物理空间的变化,更是一种馆藏观念的革新。那些本不属于图书馆却能通过网络访问和使用的资源,实际上已成为其馆藏的延伸。这种"虚拟馆藏"的概念,实际上拓宽了图书馆的资源视野,提升了信息服务的能力。正如任何事物的发展都会带来双刃剑般的影响,虚拟馆藏的兴起也为图书馆的发展政策带来了挑战。虚拟馆藏该如何整合?在政策制定时应给予其何种地位和优先权?随着计算机和通信网络的日益普及,用户能够独立地连接到这些资源,这也给图书馆的未来规划带来了新的考量。在这样一个信息爆炸、技术飞速发展的时代,图书馆正面临着一场变革的考验。传统的藏书方式与现代信息技术相结合,不仅极大地丰富了图书馆的内涵,也赋予了其新的功能和使命。这场变革无疑将引领图书馆走向一个更加广阔、深远的信息服务新纪元。

2. 数字资源采访

(1) 数字资源馆藏发展政策的制定

数字馆藏与印刷型馆藏资源相比,有其独特性。它有特殊的发行渠道和方法,以是否可以被获取利用为标志,而不以是否被存储在馆内为标志,具有较高的共享性,使用条件与环境不同,具有复杂的使用许可或版权属性等特点。这些特点决定了数字馆藏的发展建设需要有与其特点相适应的原则与策略来指导。因此,图书馆必须针对数字馆藏的特点,制定专门的馆藏发展政策,用以更好地指导数字馆藏体系的建设。

数字馆藏发展的基本原则是用户需求原则和成本效益原则。具体地说,就是优先选择用户使用范围广、使用频率高的综合性或多学科的数字资源,并对数字馆藏进行质量评价、使用统计和价值评估,选择成本效益比较低的产品与服务。数字馆藏发展的目标是数字馆藏发展政策的核心。

数字馆藏的发展目标应当是：根据图书馆的性质与任务，发现、识别、评价、选择数字信息资源，并将其融入图书馆的馆藏与服务中，以建立起一个科学、合理、适用的数字馆藏体系，满足读者现实与潜在的信息需求。

（2）数字资源的选择

数字信息资源与印刷型信息资源相比较，呈现出许多网络环境下的新特征，从而决定了数字信息资源采访的复杂性。在此以高校图书馆数字资源选择为例来展开论述，高校图书馆的信息资源建设，除了坚持传统型文献以信息内容评价作为核心选择条件外，还必须考虑数字信息资源在构成、发行和利用等方面的新特点，根据高校图书馆发展的需要和读者需求，结合数字信息资源本身的多种特点，进行综合考虑，全面系统审慎地进行选择。

第三节 开展图书馆采购工作需注意的问题

一、图书馆中不同资源的采购

（一）印刷型文献信息资源

1. 图书采购

（1）影响选书的主要外部因素

①图书的出版发行

在图书馆的宏伟殿堂中，书籍的海洋浩瀚无垠，这海洋的波涛却并非由单一的浪花汇聚。随着图书发行路径的日益多样化，图书馆在挑选书籍的旅途中，面临着众多供应商的繁星点点。这些供应商，如同夜空中的星辰，虽各具光芒，却也因竞争的无序而显得斑驳陆离。他们的信誉、服务质量，如同星辰的亮度，参差不齐，为图书馆的选择增添了重重困难。在这片信息的汪洋中，图书馆对书籍的了解，很大程度上依赖于与之签约的供应商。这些供应商，如同掌握着知识宝库钥匙的守门人，他们的信息收集能力，决定了图书馆员在选书时的视野广度和深度。书籍的可见度，如同被云雾遮蔽的星光，其清晰与否，全赖供应商的信息网络是否足够广阔和深入。因此，图书馆在选择供应商时，必须如同航海家在茫茫大海中寻找可靠的灯塔，审慎而细致。只有这样，才能确保在书籍的海洋中，航向知识的彼岸，而不至于迷失在信息的迷雾之中。

②图书采购体制

在图书馆的日常运作中，采购经费的自主支配权往往受限，这直接影响了其在供应商选择和经费使用上的决策能力。由于缺乏足够的话语权，图书馆在挑选书籍时难以迅速地通过信誉良好的供应商以合理的价格购得最符合馆藏需求的图书。尽管某些供应商可能提供较低的价格，但其资信和服务质量却常常不尽如人意。采购和付款流程中的多重审批环节，以及书款支付的时间和金额的不确定性，都严重阻碍了采购计划的顺利实施。这些因素共同作用，使得图书馆在书籍采购方面面临着诸多挑战。

③经费投入

在我国，图书馆文献资源建设一直面临着一个核心难题，那就是经费投入的不稳定性。这种不稳定性主要体现在两个方面：一是长期经费的短缺，二是短期经费的波动。长期的经费不足，严重制约了图书馆文献资源的建设和发展。短期经费过多也是困扰图书馆文献资源建设的一个问题。自 20 世纪末以来，我国开始对图书馆文献资源提出一系列的指标要求。为了达到这些指标，各图书馆只能在短期内大量增加经费投入，以采购大量的图书。这种突击式的采购，虽然在一定程度上使图书馆的馆藏数量得到了迅速提升，但如果采购的书籍选择不当，就会破坏图书馆馆藏的合理结构，影响读者的使用体验，从而降低经费的使用效益。经费投入的不稳定性对我国图书馆文献资源建设造成了很大的困扰。要想解决这个问题，我国政府必须对图书馆的经费投入给予足够的重视，确保图书馆有稳定的经费支持，以推动图书馆文献资源的建设和发展。同时，图书馆也要合理安排经费使用，避免突击式采购，确保经费的使用效益。

（2）图书选书模式与采选决策方法

①馆员主导是主要选书模式

近年来，我国中文图书年出版总量已超过 30 万种，年新版图书高达 20 万种，图书馆对中文图书购置经费的投入普遍比较充足，许多综合性图书馆年购入新书在 4 万至 6 万种之间。建立一支稳定的专家选书队伍常年坚持按时选书是很难实现的。这主要是因为图书采选工作非常繁重，再加上订单处理需要时效性，这就给选书工作造成了困难。图书馆充分衡量了馆员选书和专家选书的利弊，普遍选择了大力培养专家型选书馆员，建立的采选模式主要靠采访馆员或学科馆员来主导。

馆员主导的选书模式需要思考和解决以下问题，如何最大限度地满足读者的需求和意愿？如何尽可能地节省采购经费，使文献得到更充分的利用？这是目前图书馆采购工作面临的难题。现阶段，我国图书馆采取了一些手段、做出了一些努力来实现按需采购，比如完善图书征订书目荐购系统，接受读者零星荐购等，但是，在吸纳读者参与图书馆馆藏建设方面还有很大的进步空间。

②图书采选决策方法

图书馆藏书建设的关键环节就是图书采选决策。图书采选决策是一项复杂的工作，涵盖了多方面的学科知识，比如知识科学、信息科学、思维科学、智能科学以及预测科学等。常见的选书决策方法有两种：一是经验方法，这一方法是凭借着选书人员的文献知识和选书经验，按照图书采选原则和标准，选择图书；二是模型方法，运用这一方法首先需要确定主题、作者、出版社等图书评价决策要素，然后再通过科学的方法确定各要素的权值，从而建立图书采选决策模型。最后，通过模型计算图书综合评价分值，并为采选决策提供参考依据，有助于更科学合理地选择图书。但在实际操作中，因为计算图书要素权值具有一定的复杂性，因此，此模型方法并未在实践中得到推广应用，图书采选决策的常用方法仍是经验方法。

馆员依靠经验方法选择图书是目前主要的图书选择方式。提升馆员选书能力，使馆员在选书时坚持采选原则和标准，首先应制定馆藏发展政策和采选的原则和标准，且必须是科学合理的，这样才能指导馆员的选书行为，评判其选书结果；其次对馆员进行业务培训，提升馆员的知识积累，提升馆员的逻辑思维能力，使馆员选择的图书符合图书采选原则、标准，满足读者的阅读需求。

2. 期刊采购

（1）期刊征订目录收集和采访信息整理

期刊采访需要收集和整理的采访信息包括期刊发行机构征订目录、参考书目、出版发行动态与评价资料以及读者的推荐信息。征订目录是期刊选订的数据源,包括刊号、刊名、出版机构、价格及其变动信息。中文期刊征订既要全面收集印刷本的邮局征订目录、各主要联合征订机构的目录和各种自办发行的期刊征订单,也要重视各征订机构网站的电子征订数据的下载利用。外文期刊征订则依靠中图公司的外国报刊目录检索系统、出版发行商的报刊征订目录、全国期刊联合目录、全国高校图书馆进口报刊预订联合目录等查询核对外文期刊出版信息。

(2)刊种选择与复本确定

中文期刊通常实行由期刊流通阅览点工作人员和读者参与推荐、期刊采访人员选择确定的选刊机制。根据中文期刊选择标准、复本原则和读者需求,结合具体刊物的往年订购记录、流通点数量、期刊使用范围和有无对应的电子刊等情况,并参考报刊评价资料与核心期刊目录,确定要订购的刊种及复份。

在外文期刊选订上,由于大多数外文期刊价格昂贵,为了保证所选订期刊的学术质量和利用率,通常实行由学校院系专家按需选刊机制。定期将已订外刊向各院系征询续订、停订或调整的意见,实行期刊选订的透明互动。新增刊种一般由院系专家提出申请,经院系文献资源建设负责人核准,最后由采访人员根据期刊学术水平、利用价值、价格和是否有对应的电子期刊等提出是否增订的建议。

(3)订购渠道选择

中文期刊订购渠道主要有邮局订购、联合征订和零星订购。渠道选择应考虑订购效率、到刊速度、售后服务、催缺效果和价格因素。为保证期刊递送的顺利进行,中文期刊采购一般以邮局为主渠道。邮局没有征订的,联系北京华教、人大书报资料中心、北京人天书店等联合征订机构订购。如果刊物自办发行,则只能联系编辑部订购。

(4)订单审批和发订付款

期刊采访人员结合读者需求调查上年度期刊订购情况,提出本年度期刊增加、删减、续订的品种和复本调整意见,拟定本年度期刊采购方案,报请主管馆长审批。根据批准的期刊采购方案,建立期刊采购数据库,输入相应的采购信息和数据,打印、审核期刊订购清单,向各发行商发送订单并按要求办理付款手续。如果是函购期刊,则按征订单指定的方式将订单和订刊费用汇寄给发行单位。中文期刊的大部分订购工作应在年底之前完成，以免订不到下年度首期。原版外刊一般在每年9月底之前结束下年度征订工作，以免订不到下年度首期或逾期无法订购。

（5）期刊验收、登到和催缺

期刊验收是指对到馆现刊进行检查和核对，确认所到刊种及份数是否正确的工作。重点检查和核对是否存在现刊错发、多发、少发、破损、少页、倒装、缺期等情况。

期刊登到是指对到馆验收后的现刊，逐种、逐期地进行记录，并做好期刊的盖章、加工、随刊光盘的处理工作。期刊登到要做到认真细致、准确无误，发现存在期刊更名、同名、合并、分刊、增刊、停刊、缺期等情况应及时告知期刊采编人员修改采编数据和进行催缺。

对于期刊来说，保证其连续性和完整性尤为重要。催缺的频率可依据期刊发行周期的不同而进行调整，如设定周刊每两周催缺一次，月刊每两个月催缺一次，半年刊每年催缺一至两次。期刊下架送装订前的一至两个月，要再次发函联系催缺，以便期刊配套装订。

（二）数字信息资源采购

1. 商业数字信息资源的类型和产品

电子图书是与传统纸本图书相对应的一种新型信息载体和文献形式。商业性电子图书主要由获得版权许可的现代纸本图书的电子版和数字资源提供商制作的中外古籍图书的电子版构成。随着大型出版集团基本完成在版图书数字化和iPad、Kindle、汉王电子书等阅读器的上市，电子图书产业发展迅猛，技术不断成熟。目前全球最重要的学术图书出版集团都已经推出了自己的电子图书平台，大部分出版社的图书实现了纸本和电子的同步出版。

我国的普通电子图书主要由集成商供应，主要有超星电子图书、方正阿帕比电子图书、书生之家电子图书、中国数字图书馆电子图书等。典型的出版社普通电子图书产品有社会科学文献出版社的皮书数据库等。

2. 商业数字信息资源的采选标准

数字信息资源的鉴别和选择环节众多，涉及面广，传统印刷型文献的选择标准已无法适应数字馆藏的采选。研究和确定商业数字信息资源的采选标准，有利于提高数字资源采选工作的科学性和规范性，提升数字资源建设的效果和效益，因而得到国内外图书馆界的广泛重视。

从国内外研究现状来看，商业数字资源采选虽然还没有一个统一的标准，但已有较多的共识。有的学者提出从用户需求、资源内容、使用方便程度、使用与运行环境、成本效益、后续服务等方面考察数字资源选择问题。有的学者提出从资源质量、资源使用、资源服务、资源契合、资源成本、资源风险六个维度提炼出相关的选择标准。

3. 数字信息资源采购流程

以数据库为主的商业数字资源价格昂贵，大多需要连续订购，并涉及诸多技术因素和后续网络服务问题。与印刷型文献相比，商业数字信息资源的采选是一个不断协商谈判和反复论证的复杂决策过程，在采选过程中既需要遵循数字信息资源建设原则与标准，还需要制定一个规范的采选流程，提高采选决策的科学性和合理性。

二、图书馆中采购工作的评价

在现代图书馆管理的宏伟蓝图中，采购工作的评价占据了一席之地，它不仅是衡量图书馆运作效率的关键指标，更是推动图书馆服务质量飞跃的重要杠杆。这一评价体系深入探究了采购流程的每一个细节，从环节的精准把控到过程的流畅执行，再到最终效果的显著呈现，每一环节都经过精心设计和严格评估。回溯图书馆藏书理念的演变，我们不难发现，从最初的珍藏至上到如今的以用为本，这一转变深刻反映了图书馆功能的进化。如今，以用定藏的理念正逐渐深入人心，成为现代图书馆采购工作的核心指导思想。为了真正贯彻这一理念，文献采访的评价显得尤为关键，它不仅是对采购工作的一次全面体检，更是对图书馆未来发展方向的一次深刻洞察。在市场经济的浪潮下，图书馆面临着文献数量激增、品种日趋多元化的挑战，同时，文献购置经费的紧张也成为发展的一大瓶颈。在这样的大背景下，图书馆采购工作的评价显得尤为迫切和重要。它不仅能够帮助图书馆在资源有限的情况下做出最优选择，更能够确保图书馆的服务始终与时俱进，满足读者的多元化需求。图书馆采购工作的评价不仅是对过去工作的总结，更是对未来发展的规划。它如同一把精密的尺子，衡量着图书馆服务的每一个细节，确保图书馆能够在不断变化的环境中稳步前行，持续提升其服务质量和水平，为读者提供更加丰富、高效的知识服务。

（一）图书馆采购工作评价目的

1. 发挥图书馆服务功能

图书馆社会职能之一是为读者提供文献信息服务，而图书馆提供文献服务的重要基础就是具备丰富的高质量的文献情报。图书馆采购工作评价的最终目标是提升文献采访工作的质量，不断丰富图书馆馆藏资源，充分发挥图书馆服务功能，最大程度满足读者的信息需求。

2. 提高资金投入效益

现代图书馆的经营理念和追求的目标之一就是提高效益。图书馆采购工作需要投入大量的人力和物力，当前图书馆采购工作的重要课题之一是提高资金和人力的投入效益。现阶段的图书馆采购工作存在一些问题，比如采购经费相对短缺，文献市场存在一些无序现象等。图书馆采购工作甚至整个图书馆工作的重点是提高效益。开展图书馆采购工作评价，能够在一定程度上提升图书馆采购工作的质量，降低采购风险。

3. 提高管理水平

图书馆采购工作是文献的选择和获取的过程，也是一个管理过程。图书馆采购工作的优劣反映出图书馆管理水平的高低。对图书馆采购工作进行合理有效的管理，是保证图书馆采购工作健康有序进行的必要条件。通过对图书馆采购工作的评价，一方面可以检验图书馆的管理水平和效益，另一方面又可以改善和促进对图书馆采购工作的管理。

（二）图书馆采购工作评价内容

1. 文献采购能力

文献采购能力的强弱直接关系到图书馆的长期发展。一个具备强大文献采购能力的图书馆，能够及时跟进学术前沿，引进最新的研究成果，从而提升其在学术界的地位和影响力。相反，如果文献采购能力不足，图书馆可能会逐渐失去其学术价值，进而影响其整体的运营和发展。文献采购能力还受到图书馆外部环境的影响。例如，政策变动、市场供需、出版行业的动态等因素都可能对图书馆的文献采购策略产生影响。因此，图书馆在制订采购计划时，必须综合考虑这些外部因素，以确保采购策略的灵活性和适应性。这种能力主要表现在经费保障能力、管理保障能力和采购工作能力三个方面。对其进行客观的评价，有利于图书馆从宏观上把握文献采购工作的现状，有利于对图书馆采购工作的综合治理和提高。

2. 文献采购效果

文献采购活动从文献采购政策的制定开始，历经文献信息的收集、文献品种的选择、文献的获取、文献的移交等多个环节，最终使收集到的文献成为馆藏文献。这里的各个环节固然重要，但归根到底还要看收集的文献在图书馆中的作用如何，也就是说效果如何。

（三）图书馆采购工作评价方法

图书馆采购工作的评价是一个涵盖了多个层次的概念，不仅包括多方面的评价内容，还包括多样的评价方法。评价方法的选择往往取决于评价的内容。

1. 行业评估

评估指对某事的发展状况进行评判和估计。从 20 世纪 80 年代末到 90 年代初，全国各级各类图书馆大多开展了评估活动。通过评估全国各级各类图书馆，摸清了各行业、各系统图书馆事业的现状，发现了存在的问题，提出了一些改进意见，促进了图书馆事业的整体发展。从文献采购和藏书建设这一角度来分析，评估活动考核了图书馆多方面的内容，比如年度采购经费、人均拥有藏书量、文献收藏的语种和规模等。社会和主管部门对考核结果给予了高度重视，馆员的积极性也由此被调动了起来。通过行业评估，许多图书馆得到了实实在在的好处，不仅使图书馆的采购经费得到了增加，而且修订和完善了图书馆的规章制度，制定了更加科学的馆藏文献发展规划。评估取得了一定的实效，但在评估过程中，也存在一定的不足之处：一方面，专业的权威的评估机构没有建立起来，也缺乏统一的评估标准；另一方面，一些图书馆只关注外界对图书馆的评估，在图书馆内部没有开展相应的评估活动，也没有完善的整改方案。

2. 读者调研

读者调研主要是调查和了解文献的需求状况。读者调研在文献采购和文献采购评价中发挥着重要的作用。图书馆应在日常工作中多多开展读者调研，这主要是因为读者在不断地流动，读者对文献的需求也在时时变化。常态化地开展读者调研具有重要的意义，一方面，对读者的文献需求情况有更深入的了解，更有针对性地进行文献采购工作，避免采购的盲目性；另一方面，通过读者调研，能够征求到读者对于图书馆采购的意见，推动读者参与文献采购工作的评价，总结文献采购工作中的经验，提升图书馆采购工作的质量。

3. 专家评议

在图书馆的文献采购流程中，除了内部决策外，还广泛采用了一种策略，即向馆外的专业人士寻求建议。这一策略被视为图书馆发展不可或缺的一环，其背后的逻辑在于图书馆作为一个公共服务机构，其核心使命是为广大公众提供知识资源，因此，它必须倾听其服务对象——社会大众的声音。图书馆的馆藏建设涉及众多学科领域，这要求图书馆不仅依赖自身的知识储备和人才资源，还需借助外部力量以满足这一复杂需求。更为关键的是，通过吸纳外部专家的智慧，图书馆能够显著提升自身的实力和市场竞争力，从而推动其管理模式从封闭向开放转变。在文献采购的关键阶段，图书馆采用了三种专家评议方式。一是针对特定语种或类型的文献，图书馆会邀请个别专家对其采购或收藏的必要性进行评估。二是在涉及重大采购决策时，图书馆会组织一批专家进行集体评议，以确保决策的科学性和合理性。通过这些精心设计的评议机制，图书馆确保了其馆藏建设的质量和效率，同时也展现了其对知识服务的专业承诺和对公众需求的深刻理解。如2000年4月，上海图书馆动用450万美元重金购回散失在海外的一批中国善本古书——"翁氏藏书"，就是咨询和听取了多方面专家的意见。三是聘请各个领域的专家学者组成专家咨询委员会，就图书馆的重大建设问题进行咨询。我国国家图书馆就是按第三种方式来进行评议的。

在图书馆文献采购工作中，咨询相关专家意见是非常重要的。专家评价部分专业文献的质量和价值，评估专业文献的完备程度，为文献馆藏建设建言献策等，有助于补齐图书馆员在专门知识上的短板，进一步促进采购决策的科学化和民主化。

4. 馆员评价

馆员评价指图书馆采购馆员自身对采购工作的评价和其他岗位的馆员对采购工作的评价。采购馆员对工作持有认真积极的态度，会非常重视自身对采购工作的评价。采购馆员自身对采购工作的评价具有重要的意义，既有利于总结成功的经验，也便于吸取失败的教训。这就要求馆员保持自觉和客观的评价态度。文献采购工作是连续不断的工作，在选择文献、检验到馆文献时，采购馆员会自觉和不自觉地评价采购结果。合格的采购馆员会自觉地、及时客观地评价每一种文献的采购，评价采购选择的每一种方法。正确看待采购过程中的失误，通过开展正确的评价减少这种失误，提升采购人员的采购能力。

其他岗位的馆员比较熟悉和了解读者的需求、馆藏文献的组成结构等，因此，其他岗位的馆员对采购工作的评价也发挥着重要作用。合理、恰当的评价有助于开展采购工作，提升采购质量。

5. 管理层考核

管理层是指采购部和图书馆两级管理者。管理层对采购工作的考核和评价具有重要的意义，能了解采购工作状况、提升采购工作质量，进而提升图书馆效益。在文献采购领域的管理评估中，我们聚焦于三个核心维度。我们审视采购人员的综合表现，包括他们的道德品质、能力水平、勤奋程度以及实际成果。我们深入分析当前采购实践的各个方面，评估采购方法、流程以及相关规章的合理性与有序性，同时识别其中的成功经验和存在的缺陷。我们评估管理措施对采购工作的影响，检查采购团队的积极性是否被有效激发，以及前期设定的目标是否得以实现。这些考核措施是提升文献采购管理效率的关键步骤。当前，有的单位管理薄弱，考核流于形式或者简单化；还有的单位管理层偏重对采购者个人的考核，对自身的管理方法、管理效果不进行反思，导致不能从根本上提高文献采购工作的质量。因此，必须要充实管理层考核内容，尽可能地量化考核指标，明确考核标准，采取切实可行的考核方法。利用考核，在一定程度上规范采购工作程序，激发采购人员的积极性，确保采购工作的开展合理有序。

（四）图书馆采购工作评价要求

对文献采购工作进行评价，目的是了解该项工作的状况，总结成功的经验，找出存在的问题，使这项工作更好地适应图书馆自身发展的需要。为使评价活动正常有序地开展，需注意以下几个问题：

1. 开放性

文献采购评价的开放性是由文献采购工作的目的和图书馆的服务性质所决定的。文献采购工作的目的是建立满足图书馆发展要求的馆藏文献，这种馆藏文献是要满足读者多样化的不断变化着的文献需求。图书馆是向读者提供文献情报服务的服务性机构，读者满意是图书馆的追求目标。为此，文献采购评价必须是开放的，而不是自我封闭的。

文献采购评价的开放性主要表现为向读者开放和向馆内员工的开放。前者通过征求读者的意见，吸收读者参与，一方面使采购的文献更加适应读者的需求，另一方面提高了图书馆的社会形象。后者通过图书馆员的评价和集思广益，使文献采购工作更加适应图书馆的发展需求。

2. 及时性

文献采购工作评价的及时性是由文献采购工作的性质所决定的。文献采购工作是一个连续不断的过程，馆藏文献是通过采购人员长期不懈的努力而不断积累和丰富起来的。随着文献市场和读者需求的不断变化，采购人员要从文献市场中采购到读者最需要的文献，就必须及时地对自身工作进行评价。

3. 后续性

文献采购评价的后续性指评价工作完成之后，要针对评价的结果开展后续工作，即制定整改措施。文献采购评价是文献采购工作管理中的一种方法，目的是通过评价来提高文献采购的质量和效益。因此，整改是与评价相联系的重要一环。

（五）馆藏资源建设效果评价

1. 含义与作用

馆藏资源建设效果评价，也称馆藏信息资源评价或馆藏评价，是对图书馆的信息资源体系的状况、功能、质量及其发挥的情况进行检测和评估，为制定馆藏发展政策、控制馆藏发展过程提供客观依据。馆藏评价主要考察图书馆信息资源的拥有情况以及读者对馆藏信息资源的获取与利用情况。

构建符合图书馆任务、满足用户需求的信息资源馆藏体系，是信息资源采访的最终目的。信息资源的采访质量和效果需要通过评价来衡量，评价是信息资源建设的重要组成部分。图书馆定期评价馆藏信息资源，对馆藏的发展和利用情况能有更清晰的了解，为制定和调整馆藏发展政策与采选方针，优化馆藏信息资源结构，合理配置馆藏资源建设经费，提高馆藏信息资源利用率提供依据。

2. 评价标准

（1）数量评价标准

①馆藏保障率

我国教育部发布的《普通高等学校基本办学条件指标合格标准（试行）》对高校生均图书和生均年进书量的评价标准做出了明确要求。在实际工作中，要处理好馆藏数量增长与满足读者文献需求能力之间的比例关系，既要保证馆藏的建设规模，又要避免资金、资源的浪费。

②读者满足率

在探讨图书馆服务的效能时，一个关键指标是读者满足率，这一比率反映了读者实际获取的文献与他们所需文献之间的比例。这一指标旨在评估图书馆馆藏资源对读者需求的满足程度。馆藏的文献种类越丰富，读者满足率自然越高。对于单一图书馆而言，试图囊括所有学科的文献是不现实的，完全依赖自身馆藏来满足所有读者的需求，既不经济也不可行。在现代图书馆管理中，馆藏的多样性被视为提升服务质量的重要因素。尽管如此，每个图书馆都面临着资源有限的问题，无法无限制地扩充其藏书量。因此，图书馆管理者必须采取策略，通过合作与资源共享，来弥补自身馆藏的不足。这种合作模式不仅提高了资源的利用效率，也确保了读者能够接触到更广泛的文献资源，从而提升整体的读者满足率。

③学科覆盖率

馆藏学科覆盖率是指馆藏信息资源占各学科领域信息资源的比率，是衡量学科信息资源收藏完备程度的重要标志。图书馆馆藏对各学科领域文献覆盖率越高，数据库建设的学科覆盖面越广，表明信息资源建设的完备程度越高。但就单个图书馆而言，应根据本馆读者需求、经费状况和馆舍条件，选择本校的重点学科和特色学科作为学科资源收藏重点，通过长期积累使这些优势学科的文献收藏和数据库建设达到较高的覆盖率，形成具有本馆特色的信息资源收藏体系。

④馆藏增长率

馆藏增长率是指年人均馆藏增长量，用以评价馆藏增长的数量是否科学合理。馆藏增长率过低，会造成馆藏资源贫乏、知识含量不足，读者利用文献受到限制；馆藏增长率过高，会造成馆藏文献利用率下降，馆藏规模效应递减。因此，应根据本馆实际保持适度的馆藏增长率，加快文献信息资源的更新。

总体而言，馆藏数量能够直观地反映馆藏文献的建设规模，易于操作和统计，可以用来对本馆的不同时期馆藏增长进行纵向比较或与他馆进行横向比较。

但是，馆藏数量评价无法测量馆藏的质量和效用，特别是在当前强调信息资源合理配置和资源共建共享的大背景下，不能单纯强调馆藏数量标准，应从馆藏数量、馆藏质量、馆藏利用三个角度对馆藏进行综合评价。

（2）质量评价标准

①馆藏文献或数字产品质量

读者利用信息资源的目的主要是获取其中的知识信息，因此，信息资源的内容，即知识信息含量是满足读者需求的关键。对信息资源内容的评价即是对知识信息含量的测量，考察具体文献的科学性、实用性和参考性价值，考察整体馆藏中核心文献与学科重要数据库的占有率和馆藏特色，是否符合馆藏发展战略，能否形成文献保障合力。

数字资源产品与印刷型文献的质量评价标准差异在于除了要评价数字资源的内容质量外，还要评价其检索系统。对数据库检索系统的评价主要包括系统的检索功能和检索效率两方面。检索功能的评价包括检索方式、检索技术、用户界面的设计和检索结果的处理等指标；检索效率包括检全率、检准率和检索速度。

②馆藏信息资源协同质量

馆藏信息资源协同质量是指馆藏中印刷型文献、数字信息资源等各类型信息资源之间有机组合、相互补充和相互作用的状况。重点考察印刷型文献与数字文献的配置比例是否合理、是否相互补充相得益彰，资源的检索、利用是否方便等。通过图书、期刊、电子资源等各类型文献，优化馆藏结构，使馆藏文献发挥整体大于个体的综合效益。

③馆藏信息资源结构

馆藏信息资源结构是指特定馆藏体系内不同学科、不同水平、不同载体、不同语种、不同出版时间的各部分文献之间的关系和构成状态。特定的馆藏结构体现了馆藏的重点、特色与价值取向，其合理与否直接影响着馆藏体系整体功能的发挥。

3.评价的主要方法

随着图书馆服务理念的提升以及数字资源的不断涌现，馆藏信息资源评价的内容和方法趋向复杂和多样，各种定性、定量和综合评价方法被广泛应用于图书馆信息资源评价实践当中，对复杂的馆藏体系构成的一个方面、一个部分做出评价。常用的馆藏评价方法主要有用户评议法、统计分析法、书目核对法、引文分析法、网络计量法、多指标综合评分法、层次分析法等。

第三章　图书馆文献的分类采选

文献采选工作包括图书、期刊、报纸、学位论文、中文资料、古籍、特藏文献、缩微文献、音像资料、电子出版物等各类文献的受缴、受赠、购买、交换、征集、复制补藏，以及采选到馆文献的验收、登记、移交、催缴、补缺、经费管理、工作统计、建设与维护采访数据库、采选工作管理等项工作。第一章介绍了一些关于文献采选的内容，本章将依据图书类文献采选、期刊类文献采选、报纸类文献采选、古籍与特藏文献的采选以及信息类资源的采选这五类对文献采选做具体的说明。

第一节　图书类文献的采选

一、中文图书采选

中文图书采选工作是依据图书馆中文文献的采选与入藏标准，包括中国各少数民族文种在内的中文普通图书、台港澳图书及海外出版的中文书的受缴、购买、受赠、验收、登记、催缴、补缺、经费管理、建设与维护采访数据库等工作，以及文献移交、质量检查、工作量统计等辅助管理工作。

（一）受缴

1. 工作内容

主要有缴送图书到馆后的取包、拆包、到书验收、填发收书回执、登记、缴送统计以及对未缴送图书的催缴等。

2. 质量规范

①按照国务院颁布的《出版管理条例》和国家新闻出版署颁布的《图

书出版管理规定》等一系列规范性文件接受缴送图书,保证品种齐全和缴送率的不断提高。

②将从收发部门取回的邮包和出版社直接寄送到馆的包裹进行仔细核对。验收时,按出版社一次性将包找全,分包时按出版社集中码放、拆验。将包裹内样书清单与图书逐一核对并检查样书质量,确认无误后填写出版社缴送图书登记簿和出库单,邮包和验收完的图书码放整齐,排列有序。

③发现清单与图书数量不符、出版社未按规定缴送、样书存在装帧错误、残缺和破损等质量问题应及时记录,并通知催缴人员进行补缴和调换。

④核对数量错误率不超过1%。

⑤缴送登记簿和出库单填写准确无误,不漏记、不误记。

⑥图书应在到馆后5~10个工作日内拆包验收完毕,避免产生积压。

⑦验收过程中禁止以任何理由私自截留文献。

⑧对验收完毕的图书按入藏标准确定正式入藏、不入藏和需要转出三种情况的图书种/册数量,并办理相关手续。需要转出的图书放在固定位置,并通知或转交相关部门。

⑨验收完毕的样书清单副本盖章,作为收到回执及时寄回缴送单位;清单无副本可复制原清单,回复缴送单位;缴送单位未附清单须及时与缴送单位联系,补齐缴送样书清单或自制回执。对需要补缴或调换样书的要说明。

⑩缴送样书清单(或自制回执)按规定整理留档。

⑪广泛收集各种书目信息,了解和掌握图书缴送单位的出版情况和缴送情况。

⑫加强缺缴图书的催缴工作,建立缺缴图书目录,得到信息及时补充。要特别注意成套图书、多卷集的配套补缺,保证馆藏的连续性和完整性。

⑬以QQ群、电话、信函、走访等方式对未按规定缴送样书的出版社及有关单位及时进行催缴,将联系情况记录备案。要求做到三勤:勤打电话、勤写信、勤答复。

⑭对各出版社及有关单位的缴送情况进行统计、分析和评价。在业务主管部门的指导下,每年度的中文图书缴送率统计工作得以在次年的六月底前圆满完成。这一过程不仅是对过去一年缴送情况的回顾,也是对图书

馆管理效率的一次全面审视。每半年，业务主管部门会收到一次详细的缴送情况报告，而每季度，这些数据则会先行汇报给相关部门，以便及时调整和优化管理策略。每月，图书馆工作人员都会对缴送的图书数量及其登记情况进行细致的统计，确保每一本书都能准确无误地纳入馆藏，为读者提供最全面的知识服务。这一系列严谨的工作流程，不仅保证了图书馆资源的有效管理，也为学术研究和公众阅读提供了坚实的支持。

⑮缴送统计工作按照《国家图书馆业务统计规范》执行，要求做到数据准确无误，分析与评价准确客观，言之有物。按时报送有关部门。

⑯按照年度任务书的要求考核缴送率。

（二）购买

1. 工作内容

①按照采购合同中关于《国家图书馆购买新版中文图书的规定》，全品种采购中文普通图书。年鉴、地方志类图书、旧书补藏采用单独发订方式进行采购，图书目录由采访人员主动收集或由供货商提供，采访人员负责对目录进行逐条筛选与审核。采访人员监管书商合同执行情况，并进行定期考核。

②购买图书到馆后进行取包、拆包，核对发票、核对书价、检查到书数量和质量，登记。

③缺采图书的补充、建设与采访数据维护等工作。

2. 质量规范

①通过各种渠道积极收集内地及台港澳的图书进出口机构的出版信息，国家图书馆各专藏阅览室、外借部门和读者的需求信息，按照《国家图书馆文献采选条例》及其细则规定的采选范围和复本标准选购图书。

②通过国际标准书号（以下简称 ISBN）、书名、著者、出版社等多个检索途径对预购买图书进行查重，保证查重准确，综合错误率不超过 2%。

③订单和书目记录的内容包括 ISBN、书名、著者、出版社、版次、开本、页码、价格、预订册数、选订人、发订日期和发往单位等。录入完毕再进行核查，保证各项录入数据准确。

④选定的书目交由审定人员进行复审，审核无误后，订单盖章送交供书单位。复审时重点核查订单中图书品种、复本量、价格以及录入数据质量，及时纠正错误的订购信息。不误订、不重订、不漏订。

⑤补选缺藏图书。建立缺藏图书目录,得到信息及时补充。注意成套图书、多卷集的配套补缺,保证馆藏的连续性和完整性。对专订图书要求和读者推荐图书应及时处理并反馈。

⑥有针对性地到书店、大型书市、图书订货会和全国大型图书批销中心进行现货补书,有选择地购买到馆直销图书,以补充馆藏或各阅览室、外借库读者需求量较大的各类图书,尽量补全各社出版的重点图书。

⑦跟踪订单,检查未到图书情况。发订图书1年内(台港澳图书2年内)未到,应向发订书商进行查询,视情况做撤订和重新征订处理。

⑧做好采选数据维护,定期剔除撤订书的预订数据。

⑨统订书目按照书商的要求预订,散订书单根据批量大小,自收到书单起5～15个工作日内完成预订。

⑩购买图书应合理使用购书经费,严格遵守图书馆财务制度。购买图书时,一种书单价在100元以上的应分别报请各级领导批准。具体批准权限为100元(含100元)以上1000元以下由组长批准;1000元(含1000元)以上10000元以下由主管主任批准;10000元(含10000元)以上50000元以下由主管馆长批准;50000元(含50000元)以上由主管馆长并主管财务馆长审批;必要时经馆务会批准。

⑪购买图书到馆后,及时到收发部门将邮包取回。将邮包按供书商分类后集中码放,清点邮包或供书商直接送到的书包的总包数,和供书商办理签收手续。

⑫拆包验收时按发票、清单核对图书的种数/册数和书价,检查图书质量以及确定是否属于图书馆的入藏范围。核对无误后,填写出库单(登记),对清单加盖验收章,移交请款员办理报账使用。需要装订的图书应登记后进行装订。

⑬发现清单与图书数量、价格不符,在清单相关位置纠正注明。对存在装帧错误、残缺和破损等质量问题的图书及时与相关单位联系进行调换。

⑭验收错误率不超过1%。

⑮按图书到馆的先后顺序拆包验收。图书应在到馆后5个工作日内拆包验收完毕(台港澳图书参照外文图书,10个工作日内完成),避免产生积压。邮包和验收后的图书码放整齐、排列有序。

⑯验收过程中禁止以任何理由私自截留文献。

（三）受赠

1. 工作内容

接收到馆赠书，包括接收邮寄到馆和其他部门转来的赠书；接待到馆赠书的团体和个人；外出接收赠书；应答、回复捐赠者电话或来信；赠书的验收，办理接受等手续。

2. 质量规范

①接待赠书来访者和应答电话态度要热情，并致诚挚谢意。收到邮包或来信应及时回复。

②对赠书进行查重，验收，对受赠图书办理接收手续，出具捐赠证书/感谢函并填写赠书登记表。

③赠书登记表登记内容包括接收日期、文献名称及数量、捐赠者及捐赠者地址、邮编、电话、赠送方式（直送、邮寄、转交等）、ISBN 和价格、经手人、证书编号、证书寄出日期等。内容填写齐全、清楚。

④捐赠证书、感谢函打印或填写要工整、认真，字迹清晰。不论以何种方式收到捐赠文献，应在登记之日起 5 个工作日内向捐赠者寄、发捐赠证书或感谢函。

⑤凡有作者或名人收藏者签名、盖章或留言的捐赠文献，按图书馆规定慎重处理。

⑥接收的赠书按批次（一批次 50 种左右）填写好出库单内容，交由记到人员记到。

⑦寄送到馆的非本部门所负责的赠书，要在验收后 5 个工作日内通知相关接收部门领取。

⑧捐赠文献登记表（含清单）与捐赠者签订的捐赠协议书连同捐赠清单一同归档，长期保存。

（四）记到

1. 工作内容

对验收完的图书进行查重、修改、补建订单、盖馆藏章、贴条形码，建单册信息，记到校对、改正校对错误等工作。

2. 质量规范

①依次以 ISBN、书名、著者、出版社、版次及丛书名对验收完的图书进行查重、核对，根据国家图书馆入藏标准确定入藏。经记到查重后，错订复本率不超过 0.5%。

②修改、完善预订图书的订单内容和采选书目记录，未建订单的缴送、购买、赠送和其他部门转来的图书补建订单，按规定修改和录入订单号、订购方式等订购信息、书商信息和到书的数量和价格。记到项目齐全准确，错误率不超过 1%。

③对入藏图书及附件逐册加盖馆藏章、贴条形码。加盖馆藏章和贴条形码的位置正确，不歪不斜、清晰整洁。

④建立单册数据，准确录入单册表要求填写的各个项目，依据图书馆的入藏规定确定每个复本的分流去向及状态，录入完毕进行核对。复本分流准确，错误率不超过 1%，单册状态与单册处理状态准确，错误率不高于 0.1%。对入藏图书附带的附件，作为单册另建单册数据。

⑤记到核对时，如果发现购买图书中不属于入藏范围的书和多余复本应及时交给有关人员联系退书。

⑥记到数据著录格式的校对以《中文图书机读目录格式使用手册》为标准。对记到情况逐项校对，对记到、采选数据和分流错误进行改错。校对后的错误率低于 1%（按款目）。

⑦对记到完毕的图书按确定的分流顺序分别摆放，夹好写明分流去向的标识条，不得漏写和漏夹去向标识条。

⑧加强数据管理，协助维护数据库，做到不丢失数据，不漏批数据。

⑨每批图书的记到时限不超过 5 个工作日，记到校对时限不超过 2 个工作日。

（五）移交

1. 工作内容

记到校对后的图书验收无误后，按要求分送至相关部门或科组，并办理交接手续。

2. 质量规范

①把校对完的图书分别按照新书、登记复本、借阅复本、数字化加工、

剔除复本、退书等逐一核对、清点，并与出库单核对种册，为送交图书做好必要准备。要求新书、复本种册与出库单、计算机集成管理系统记到种册一致。

②熟悉分流细则，抽查夹好的去向部门代码条，确保分流给书准确。

③及时移交，移交图书应先填写交接清单，交接清单所填项目完整、清楚、准确。交接双方清点无误后在交接清单上签字确认。

④留存好总括凭证和交接签字清单，备查使用。

（六）购书经费管理

1. 工作内容

核对购书清单的价格，计算出每批图书的总价格，登记批次簿，确定"采新"号。检查退书单，按每批书的实付款领取支票，与供书单位结账，并验收发票。填写请款单，在有关人员签字后，办理请款、报账手续。外汇送交财务管理部门审核、备案。

2. 质量规范

①核对清单和计算书价，保证到书的实际价格和清单价格、所有清单的价格与总价格完全相符。

②严格遵守财务制度，账目清楚，一切手续和凭证符合财务管理要求。

③按要求做好经费统计，每年对经费的支出情况进行统计分析。

④定期向领导汇报购书经费的使用情况，请款、报账及时，做到不压支票。

（七）业务统计

1. 工作内容

定期统计所处理各类文献的种、册总量，填写业务报表，报送业务主管部门。

2. 质量规范

①分别登账汇总每人每月处理各类文献的种、册总量及馆藏去向，及分别登账汇总本组通过缴送、购买、赠送、转送、交换等各渠道处理各类图书的种、册总量。登账汇总要认真细致，馆藏去向、采选渠道区分准确，数量确保无误。

②遵守图书馆有关业务统计的规定，填报统计报表。要求统计实事求是，报表统计项目填报齐全，字迹清晰，数据准确无误。

③统计工作按照《国家图书馆业务统计规范》执行。

（八）采选工作管理

1. 工作内容

进行采选工序环节的数量和质量检查、专项检查，对购书经费使用、报账情况等方面的检查，采选工作的管理等。

2. 质量规范

①加强对中文图书采选的管理、研究与统计分析，解决采选工作中的问题。

②根据《国家图书馆文献采选条例》及其细则、《国家图书馆捐赠文献接受管理办法》《国家图书馆缴送工作管理暂行办法》《国家图书馆财务管理办法》《中文图书机读目录格式使用手册》及《国家图书馆业务工作监督考核办法》等有关规定，定期组织进行采选工作检查，发现错误及时要求改正，并撰写检查报告报有关领导和部门。

③检查项目齐全、安排合理。对采选工序环节的检查，应包括审核选书质量和数量，抽查图书发订、验收、登记、移交等环节的工作数量和质量情况。专项检查重点进行缴送率、缺采率、分流错误率、误采率、加工时限等方面的检查，同时对书商的配书情况、业务统计、购书经费使用等方面进行检查。

④图书误采率（包括不应入藏的品种和多余复本）不能超过0.5%，缺采率不能超过2%（不含台港澳地区出版的图书）。

⑤记到项目齐全准确，记到数据错误率不能超过1%。

⑥接收的图书在本工作环节不滞留、不损坏、不丢失。

二、外文图书采选

外文图书采选工作是依据国家图书馆外文文献的采选和入藏标准，对图书进行选择、发订、验收、登记等工作。各文种图书的采选工作都必须严格按照本工作系统各环节的规范执行，并采取必要措施，完善各工作环节的查重和校对工作,建立完备的书目记录和采选记录。外文图书缩微制品的采选工作等同于外文图书采选。

(一)选书

1. 工作内容

根据中外图书代理商或国外出版社提供的月度或不定期新书目录圈选符合《国家图书馆文献采选条例》要求的外文图书并查重,补订以往出版的有较高收藏价值的学术类图书,特别是研究中国问题和有关中国的出版物,力求多卷集、连续出版物的完整配套。查重和补订图书馆专家和读者推荐的图书,反馈处理意见。

2. 质量规范

①遵循《国家图书馆文献采选条例》的规定,在经费允许的情况下,对属于全面采选范围和有关中国学方面的图书,不得发生重大遗漏。及时了解学术动态和出版信息,采选属于重点入藏范围的图书。避免采进不符合入藏标准的图书和不必要的复本。

②选书工作一定要在充分了解馆藏及全面阅读专业书目的基础上进行,并注意漏卷、缺卷图书的补选工作。

③在选定图书时,要做好查重工作,控制并降低复本错选率。

(二)订购

1. 工作内容

对确认准备订购的图书,按照外文图书著录规则,利用图书馆集成管理系统建立相应的书目记录和订购记录,完成题名、著者和ISBN的查重工作,校对无误后发订。对于订购后(一年以上)没有到货的订单,应定期向图书代理公司进行催询。

2. 质量规范

遵循馆、部各级制定的业务文件及外文图书采选岗位规范和外文图书采选书目数据制作的要求,著录内容规范、翔实、准确,错误率不超过1%。

（三）验收、登记

1. 工作内容

对采选到馆的图书拆包，按清单、发票进行验收，调用已建的发订记录进行核对、登记和记到（包括建立总发票记录，并将到书逐条添加到总发票中），按照所收到的图书修改或补建书目记录，盖馆藏章、贴条形码并将信息保存在系统中。对捐赠图书和缴送图书做好查重、剔复工作，并向捐赠人或团体寄发捐赠证书或感谢函，建立采访记录后按要求分送至相关部门或科组，并办理交接手续。

2. 质量规范

①遵循馆、部各级制定的业务文件、外文图书采选岗位规范和外文图书采选书目数据制作的要求，著录内容规范、翔实、准确，错误率不超过1%。做好查重，对复本和续卷按相关规定进行正确的处理。

②对入藏图书及附件逐册加盖馆藏章、贴条形码。加盖馆藏章和贴条形码的位置正确，不歪不斜、清晰整洁。

③校对完毕的图书及时、准确分送至相关科组，转其他部门的图书和资料及时转至相关部门，移交手续规范。

（四）购书经费管理

1. 工作内容

妥善保管到馆图书的发票和清单，按照有关财务规定履行签字、请款、报销和银行外汇付款等手续。进行经费支出统计。

2. 质量规范

①遵循图书馆书刊文献购置费和分配方案、图书馆有关图书采选工作的业务规定和财务管理文件、有关外汇使用和管理的规定。

②请款报账前对发票进行审核，包括金额、书商、数量和所附清单是否一致，签字手续是否完备等。做到账目清楚，请款、报账及时，一切手续和凭证符合财务管理要求。

③定期进行购书经费的预算统计和已付经费统计，每年进行经费使用情况的统计分析。

（五）业务统计

1. 工作内容

定期统计订购、缴送、赠送和送编图书的数量，填写报表报送业务主管部门。

2. 质量规范

①遵守图书馆有关业务统计的相关规定，认真填报统计报表。要求统计实事求是，报表统计项目填报齐全，字迹清晰，数据准确无误。

②统计工作按照《国家图书馆业务统计规范》执行。

③适时进行有关业务统计分析。

（六）采选工作管理

1. 工作内容

按有关业务规定，全面监督检查外文图书发订、验收、登记等环节的工作质量，发现错误及时要求改正。

2. 质量规范

①加强对外文图书采选的管理、研究与统计分析，及时解决采选工作中的问题。

②根据《国家图书馆文献采选条例》《国家图书馆捐赠文献接受管理办法》《国家图书馆财务管理办法》及《国家图书馆业务工作监督考核办法》等有关规定，定期进行采选工作检查，并撰写检查报告报有关领导和部门。

③检查项目齐全，包括审核选书质量和数量，检查馆藏章、条形码的准确、清晰程度，统计预订、记到、续到工作中的错误率，发现错误交工作人员改正后，再复查改正后的结果。误采率（包括不应入藏的品种和多余复本）不超过0.5%，缺卷（期）率不超过2%。

④依据《国家图书馆文献采选条例》和各馆、部门各级制定的业务规定、外文图书采选书目数据制作的有关要求和外文编目规定对复本、多卷集的加工处理情况进行检查、考核。

第二节 期刊类文献采选

一、中文期刊采选

中文期刊的采选工作包括内地出版发行的中文期刊的采选、验收、记到、采选数据库维护等各项工作。

（一）采选

1. 工作内容

每年中文期刊的续订、停订、新订、受缴和缺藏催补等工作。

2. 质量规范

①前期准备：了解国家新闻出版署的最新政策；进行中文期刊的出版发行情况及期刊价格的调研；了解中文期刊出版的内容与质量情况；进行中文期刊的开发利用与读者利用需求情况的调研；掌握上一年度所收藏各种国内（不含台港澳地区）出版期刊的缴送情况，并进行分析。调研情况应客观准确，写出相应的调研报告，并根据调研结果确定订刊份数。收集订刊目录，确定订购渠道（书商或联合征订单位）。

②集中订购：按确定的订购书商或联合征订单位，核对其提供的订刊目录；根据《国家图书馆文献采选条例》确定需订购的期刊品种，注意对内部刊物的入藏进行甄别；根据确定的期刊品种与查重的结果，分出续订与新订期刊分别处理。

续订：对续订期刊依据期刊内容质量、读者利用情况、缴送情况、收藏和各阅览室的需求，确定每种期刊的订购份数。

新订：对新订期刊根据期刊的内容质量，收藏和各阅览室的需求，预测的读者利用情况，确定订购份数；以表格形式打印期刊订购清单，订单发出前进行查重，逐项核对，避免重复订购。发现漏订品种要及时补订，同时要核对订购的品种、份数与价格，确保准确无误。

停订：期刊因自然停刊等原因需停订的，及时告知记到人员，并在采访数据上做相应的标注。

③零星订购：对不通过书商或联合征订，而只采用自办发行渠道的期刊，应逐个与各编辑部联系，索要订单。根据订单查重后，按采访条例、前期调研情况以及阅览需求等情况，确定是否需要订购或订购份数。订单发出前要核对订购的品种、份数与价格，确保无误。

④建立采访数据：建立书商信息目录，建立期刊订单，设置不同复本的不同去向与催缺间隔时间。

⑤年度订刊总结：年度订刊完毕后，对订刊目录、期刊价格、经费使用情况等进行分析，撰写年度期刊订购的总结报告。

⑥接受缴送：协同国内出版物呈缴组宣传缴送制度，做好缴送登记，定期维护缴送单位信息，及时进行催缴，按要求做好缴送统计。

⑦补缺工作：随时掌握期刊的缺期与出版情况，通过各种方式与渠道及时进行缺期催补与品种补订。

⑧统计工作：统计工作按照《国家图书馆业务统计规范》执行，要求统计报表项目填报齐全，数据准确无误。

⑨书商监管工作：配合相关部门完成招投标工作，定期对中标书商进行考核，按时提交书商考核报告。

⑩质量标准：期刊误采率不超过 0.3%；采重率不超过 0.1%；核心期刊缺采率不超过 0.2%；其他正式出版的期刊缺采率不超过 1%；缺期率不超过 2%。采访数据错误率不超过 2%。集中订购期刊到馆率不低于 98%。

⑪严格遵守财务制度，保证账务清晰准确；按相关财务制度，做好与各书商或联合征订单位每笔订单的财务结算与报账手续，保证账目清晰。每年要对退 / 补款情况做出书面报告，说明退 / 补款原因，并按订购渠道列出清单。

（二）验收、登记

1. 工作内容

按中文期刊的收藏范围，对缴送期刊进行逐册接收登记，具体工作内容包括在系统上登记单册信息并建立单册数据，逐册加盖馆藏章、标注索刊号、根据事先设定的期刊去向对期刊进行分流，对不属于图书馆入藏范围，但已到馆的期刊进行剔除，以及催缺补刊和工作统计。

对订购期刊的记到工作进行验收,具体工作内容包括跟踪监督及验收外包公司的各项工作任务,对接刊登记、搬包、拆包验收、分刊、贴条形码、记到分流等工作逐册验收,定期提交外包工作考核表,依据订购合同对外包公司进行相关错误整改并开具罚单。

2. 质量规范

①接刊登记:接收送来的集中订购期刊,登记书商名称,与发货清单或交接卡进行详细核对,发现实物与清单或交接卡不符,立即通知采访人员,当场与书商在发货清单或交接卡上勘误。订购期刊需粘贴书商标识。

②搬包、拆包验收:从收发室将零星订购期刊和缴送期刊的邮包运到工作间后,须先进行拆包验收。挂号包裹需逐个验收,签字确认。

③分刊:核对完毕期刊,贴条形码,按学科、刊名字头粗分,分别放在待记到粗分架位上。

④建立单册数据:从待记到粗分架上取刊,登记单册信息,保存本加盖馆藏章、阅览本标注索刊号。根据设定的去向,将期刊送往相应的库房或阅览室,分流准确。

⑤在系统中登记期刊单册信息时,核对期刊 MARC 书目数据的刊名、出版地与统一刊号,以及出版年、卷、期等信息,确保记到期刊与书目数据相符。

⑥对期刊附带的光盘,依据《期刊所附光盘入藏及编目加工操作方案》进行相关操作。

⑦发现期刊更名或停刊,立即通知采访和编目人员。

⑧发现期刊有增刊、刊期变化或发现新刊,应立即填写期刊出版发行变更工作单,立即通知采编人员,待采编人员处理后,再在系统中登记单册信息。

⑨催缺补刊:对订购期刊发现缺刊,及时或定期向采选人员提出催缺通知,发现漏订期刊,及时告知采选人员补订。

⑩监督验收:对外包人员记到情况进行监督,发现错误及时通知采选人员。

⑪严格按照采访方针规定的收藏范围,对确属不入藏的缴送期刊进行剔除。

⑫业务统计:每月统计工作量,统计工作按照《国家图书馆业务统计规范》执行,要求统计项目填报齐全,数据准确无误。

⑬严格按照记到规定完成全部工序，保证期刊在馆规定的日期内上架，不积压，记到错误率不超过1%。

二、外文期刊采选

外文期刊的采选工作包括国外和国内（不含台港澳地区）出版发行的外文期刊的采选、验收、记到、采选数据库维护等各项工作。

（一）采选

1. 工作内容

每年外文期刊的续订、停订、新订、受缴、受赠和缺藏催补等工作。

2. 质量规范

①订刊：每年订刊工作开始前，做好上一年期刊的到馆情况、读者利用、价格以及期刊质量等方面的调研，要求调研情况准确。根据订刊经费情况及时调整订刊，同时依据《国家图书馆文献采选条例》补充各学科新刊。

续订：每年对续订目录进行核实，在订刊目录上标注年份和刊价。维护计算机集成管理系统中的采选数据。

停订：期刊因自然停刊、订购品种调整以及购书经费等原因需停订的，应将相关信息标注在采访目录中。停订期刊信息及时告知记到人员，并在采访数据中做相应标注。

新订：根据《国家图书馆文献采选条例》的有关规定，查找相关资料，了解期刊的内容质量、读者利用以及出版发行等情况，选订新增期刊。

订单发出前逐项核对、查重，确保每种期刊只订一份，发现漏订品种要及时补订。打印订单，建立订刊目录。发现订重品种要及时撤订，最大限度地减少经费损失。

②接收交换期刊：接收交换科组转来的期刊，并与负责交换的科组及时协调、催补。

③接受缴送期刊：对国内（不含台港澳地区）出版的外文期刊，应宣传缴送制度，做好缴送登记，定期维护缴送单位信息，及时进行催缴。

④报账：按财务有关规定，做好外文期刊订刊经费的请款、报账等工作。

⑤年度订刊总结：年度订购完毕后，对所订外文期刊的质量、价格以及经费使用情况等进行分析，撰写年度订购的总结报告并上报。

⑥建立采访数据：建立书商信息目录、期刊订单，并设置期刊去向与催缺间隔时间。

⑦及时处理读者订刊推荐单，解答读者的有关咨询。

⑧统计工作：定期按要求进行采访工作统计，报送业务主管部门。要求统计报表项目填报齐全，数据准确无误。将相关订购数据报送业务主管部门和财务处，以便做经费预算。

⑨补缺工作：随时掌握期刊的缺期与出版情况，及时进行缺期催补。

⑩质量要求：误采率不超过0.3%，采重率不超过0.1%，缺期率不超过2%。采访数据录入错误率不超过2%，保证订购期刊到馆率98%。

⑪严格遵守财务制度，保证账务清晰准确。

⑫做好与其他图书馆之间的外文期刊协调工作。

（二）验收、登记

1. 工作内容

对缴送期刊及订购到馆期刊进行逐册验收登记。具体工作内容包括拆包验收、核对到货清单、分刊、登记、贴条形码、登记单册信息并建立单册数据，逐册标注索刊号、分类号、加盖馆藏章、夹磁条，并根据事先设定的期刊去向对期刊进行分流，以及催缺补刊和工作统计。

2. 质量规范

①接包登记：接到代理公司送来的订购期刊箱包之后，详细登记批次、代号、册数、包数。

②拆包验收：对送来的期刊按照发货清单或交接卡及时核对，根据订购期刊的目录核对检查代理公司所送期刊的品种是否有误、有无破损等。发现实物与清单不符现象，立即通知采访人员，核对后的清单按顺序整齐放好。

③分刊：核对清楚的期刊，按刊名字头分别放在待记到粗分架上。

④建立单册数据：从待记到粗分架上取刊、贴条形码、登记单册信息，逐册标注索刊号、分类号、加盖馆藏章、日期章、夹磁条，并根据设定的期刊去向，分别将期刊送往相应的阅览室，要求分流准确。

⑤登记期刊单册信息时，核对期刊MARC书目数据的刊名、出版地与订购号，以及出版年、卷、期等信息，确保记到期刊与书目数据相符。

⑥发现期刊更名或停刊，立即通知采访和编目人员。

⑦发现期刊有增刊和刊期变化，立即通知采访和编目人员，待采编人员处理后，再登记单册信息。

⑧对期刊附带的光盘，应作为其纸本期刊的附件处理，单独作为另一单册建立单册数据，登记相应的单册信息，在盘盒上贴条码、书标，在盒脊上加贴盘标。

⑨催缺补刊：随时检查是否缺刊，若有缺刊应及时向采选人员提出催缺通知单，由采选人员向发货单位催缺补刊。

⑩业务统计：每月统计工作量，统计工作按照《国家图书馆业务统计规范》执行，要求报表统计项目填报齐全，数据准确无误，适时进行有关业务统计分析。

⑪严格按照记到规定完成全部工序，保证期刊在图书馆规定的日期内上架，不积压，记到错误率不超过1%。

三、海外及台港澳地区中文期刊采选

（一）采选

1. 工作内容

每年海外及台港澳地区中文期刊的续订、停订、新订和缺藏催补等工作。

2. 质量规范

①订刊：每年订刊工作开始前，做好上一年期刊到馆、期刊质量、读者利用、期刊价格等方面的调研，要求调研情况准确。根据订刊经费，及时调整订购品种，同时按照《国家图书馆文献采选条例》补充新品种。

续订：每年对续订目录进行核实，在订刊目录上标注期刊年份和刊价，付款前做好价格核对，补充采选数据。

停订：期刊因自然停刊、订购品种调整以及购书经费等原因需停订的，应将相关信息标注在采访目录中。停订期刊信息及时告知记到人员，并在采访数据中做相应标注。

新订：根据《国家图书馆文献采选条例》的有关规定，查找相关资料，了解期刊的内容质量及出版发行等情况，选订新刊。

对所订期刊进行查重，确保每种期刊只订一份。订单发出前要逐项核对，发现漏订品种要及时补订。打印订购清单，建立订刊目录。

②接收交换期刊：接收交换组转来的期刊，与交换组及时协调、催补。

③报账：按财务有关规定，做好与书商每笔订单的财务结算，账目清晰准确。

④年度订购总结：年度订购完毕后，对所订期刊的质量、价格以及经费使用情况等进行分析，撰写年度订购的总结报告。

⑤建立采访数据：建立书商信息目录、期刊订单，并设置期刊去向与催缺间隔时间。

⑥及时处理读者订刊推荐单，解答读者的有关咨询。

⑦统计工作：每月统计工作量，统计工作按照《国家图书馆业务统计规范》执行，要求报表统计项目填报齐全，统计数据准确无误，适时进行有关业务统计分析。

⑧补缺工作：随时掌握期刊的缺期与出版情况，及时进行缺期催补。

⑨质量标准：期刊误采率不超过 0.3%，采重率不超过 0.1%，缺期率不超过 2%，采访数据录入错误率不超过 2%，保证订购期刊到馆率 98%。

⑩严格遵守财务制度，账务清晰准确。

⑪做好与其他图书馆之间的协调工作。

（二）验收、登记

1. 工作内容

对订购到馆的海外及台港澳地区中文期刊进行逐册验收登记。具体工作内容包括接包登记、搬包、拆包验收、贴条形码、登记单册信息并建立单册数据，逐册加盖馆藏章、标注索刊号、根据事先设定的期刊去向对期刊进行分流，以及催缺补刊和工作统计。

2. 质量规范

①接包登记：接到代理公司送来的订购期刊箱包之后，首先详细登记批次、代号、册数、包数，以便日后检查核对。根据订购期刊的目录核对检查代理公司所送期刊的品种是否有误、有无破损等。

②拆包验收：对送来的期刊按照发货清单或交接卡进行核对，如有发现实物与清单不符现象，立即通知采访人员，核对后的清单按顺序整齐放好。

③建立单册数据：对验收无误的期刊，贴条形码、在系统中登记单册信息，逐册加盖馆藏章、日期章，标注索刊号，根据设定的期刊去向，分别将期刊送往相应的库房。

④登记期刊单册信息时，核对期刊 MARC 书目数据的刊名、出版地与订购号，以及出版年、卷、期等信息，确保记到期刊与书目数据相符。

⑤发现期刊更名或停刊，立即通知采访和编目人员。

⑥发现期刊有增刊和刊期变化，立即通知采访和编目人员，待采编人员处理后，再在系统中登记单册信息。

⑦对期刊附带的光盘，应与其纸本期刊一起，单独作为另一单册登记相应的单册信息，建立单册数据，在盘盒上贴条码、书标，在盒脊上加贴盘标。

⑧催缺补刊：随时（或定期）检查是否缺刊，若有缺刊应及时向采选人员提交催缺通知单，由采选人员向发货单位催缺补刊。

⑨统计工作：每月统计工作量，统计工作按照《国家图书馆业务统计规范》执行，要求报表统计项目填报齐全，统计数据准确无误，适时进行有关业务统计分析。

⑩按照记到规定完成全部工序，保证期刊在馆规定的日期内上架，不积压，记到错误率不超过 1%。

第三节 报纸类文献采选

一、中文报纸采选

（一）采选

1. 工作内容

每年中文报纸的续订、停订、新订、受缴、受赠和缺藏催补等工作。

2. 质量规范

①前期准备：了解国家新闻出版署的最新政策；进行中文报纸的出版发行渠道，以及价格的调研；了解中文报纸出版的内容与质量情况；进行

中文报纸的开发利用与读者利用需求情况的调研；掌握上一年度所收藏各种报纸的缴送情况，并进行分析。收集订购目录，确定订购渠道。

②集中订购：核对收集的订购目录；根据《国家图书馆文献采选条例》确定需订购的报纸品种。根据确定的报纸品种与查重结果，分出续订与新订报纸。

续订：对续订报纸依据其内容质量、读者利用情况、缴送情况、收藏和各阅览室的需求，确定每种报纸的订购份数。

新订：对新订报纸根据其内容质量，收藏和各阅览室的需求，以及预测的读者利用情况，确定订购份数；订单发出前进行查重，逐项核对，避免重复订购。

发现漏订品种要及时补订，同时要核对订购的品种、份数与价格，确保准确无误。

停订：报纸因自然停报等原因需停订的，及时告知记到人员，并在记到卡片和采访数据中做相应标注。

③零星订购：对只有自办发行一个发行渠道的报纸，逐个与各报社联系，按采访条例、前期调研情况以及阅览需求确定是否需要订购以及订购份数。按财务制度，做好请款、报账、付账等手续。

④建立采访数据：建立书商信息目录、报纸订单，设置不同复本的不同去向。

⑤年度订购总结：年度订购完毕后，对订购目录、报纸定价、经费使用情况等进行分析，并撰写年度报纸订购的总结报告。

⑥接受缴送工作：宣传缴送制度，做好缴送登记，定期维护缴送单位信息，及时进行催缴，按要求做好缴送平台登记工作。

⑦补缺工作：随时掌握报纸的缺期情况与出版情况，并通过各种方式与渠道及时进行缺期催补与品种补订。

⑧统计工作：每月统计工作量，统计工作按照《国家图书馆业务统计规范》执行，要求报表统计项目填报齐全，数据准确无误，适时进行有关业务统计分析。

⑨质量标准：报纸误采率不超过 0.3%，采重率不超过 0.1%，中央级报纸缺采率不超过 0.2%，非中央级报纸缺期率不超过 1%，采访数据错误率不超过 2%。

⑩严格遵守财务制度，做好与书商每笔订单的财务结算，保证账目清晰。

（二）验收、登记

1. 工作内容

对缴送报纸以及订购到馆报纸进行逐份验收登记。具体工作内容包括拉包、拆包、核对、粗分、手工卡片记到、缴送平台记到、逐份加盖馆藏章，根据规定将记到后的报纸分别送到相应的库房或阅览室，以及催缺补报和工作统计。

2. 质量规范

①拉包、拆包：从收发室、各送报公司等处将邮局集中订购、零星订购和缴送报纸的邮包运到工作间后，进行拆包验收核对，不丢包。

②粗分：把核对后的报纸进行粗分，分配给各记到人员。拆包、分拣报过程中爱惜报纸，禁止乱堆乱放。

③手工卡片记到：按省份、记到卡片的排架顺序，进行报纸细分，根据报名找出相应的记到卡片，核对无误后，将该报期号记在卡片相应的位置上。

二、外文期刊采选

外文期刊的采选工作包括国外和国内（不含台港澳地区）出版发行的外文期刊的采选、验收、记到、采选数据库维护等各项工作。

（一）采选

1. 工作内容

每年外文期刊的续订、停订、新订、受缴、受赠和缺藏催补等工作。

2. 质量规范

①订刊：每年订刊工作开始前，做好上一年期刊的到馆情况、读者利用、价格以及期刊质量等方面的调研，要求调研情况准确。根据订刊经费情况及时调整订刊，同时依据《国家图书馆文献采选条例》补充各学科新刊。

续订：每年对续订目录进行核实，在订刊目录上标注年份和刊价。维护计算机集成管理系统中的采选数据。

停订：期刊因自然停刊、订购品种调整以及购书经费等原因需停订的，应将相关信息标注在采访目录中。停订期刊信息及时告知记到人员，并在采访数据中做相应标注。

新订：根据《国家图书馆文献采选条例》的有关规定，查找相关资料，了解期刊的内容质量、读者利用以及出版发行等情况，选订新增期刊。

订单发出前逐项核对、查重，确保每种期刊只订一份，发现漏订品种要及时补订。打印订单，建立订刊目录。发现订重品种要及时撤订，最大限度地减少经费损失。

②接收交换期刊：接收交换科组转来的期刊，并与负责交换的科组及时协调、催补。

③接受缴送期刊：对国内（不含台港澳地区）出版的外文期刊，应宣传缴送制度，做好缴送登记，定期维护缴送单位信息，及时进行催缴。

④报账：按财务有关规定，做好外文期刊订刊经费的请款、报账等工作。

⑤年度订刊总结：年度订购完毕后，对所订外文期刊的质量、价格以及经费使用情况等进行分析，撰写年度订购的总结报告并上报。

⑥建立采访数据：建立书商信息目录、期刊订单，并设置期刊去向与补缺间隔时间。

⑦及时处理读者订刊推荐单，解答读者的有关咨询。

⑧统计工作：定期按要求进行采访工作统计，报送业务主管部门。要求统计报表项目填报齐全，数据准确无误。将相关订购数据报送业务主管部门和财务处，以便做经费预算。

⑨补缺工作：随时掌握期刊的缺期与出版情况，及时进行缺期催补。

⑩质量要求：误采率不超过 0.3%，采重率不超过 0.1%，缺期率不超过 2%。采访数据录入错误率不超过 2%，保证订购期刊到馆率 98%。

⑪严格遵守财务制度，保证账务清晰准确。

⑫做好与其他图书馆之间的外文期刊协调工作。

（二）验收、登记

1. 工作内容

对缴送期刊及订购到馆期刊进行逐册验收登记。具体工作内容包括拆包验收、核对到货清单、分刊、登记、贴条形码、登记单册信息并建立单册数据，逐册标注索刊号、分类号，加盖馆藏章，夹磁条，并根据事先设定的期刊去向对期刊进行分流，以及催缺补刊和工作统计。

2. 质量规范

①接包登记：接到代理公司送来的订购期刊箱包之后，详细登记批次、代号、册数、包数。

②拆包验收：对送来的期刊按照发货清单或交接卡及时核对，根据订购期刊的目录核对检查代理公司所送期刊的品种是否有误、有无破损等。发现实物与清单不符现象，立即通知采访人员，核对后的清单按顺序整齐放好。

③分刊：核对清楚的期刊，按刊名字头分别放在待记到粗分架上。

④建立单册数据：从待记到粗分架上取刊，贴条形码、登记单册信息，逐册标注索刊号、分类号，加盖馆藏章、日期章，夹磁条，并根据设定的期刊去向，分别将期刊送往相应的阅览室，要求分流准确。

⑤登记期刊单册信息时，核对期刊 MARC 书目数据的刊名、出版地与订购号，以及出版年、卷、期等信息，确保记到期刊与书目数据相符。

⑥发现期刊更名或停刊，立即通知采访和编目人员。

⑦发现期刊有增刊和刊期变化，立即通知采访和编目人员，待采编人员处理后，再登记单册信息。

⑧对期刊附带的光盘，应作为其纸本期刊的附件处理，单独作为另一单册建立单册数据，登记相应的单册信息，在盘盒上贴条码、书标，在盒脊上加贴盘标。

⑨催缺补刊：随时检查是否缺刊，若有缺刊应及时向采选人员提出催缺通知单，由采选人员向发货单位催缺补刊。

⑩业务统计：每月统计工作量，统计工作按照《国家图书馆业务统计规范》执行，要求报表统计项目填报齐全，数据准确无误，适时进行有关业务统计分析。

严格按照记到规定完成全部工序，保证期刊在图书馆规定的日期内上架，不积压，记到错误率不超过 1%。

三、海外及台港澳地区中文报纸采选

（一）采选

1. 工作内容

每年海外及台港澳地区的中文报纸的续订、停订、新订和缺藏催补等工作。

2. 质量规范

①订刊：每年订报工作开始前，做好上一年报纸到馆、报纸质量、读者利用、报纸价格等方面的调研，要求调研情况准确。根据订购经费，及时调整订购品种，同时按照《国家图书馆文献采选条例》补充新品种。

续订：每年要对续订目录进行核实，在订刊目录上标注期刊年份和刊价，付款前做好价格核对，补充采选数据。

停订：报纸因自然停报、订购品种调整以及购书经费等原因需停订的，应将相关信息标注在采访目录中，并及时告知记到人员，在记到卡片和采访数据中做相应标注。

新订：根据《国家图书馆文献采选条例》的有关规定，查找相关资料，了解报纸的内容质量及出版发行等情况，选订新增报纸。

对所订报纸进行查重，确保每种报纸只订一份。订单发出前要逐项核对，发现漏订品种要及时补订。打印订购清单、建立订报目录。

②接收交换报纸：接收交换组转来的报纸，与交换组及时协调、催补。

③报账：按财务有关规定，做好与书商每笔订单的财务结算，账目清晰准确。

④年度订购总结：年度订购完毕后，对所订报纸的质量、价格以及经费使用情况等进行分析，撰写年度订购的总结报告。

⑤建立采访数据：建立书商信息目录、报纸订单，设置报纸去向。

⑥及时处理读者订报推荐单，解答读者的有关咨询。

⑦统计工作：每月按要求进行采访统计，统计工作按照《国家图书馆业务统计规范》执行。要求报表统计项目填报齐全，统计数据准确无误，适时进行有关业务统计分析。

⑧补缺工作：随时掌握报纸的缺期与出版情况，及时进行缺期催补。

⑨质量标准：报纸误采率不超过0.3%，采重率不超过0.1%，缺期率不超过2%，采访数据录入错误率不超过2%，保证订购报纸到馆率98%。

⑩严格遵守财务制度，保证账务清晰准确。

⑪做好资源共建共享，做好与兄弟馆之间的协调工作。

（二）验收、登记

1. 工作内容

对订购到馆海外及台港澳地区中文报纸进行逐份验收登记，具体工作内容包括接包登记、搬包、拆包、核对、手工卡片记到、逐份加盖馆藏章，根据规定将记到后的报纸分别送到相应的库房或阅览室，以及催缺补报和工作统计。

2. 质量规范

①接包登记：接到代理公司送来的订购报纸箱包之后，首先详细登记批次、代号、册数、包数，以便日后检查核对。根据订购报纸的目录核对检查代理公司所送报纸的品种是否有误、有无破损等。

②拆包、核对：对送来的报纸按照发货清单或交接卡进行核对，发现实物与清单不符现象，立即通知采选人员，核对后的清单按顺序整齐放好。

③手工卡片记到：对验收后的报纸，按报名找出相应的记到卡片，核对无误后，将该报期号记在卡片相应的位置上，缺期情况用红点标注。

④加盖馆藏章：对每份入藏报纸加盖馆藏章，并按要求上架。

⑤发现报纸更名或停刊，立即填写报纸出版发行变更工作单交给采访和编目人员。

⑥发现报纸有增刊和出版频率变化，应立即填写报纸出版发行变更工作单，并交给采访和编目人员，待采编人员处理后，再进行记到。

⑦催缺补报：随时（或定期）检查是否缺报，若有缺报应及时向采选人员（或直接向代理公司）提交催缺通知单，向发货单位催缺补缺。

⑧统计工作：每月统计工作量，统计工作按照《国家图书馆业务统计规范》执行，要求报表统计项目填报齐全，统计数据准确无误，适时进行有关业务统计分析。

⑨按照记到规定完成全部工序,保证报纸在馆规定的日期内上架,不积压,记到错误率不超过1%。

第四节　古籍与特藏文献的采选

通过接受缴送和受赠、征集、购买、传拓、复制等多渠道,采选善本古籍、普通古籍、新线装、新善本、名家手稿、精装精印、少数民族古籍、敦煌资料、金石拓片、地图、照片、古籍缩微胶卷等类文献。工作环节包括选目、专家鉴定、报批购买文献报告、办理购买手续、验收登记、组织采访目录(未进入计算机系统)、报账、采选统计等。

一、采选

(一)购买

1. 工作内容

对包括善本古籍、普通古籍、新善本、名家手稿、少数民族语文古籍、石刻新旧拓片、新旧地图、照片、旧年画、敦煌资料等在内的古籍与特藏文献的访寻、初选、查重,对拟购买文献鉴定及估价、办理购买手续等。

2. 质量规范

①采选工作积极主动,严格执行图书馆有关文献采选、加工、购书经费管理的各项规定。

②与各有关单位、机构和古旧书店及重要藏书家等保持密切联系,并视情况适时走访,多方收集包括私家目录、拍卖目录在内的有关资料和售书信息;积极通过各种渠道获得各种载体的特藏文献的征订目录、出版信息、内部出版物动态等。

③初选购买目录。对收集到的可采书目信息按古籍及特藏文献的收藏范围和标准进行初步挑选。在经费允许的情况下,尽力多方访求收藏价值大、质量高的藏品。

④对访寻对象查重。通过多途径、多系统认真查重,防止漏检,杜绝重复采购;误采率图书类不超过0.5%,报刊类不超过0.3%。

⑤按馆规定组织或参与古籍和特藏文献鉴定。

⑥购买经费报审。认真履行购买审批制度和财务报销制度；根据每种文献定价，按规定进行报审。

⑦办理购买手续。

⑧需要其他部门采选的文献应及时向相关部门提供书目信息。

（二）受赠

1. 工作内容

考察捐赠品的价值，进行查重；与提出奖励要求的捐赠者协商奖励金额；受赠30种以上或受赠文献具有特别价值的需报批受赠报告；办理受赠手续（包括制作捐赠相关证书，举办赠书仪式或其他形式的赠书活动）。

2. 质量规范

参见本章第一节第一部分中文图书采选工作相关条款。

（三）竞拍

1. 工作内容

收集有关古籍与特藏文献拍卖会信息，查阅拍品图录；对拟竞拍的拍品查重，组织专家论证，对拟竞拍拍品进行限价；提出拟竞买文献目录报批；到展品展览会考察拍品，可根据目验结果调整拟竞拍拍品的价格，一般不高于报批的限价；参加现场竞买，办理购买手续。

2. 质量规范

①执行国家拍卖法的规定和《国家图书馆文献竞拍工作管理办法（试行）》的有关规定。

②建立与各拍卖公司的业务联系并建立联系档案。随时了解和掌握有关拍品信息、拍卖市场以及相关群体的情况。

③了解拍卖机构及拍品是否合法，尤其注意文物拍卖是否合法。

④收到拍品目录后，认真进行馆藏查重，确认是否缺藏。要特别注重对珍品和孤本的寻访，竞拍一般不购买复本。

⑤到拍品展示会现场考察拍品时，应详细了解意向拍品的一切情况，对其真伪和品相进行认真鉴定，把握拍品的真实性。

⑥根据考察情况和拍品鉴定专家小组的鉴定意见，选定拍品并按规定办理参加竞拍审批手续。对专家小组鉴定有争议的拍品不予选择。

⑦竞拍意向建议审批通过后，参加竞拍单位应制订具体竞拍方案并指定竞拍人。竞拍方案应注意保密。

⑧现场竞买应集中精力，把握机会。一般情况下，竞拍所得拍品价格不得超过报批标准。

⑨竞拍成功后，按规定办理相关手续。竞拍工作全部结束后，应有详细的书面总结报有关领导。总结和拍卖活动的相关材料应予留档。

（四）金石文献传拓

1. 工作内容

收集新出土或新发现石碑、甲骨、青铜器等信息，办理外出传拓的申请手续，进行传拓。

2. 质量规范

①执行国家有关文献拓印、复制的有关规定。

②根据拓件的不同，选择适当的拓印方法。

③拓片应墨色均匀，拓印清晰。

二、验收、登记

1. 工作内容

善本与特藏文献到馆后拆包，对发票，发回执，记到，盖馆藏章，登记，报账，写谢函，办理赠书手续等。

2. 质量规范

①到馆文献及时验收，认真清点核查并登记。必须与缴送单、捐赠清册及发票核对无误后才能办理入藏手续和向财务报账。

②竞拍取得的文献，验收按《国家图书馆文献竞拍工作管理办法（试行）》的有关规定。

③如需向捐赠者颁发奖金，须持主管馆长签字的审批报告在财务处领取现金（或现金支票）。

④验收登记及时、字迹工整、准确无误。加盖馆藏章要位置适当，印油均匀，轻重适度，方位方正；条形码按规定位置粘贴。

⑤善本与特藏的财产账，一经登记，不得随意涂改、削改或挖改，如确需更改时，必须向组长说明情况，然后在备注项中注明原因，也可单独注明，加盖核验章。登记簿应由专人保管，不得随意涂改、销毁。

⑥按规定办理相关财产及报账手续。严格遵守国家图书馆财务制度，账目清楚，请款报账及时，一切手续和凭证符合财务管理规定。

⑦受赠品分流准确。

⑧验收登记校对前错误率不高于1%。善本古籍、普通古籍、善拓等不应有差错。

三、购书经费管理、业务统计、采选管理

1. 工作内容

统计购书经费使用情况；统计通过各种渠道采选的古籍与特藏文献数量，填报业务工作统计报表；进行采选工序各工作环节的质量检查，以及误采率、加工时限、业务统计等方面的专项检查。

2. 质量规范

①购书经费统计准确，每年进行经费使用情况分析。

②统计工作按照《国家图书馆业务统计规范》执行，业务统计要实事求是，准确无误，适时进行有关业务统计分析。

③定期进行各项业务工作检查。

第五节 信息类资源的采选

一般认为文献信息，是指用文字、图像、符号、声频、视频等手段记录于一定物质载体上的信息。简言之，文献信息就是以文献为形式的信息，分为实体文献类信息和网络文献类信息。关于实体类文献信息的采选，前面已经介绍了具体的分类采选，接下来主要以电子出版物和音像资料两方面为主说明信息类资源的采选。

一、电子出版物采选

主要包括接收缴送的电子出版物、购买电子出版物、光盘版数据库和网络数据库等,以及相关的统计验收和账务工作。

(一)受缴

1. 工作内容

缴送电子出版物的接收和催询工作。

2. 质量规范

①接收各出版单位根据规定缴送的电子出版物。

②了解和掌握出版信息,及时向有关单位、编辑出版部门发出征缴信函,并附寄国家新闻出版署文件《关于缴送音像、电子出版物样品的通知》及投递标签,同时填写采选卡存档。

③对按规定应缴送而未缴送的普通电子出版物,及时向有关编辑、出版单位发出催缴信函,以保证馆藏完整。

④接收个人或团体的捐赠,按规定给捐赠人或团体寄发捐赠证书或感谢函。

(二)购买

1. 工作内容

通过各种渠道全面搜集国内外电子出版物的出版信息,依据图书馆电子出版物采访条例和现有馆藏和经费情况,制订采购计划及预算;购买电子资源经费的请款、报账、付账等;联系出版商做好所订数据库的培训工作。

2. 质量规范

①按照年度工作计划完成本年度采访任务。

②不定期举办专家研讨会,为采访工作提供参考依据。

③在采访过程中,力求保证订购数据库的延续性。

④续订数据库到期后及时缴纳使用费,并及时办理相关手续。

⑤新增数据库要详细调研,根据图书馆采访经费情况和电子资源的建设方向,写出新增报告,经讨论批准、商务谈判、相关合同的审批后办理购置手续。

⑥在订购电子出版物时，要与出版商明确双方的权利、义务和责任，在领导批准后由相关部处签订有关的法律合同。

⑦订单提交后，采购人员要跟踪出版商或代理商对订单的执行情况，如是否正确地收到订单、货是否发出、订户的付款是否已收到、发票是否已寄出、到货是否有误。

⑧到货登记应做详细登记，如到货数量、发货日期、到货日期、附注，同时应将到货单附在登记簿内，作为原始凭证。

⑨在所订购的资料未到的情况下一般要给出版商发催询单，在条件成熟情况下利用采访系统的功能发送。

⑩定期制作报表。在完成一阶段的订购任务后，要做统计报表。同时将没有开发票的订单、被出版商取消的订单等特殊订单做详细的记录。

⑪严格遵守图书馆财务制度，报账及时，账目清楚，一切手续和凭证符合财务管理要求。

（三）验收、登记

1. 工作内容

对缴送、购买、赠送、交换及其他部门转来的电子出版物进行逐册验收登记；在系统中建立出版商、单册等采访记录。

2. 质量规范

①到货登记应做详细登记，如到货数量、发货日期、到货日期、附注，同时应将到货单附在登记簿内，作为原始凭证。

②对实体电子出版物进行验收、核对缴送单并标注缴送种数、盘数及价格等相关信息，移交不属于本室收藏范围的实体电子出版物。

③在系统中进行单册查重。

④资料的验收要认真、质量要把关。通过浏览光盘，查看收到的电子出版物能否正常使用，如盘片是否损坏、是否缺少序列号。有破损或未提供序列号或注册码的光盘，及时与出版社联系索取或更换。

⑤已购需装载本地的网络出版物，与系统管理人员联系，解决存储空间等问题；在合同相关条款规定的期限内，按合同相关条款验收。

⑥所购IP控制的网络出版物，在合同相关条款规定的期限内对其开通

的网络出版物按合同相关条款验收。验收合格后，与相关技术人员联系，及时做好网络挂接、数字门户挂接等工作。

⑦对网络出版物的数据库更新进行验收。

⑧在系统中制作出版商信息资料，包括出版商的名称、国家、联系人、资料类型、地址、语言、注释、账户、货币种类、电子邮件、地址等信息。

⑨建立光盘的单册信息，单册表单各项录入准确。

⑩进行光盘的快速编目，并标注馆藏号。

⑪进行数据挂接。

（四）购书经费管理、业务统计、采选管理

1. 工作内容

对购书经费的使用情况进行统计；统计缴送和购买的实体电子出版物数量，并进行数据库流量、使用率等统计，为电子出版物的续订提供依据；进行采选工序各工作环节的质量检查，以及缴送率、缺采率、误采率、加工时限、业务统计等方面的专项检查。

2. 质量规范

参见本章第一节中文图书采选工作相关条款。

①严格遵守国家图书馆财务制度，账目清楚，请款报账及时，手续和凭证符合财务管理规定。

②购书经费统计准确，每年进行经费使用情况分析。

③统计工作按照《国家图书馆业务统计规范》执行，业务统计工作要实事求是，准确无误，适时进行有关业务统计分析。

④定期进行各项业务工作检查。

二、音像资料采选

按照图书馆馆定采选方针和要求，采选音像资料。

（一）受缴

1. 工作内容

音像资料的接受缴送、登记、催缴等工作。

2. 质量规范

①按照国务院颁布的《音像制品管理条例》和国家新闻出版署颁布的《音像制品出版管理规定》等系列规范性文件接受缴送音像资料，保证品种齐全和缴送率不断提高。

②将从收发部门取回的邮包和出版社寄送的包裹进行仔细核对，验收时按出版社一次将包找全，分包时按出版社集中码放，拆验时将包裹内样书清单与音像资料逐一核对并检查样盘质量，无误后填写出版社缴送音像资料登记簿和出库单。邮包和验收完的音像资料码放整齐，排列有序。

③发现清单与音像资料数量不符、样盘存在残缺和破损等质量问题应及时记录，并通知催缴人员进行补缴和调换。

④核对数量错误率不超过1%。

⑤出版社缴送音像资料登记簿和出库单填写准确无误，不漏记、不误记。

⑥音像资料应在到馆后10个工作日内拆包验收完毕，避免产生积压。

⑦验收过程中禁止以任何理由私自截留文献。

⑧验收完毕的样盘清单副本盖章，作为回执及时寄回缴送单位；清单无副本可复制原清单，回复缴送单位；缴送单位未附清单须及时与缴送单位联系，补齐缴送样书清单或自制回执。

⑨缴送样盘清单（或自制回执）按规定整理留档。

⑩广泛收集各种书目信息，了解和掌握音像资料缴送单位的出版情况和缴送情况。

⑪加强缺缴音像资料的催缴工作，建立缺缴音像资料目录，得到信息并及时补充。

⑫以QQ群、电话、信函、走访等方式对未按规定缴送样盘的出版社及有关单位及时进行催缴，将联系情况记录备案。要求做到三勤：勤打电话、勤写信、勤答复。

⑬对各出版社及有关单位的缴送情况进行统计、分析和评价。每月对缴送音像资料验收数量和登记量进行统计；缴送情况统计分析每季度报部门一次，每半年报业务主管部门一次；下一年度6月底以前，完成上一年度音像资料缴送率的统计工作并报业务主管部门。

⑭缴送统计工作按照《国家图书馆业务统计规范》执行，要求做到数据准确无误，分析与评价准确客观，按时上报有关部门。

（二）购买

1. 工作内容

收集出版信息和调查读者需求，进行预订音像资料的初选、查重，根据设备的使用情况预订不同载体的音像资料；建立预订音像资料的书目记录和订单记录，录入书目和订单的各项信息；打印并发送订单；对未到的订单进行核查，并做相应处理。

2. 质量规范

①全面了解馆藏，熟悉出版动态，深入调查读者需求，汇总读者需求信息。根据馆定工作任务情况，制订采选工作规划。

②积极多方搜集出版信息和征订书目，通过音像书店、市场、网上以及一些书商提供的目录等方式获得国内外出版信息。

③按照既定的采选工作条例、采访范围选购音像资料，做到所选的资料既有收藏价值，又有时效性。

④订购前必须先查重，外文原版音像资料的订购，应尽量避免重购、漏购。误采率不超过1%。

⑤订单和书目记录的内容包括ISRC（中国标准录音制品编码）、题名、责任者、出版社、价格、预订册数、选订人、发订日期和发往单位等。录入完毕进行核查，保证各项录入数据准确。

⑥选订的书目交由审定人员进行复审，复审时应重点核查订单中音像资料的载体、订购数量、价格以及录入质量，及时纠正错误的订购信息。不误订、不重订，不漏订。误采率（包括不应入藏的品种和多余复本）不超过1%。

⑦加强订单跟踪，检查未到音像资料情况。发订音像资料1年内未到的，应向发订书商进行查询，视情况做撤订和重新征订处理。

⑧做好采选数据维护，定期剔除撤订书的预订数据。

⑨建立书商信息，对采访的渠道进行规范，在系统内保存书商信息，包括名称、地址、邮政编码、电话等，根据每年变化进行修改维护。

（三）验收、登记

1. 工作内容

对收到的音像资料进行拆包验收，验收完毕的音像资料按载体归类，查重，盖馆藏章，贴条形码，打贴书标，给索取号，建采访信息、单册信息、书商信息等工作。

2.质量规范

①及时对收到的音像资料进行拆包，按照所附清单，根据不同载体进行核对，核定种、盘数，进行分类、估算音像资料每种的价格，填写报账单报账。

②验收完毕的缴送资料清单副本盖章并及时寄回缴送单位；清单无副本应复制原清单，回复缴送单位；缴送单位未附清单须及时与缴送单位联系补齐缴送文献清单或自制回执。缴送文献清单（或自制回执）按规定整理留档。

③核对数量应准确无误，错误率不超过1%。

④验收完毕的音像资料按入藏标准确定入藏、不入藏或需要转出的音像资料种、盘数量，并办理相关的手续。需要转出的音像资料放在固定位置，及时通知或转交相关部门。对不入藏的音像资料，根据不同的载体类型进行统计，并与相关部门联系，做剔除工作。

⑤依次以ISRC、题名、著者、出版社等对验收完的音像资料进行查重、核对，根据图书馆的入藏标准确定入藏。经记到查重后，误采率不超过1%。

⑥根据不同载体的资料，按照不同流水号的顺序，盖章、打贴书标、贴条形码，同时在盘面上写上索取号。索取号须保证准确无误，打书标要清楚，贴书标和条形码的位置准确。

⑦建立出版社（书商）信息，并及时更新维护。

⑧对未建立采访数据和订单的音像资料补建采访数据和订单，准确录入各个项目，包括题名、资料类型、出版社、数量、单价、资料来源等。

⑨建立单册数据。根据采访数据，连接单册信息，按照单册信息的要求填写各项内容，包括条形码、馆藏地点、索取号类型、索取号、资料状态等，要求填写各项准确无误，错误率不超过1%。

⑩浏览音像资料，测算播放时间并查看资料的图像、音响效果、文种、字幕种类等。

⑪将记到、加工完毕的资料清点后按排架顺序排好，转交下一环节。

⑫要求记到加工及时，不积压，不影响下一环节的工作流程。

（四）购书经费管理、业务统计、采选管理

1. 工作内容

购买资料的请款、报账；每月对全组采选数量、登记加工的数量等进行统计，填报业务报表；进行采选工序各工作环节的质量检查，以及缴送率、误采率、加工时限、业务统计等方面的专项检查。

2. 质量规范

参考本章第一节图书类文献采选相关条款。

①对购买的资料，按照每批资料的实付款同供货单位结账，并验收发票，填写请款单，有关人员签字后送交财务部门审核、报账。严格遵守国家图书馆财务制度，购书经费统计准确，报账及时，账目清楚，一切手续和凭证符合财务管理要求。

②购书经费统计准确，每年对购书经费的使用情况做统计分析。

③统计工作按照《国家图书馆业务统计规范》执行，业务统计工作要实事求是，准确无误，适时进行有关业务统计分析。

④定期进行各项业务工作检查。

第四章 图书馆文献的分类编目

文献编目是针对不同载体形式的中外文图书、期刊、报纸和电子出版物、缩微文献、音像制品等进行文献形式特征和内容特征的描述与揭示,编制书目型与规范型机读数据,以及数据维护与更新工作。本章主要从中文文献的编目及加工、外文文献的编目及加工、古籍与特藏文献的编目、信息类资源的编目四个方面分析图书馆文献编目的建设。

第一节 中文文献的编目及加工

一、中文类文献编目

中文文献(包括专著类文献、学位论文、视听文献、电子出版物等)编目与数据库维护工作主要包括著录、标引、规范控制、数据库维护等工作,以及文献交接、质量检查、工作量统计和工作管理等辅助管理工作。

(一)著录

1. 工作内容

在文献记到的基础上,对入藏文献进行数据查重或公务目录查重后,依据《中国文献编目规则》(以下简称《编目规则》)和《中国机读目录格式使用手册》(以下简称《机读目录格式》)的相关规定编制 MARC 格式机读书目数据。

2. 质量规范

①依据《编目规则》和《机读目录格式》的相关规定,完成在编文献题名与责任说明项、版本项、出版发行项、载体形态项、丛编项、附注项、标准

编号（或代替号）与获得方式项的著录工作。根据文献类型，完成 CNMARC 记录头标区与编码信息块的著录工作，并根据文献内容撰写内容提要。

②按主要信息源和规定信息源的要求选择各著录项目。

③依据文献类型和文献内容，著录各字段标识符、指示符、子字段代码，字段、子字段内容；著录项目齐全。

④正确填写各著录项目和著录单元，严格执行相关著录规则和著录格式使用手册的规定，不得遗漏著录项目。

⑤根据文献内容撰写内容提要。内容提要达到内容揭示准确、简明，无错漏字。

⑥对丛书、多卷书、再版书等文献，注意前后著录标准的一致性、连贯性。

⑦著录完毕应进行自校，确保著录的每条书目数据项目齐全，无遗漏、无差错。

⑧错误率不超过 8%。

（二）著录审校

1. 工作内容

根据不同文献的特点，对已著录的文献进行书目数据格式、著录项目及著录内容的审校、检查工作。

2. 质量规范

①依据《编目规则》和《机读目录格式》的要求对著录情况进行校对，确保按规定信息源选取各著录项目和著录单元，数据做到完整、准确，著录项目和著录单元无遗漏，数据内容中标识、代码、文字著录无误；检索字段规范。

②按详细级次著录主要项目和全部选择项目；著录项目和著录单元完整、规范，标识符使用正确。

③遵循客观著录原则，不随意简化、更改、颠倒顺序或遗漏各著录项目；确保数据格式正确、著录完整和数据唯一。

④对丛书、多卷书、再版书、合订册及无总题名图书的著录方式进行合理的选择，确保前后著录标准一致、连贯；有检索意义的相关题名著录无遗漏或重复。

⑤内容提要的内容揭示准确到位、简明，无错漏字。

⑥附注内容著录完整、不丢失，内容文字简洁明了，尽量采用固定导语和规范用语。

⑦对各著录环节发现的错误，及时通知校对、著录人员改正，确保数据的质量。

⑧审校后的错误率不超过 2%。

（三）分类和主题标引

1. 工作内容

完善已著录文献的各个必备字段。依据《中国图书馆分类法》，对文献进行分类，提供分类号、种次号或著者号。依据《中国分类主题词表》对文献进行主题标引。

2. 质量规范

①依据《编目规则》和《机读目录格式》，正确著录、完善文献的各个必备字段，以保证数据完整和准确。

②按照标引规则，以文献内容的科学属性为主要标准，以地区、国家、民族、时代、形式等特征为辅助标准进行分类，提供的分类号准确、专指，同类同内容、多卷册、多版次文献类号一致。

③在分类时，应分入下位类、需要进行仿分或复分的文献，不应随意分入上位类和不进行仿分和复分。文献的分类准确、到位；仿分、复分及类号组合合理。分类号书写形式完全依照分类表的书写形式和规定书写，不随意改变。

④掌握好分类号在组配复分时的加"0"规则，防止出现重号、错号。

⑤依文献内容选用规范的检索语言提供主题标引，主题词专指并与文献内容相互对应，主题标引记录准确、无遗漏。

⑥主题词表中的词不足以揭示文献的内容主题时，可采用非控主题词揭示文献的内容主题。

⑦新编制的名称规范数据力求内容正确，不遗漏重要信息，确保规范数据中标目的唯一性。

⑧保证新到图书编目工作不产生积压。

⑨错误率不超过 8%。

（四）分类和主题标引审校

1. 工作内容

依据编目规则、著录格式、分类和主题标引规则，对书目数据、分类、主题标引进行审校和修改工作。

2. 质量规范

①按《中国分类主题词表》《中国图书馆分类法》等对标引情况进行校对，确保文献分类标引和主题标引准确、专指；同类同内容文献标引一致，无差错；文献编目的必备项目齐全、准确、无误、无遗漏。

②提供的分类号、仿分、复分或需做互见的分类号准确、到位；分类号书写形式规范；确保分类标引不重号、错号。

③对多主题、多学科文献提供的主要分类号和互见分类号到位，以达到从多学科、多角度、多途径、多方面描述和揭示文献主题内容的目的。

④选用的主题标引是词表中与文献内容相对应、专指的主题标引；主题概念的提炼准确、全面，确定文献潜在的用途和隐含概念不遗漏；主题标引不过度，同主题、同学科文献的主题标引一致。

⑤校对后的错误率不超过 2%。

（五）规范控制

1. 工作内容

中文图书依据《中国机读规范格式使用手册、中文图书名称规范数据款目著录规则、中文图书主题规范数据款目著录规则（合订本）》制作名称规范（个人、团体、会议、统一题名）与主题规范数据。对已建立名称规范记录的著作进行核实、考证，实现与书目数据的连接。

2. 质量规范

①严格执行相关名称规范款目著录规则和机读规范格式，名称规范数据和主题规范数据的形式应符合规范形式。

②书目数据与名称规范数据连接无误，书目记录（7××、6××、5×× 字段）中的标目与规范记录一致；新编制的名称规范记录符合要求。

③依据规范数据款目著录规则和机读规范格式，维护已有的名称规范及主题规范记录，及时补充相关信息，做到完整、不遗漏。

④书目数据和规范数据的主要检索点及数据的完整和一致。

⑤名称标目错误率不超过5%。

（六）规范控制审校

1. 工作内容

依据相关规则，要对已建立或者挂接名称进行规范记录和主题规范记录，以及对规范记录与书目记录的连接进行审核和修改。

2. 质量规范

①严格执行相关名称规范款目著录规则和机读规范格式，确保名称规范数据和主题规范数据的形式是规范形式，不重复。

②书目数据与名称规范数据连接无误，书目记录（7××、6××、5××字段）中的标目与规范记录一致；新编制的名称规范记录符合要求。

③依据规范数据款目著录规则和机读规范格式，维护已有的名称规范记录及时补充相关信息，做到完整、不遗漏，确保规范数据质量。

④书目数据和规范数据挂接准确，主要检索点及数据完整和一致。

⑤名称标目错误率不超过2%。

（七）数据总审

1. 工作内容

严格依据编目规则、著录格式、分类和主题标引规则，对书目数据（包括分类、主题标引、著录格式等项目）及书目的规范形式进行最终审核，对发现的错误总结分析，提请相关人员改正。

2. 质量规范

①严格按规定信息源选取各著录项目和著录单元。正确使用书目数据著录项目和著录单元完整、规范的标识符。

②丛书、多卷书、合订书及无总题名文献的著录方式选择合理，著录方法正确；有检索意义的相关题名无遗漏或重复著录。

③记录头标中记录状态、执行代码、记录附加定义等各字符位的填写与文献类型和记录状态相符。

④100字段（通用处理数据）、101字段（著作语种）、105字段（专著编码数据）及115字段（录像资料等编码数据）、126字段（录音资料编码

数据）、435 字段（电子资源编码数据）中的重要数据元素选取正确，与相关字段间的对应关系无误。

⑤附注内容解释准确到位、简明，无错漏字。

⑥内容提要的撰写内容简明扼要，无错漏字。

⑦分类标引符合标引规则，分类号提供准确、到位，不重号、错号。

⑧主题标引记录准确、无遗漏，达到全面描述和揭示文献主题内容的目的。

⑨对各环节发现的错误，及时通知校对、分编人员改正，确保书目数据分类号和主题标引准确、规范，著录项目完整和数据唯一。

⑩确保中文书目数据的质量。总校后的标引错误率不超过 1%，书目数据综合错误率不超过 2%（按条目）。

（八）数据库维护

1. 工作内容

根据在编文献的实际情况以及数据使用中各渠道的反馈信息，对已经建立的书目数据库以及名称规范和主题规范数据库中数据进行日常维护与改错，以保证数据库中数据的正确性、一致性与完善性。

2. 质量规范

①定期对书目数据库、名称规范库和主题规范库中的数据进行维护。

②能够及时准确地发现、判断并修改数据中的各种错误，做到改错及时、无遗漏；建立改错记录档案；把发现的问题反馈给相关工作人员。

③保证修改后的数据与原文献保持一致。

④做到修改后的数据单册信息、馆藏记录准确无误。

⑤与校对和总审校保持经常性交流，就有关业务规范和业务工作中发现的问题提出改进性意见和建议。

⑥确保书目数据质量。维护后书目数据的综合错误率不超过 0.2%（按条目）。

⑦缩微中心数据库维护还包括以下四点。

缩微中心里所有书目数据的汇总、统计、备份和批量处理，对缩微品书目数据的安全负责（国家图书馆计算机集成管理系统的数据除外）。

缩微中心和拍摄馆上缴的所有书目数据的格式转换，向计算机集成管理系统输送经转换校对后所有合格的缩微品书目记录，做到数据不积压。

进行缩微品书目数据的业务咨询和业务培训，指导本部门和各拍摄馆的缩微品书目数据制作工作。

根据缩微中心的工作任务，为各生产环节提供书目数据的技术支持，并为缩微品的推广使用提供书目数据的支持。

（九）编目工作统计

1. 工作内容

定期统计已编目文献的种、册总量，填写业务报表，报送业务主管部门。

2. 质量规范

统计工作按照《国家图书馆业务统计规范》执行，业务统计要实事求是，准确无误，字迹清晰，各统计项目填报齐全，适时进行有关业务的统计分析。

（十）编目工作管理

1. 工作内容

按有关业务规定，对编制的数据进行质量检查，该项任务由编目科组的负责人负责组织，并撰写质量检查报告，上报主管领导。

2. 质量规范

①根据《中国文献编目规则（第二版）》《新版中国机读目录格式使用手册》《中国图书馆分类法》《中国分类主题词表》《中国机读规范格式使用手册、中文图书名称规范数据款目著录规则、中文图书主题规范数据款目著录规则（合订本）》等有关规定及其修改条款，结合文献信息著录与标引领域的国际标准与国家标准进行编目各环节工作及质量检查，每月至少进行一次。

②著录错误率不超过2%，书目数据综合错误率不超过2%。

③编目、标引的错误率不超过1%。

④名称标目错误率不超过1%。

⑤每次检查的数据量至少应达到当月编制数据总量的5%。

（十一）文献交接

1. 工作内容

文献验收、分类、送交相关部门及文献管理。

2. 质量规范

①严格履行交接手续，从采访环节接收文献时，应依据交接清单进行清点，无误后，交接双方在交接清单上签字确认，交接清单所填项目应完整、清楚、准确。

②文献交接时，认真扫描条形码，不出现遗漏；交接工作不出现差错。

③在编文献在本工作环节不滞留、不损坏、不丢失。验收、编目完成后及时、准确地将文献分送至相关科组或阅览室。

二、中文文献加工

中文文献加工包括对中文普通图书、台港澳图书、学位论文及馆藏其他类型中文文献的馆藏加工制作。主要工作内容包括创建馆藏记录、写书角号、打贴书标、夹磁条、分流、改错等。

（一）文献加工

1. 工作内容

按馆方规定在文献的相关部位书写索书号、打贴书标，核对书与数据是否相符、文献分流是否正确；创建馆藏记录。

2. 质量规范

①记录索书号前，确认文献与馆藏数据相符、无分流错误，发现错误及时改正或退回前一个工作环节改正。

②制作馆藏数据时不得空号和重号，同一藏书地点的同一种图书（含多卷）只能做一个馆藏记录，不出现重记录或重号，藏书地点标识准确，确保馆藏记录完整。书次号提供正确，单册信息准确、完整、无误。

③书标打印正确清晰，打印出的书标经与索书号记录核对后，方可粘贴，粘贴位置准确。

④将加工完成的图书按不同藏书地点分类后交给校对人员。

⑤每批专著类文献从加工到送库期限不超过 5 个工作日。其他文献执行馆方规定送阅览或送库期限。

⑥文献加工错误率不超过 0.1%。

（二）夹磁条

1. 工作内容

对应加磁条的文献夹贴磁条。

2. 质量规范

①一般情况下每册图书夹磁条 1 根，500 页以上或尺寸小于 64 开图书夹磁条 2 根。

②磁条夹放隐蔽，牢固。

③胶水涂抹均匀、不过多；文献上不得滴洒胶水。

（三）粘贴 RFID（射频识别）芯片

1. 工作内容

根据馆方相关规定粘贴 RFID 芯片。

2. 质量规范

①熟练掌握 RFID 芯片数据转换的相关操作。

②要准确粘贴 RFID 芯片的位置。

③芯片和图书馆 LOGO（标志）标签应粘贴平整，无皱褶和气泡。

④芯片不能覆盖主要文字和其他有用的标识。

⑤不能写入数据的芯片及带孔的芯片要求回收，切不可贴到图书（光盘）上。

⑥芯片粘贴位置的不合格率，以及数据写入错误率不超过 0.1%。

（四）上架顺书

1. 工作内容

按馆方规定，将加工完毕的图书按规定顺序排列。

2. 质量规范

①按照不同的分流地点分别上架。

②根据不同分流地，按照索书号进行顺书。

③顺书及时准确，错误率不高于 0.1%。

④顺书到送至下一个环节，每批书不超过 5 个工作日。

（五）文献交接

1. 工作内容

按馆方规定，接收或移交未加工或已加工完成的文献，并办理交接手续。

2. 质量要求

①编目科组接收文献，以及加工科组移送基藏书库和阅览、外借组时应履行严格手续，交接双方在图书馆统一制定的交接清单上签字确认。

②交接清单所填项目完整、清楚、准确。

③交接双方在场的情况下将所接收文献的单册处理状态置为接收环节的状态。扫条码处理单册状态认真，不遗漏。

（六）流程外图书改错

1. 工作内容

对已入库或送阅览室的文献中发现的与书不符的数据、重号或分流错误进行修改与重新加工。

2. 质量规范

①定期对已经入库但发现有问题的重号或数据与书不符的文献进行改错，不出现新的错误和造成新的重号。

②调回分流错误的文献重新进行分流及加工，改正数据单册信息分流错误及分流错误的文献，并及时返送回相关部门。

③发现因分流造成的保存本、基藏本缺藏的文献，及时将错分到其他藏书地点的文献补回保存本库和基藏库。

④及时处理所发现的错误，不得拖延。

（七）加工工作管理

1. 工作内容

由加工科组负责人负责组织对文献加工进行质量检查，撰写质量检查报告书，上报主管领导。

2. 质量规范

①遵照《国家图书馆业务工作监督考核办法》《国家图书馆业务流程中书刊文献管理暂行办法》等有关规定进行加工环节工作及质量检查。

②每月至少进行1次检查。

③书标、书角号、加磁条错误率不超过0.2%。

④书次号错误率不超过1%。

⑤每次检查的数据量至少应达到当月加工数据总量的5%。

（八）加工工作统计

1. 工作内容

定期统计已加工文献的种、册总量，填写业务报表，报送业务主管部门。

2. 质量规范

统计工作按照《国家图书馆业务统计规范》执行，业务统计要实事求是，准确无误，字迹清晰，各统计项目填报齐全，适时进行有关业务统计分析。

第二节 外文文献的编目及加工

一、外文文献编目

外文文献编目与数据库维护工作主要包括著录、标引、规范控制、数据库维护，以及文献交接、质量检查、工作量统计和工作管理等内容。

（一）著录、分类标引

1. 工作内容

①在文献记到的基础上，对需入藏的外文文献进行MARC 21格式书目数据编制，创建馆藏，连接单册记录。

②对文献进行分类标引，提供分类号、种次号或著者号，有条件的提供主题词。

2. 质量规范

①利用馆藏数据从不同检索点（题名、ISBN、著者、丛编等字段）进行查重，确定文献（新书、复本、续卷或不同版本）的不同处理方式。要求处理方式科学合理，书目数据不重复。

②依据《资源描述与检索（RDA）》和《MARC 21 书目数据格式》的相关规定，完成在编文献的内容与媒介类型项、题名与责任说明项、版本项、资料或资源类型特殊项、出版项、生产项、发行项、载体形态项、丛编项、附注项、标准编号与获得方式项等的著录工作。要求书目数据的著录项目齐全准确，无遗漏、无差错。

③外文编目依据《资源描述与检索（RDA）》和《西文文献著录条例（修订扩大版）》的相关规定选取检索点，并按照美国国会图书馆规范文档确立受控检索点的规范形式。要求检索点选取科学合理，检索点形式统一规范。其他外文文献编目参照执行。

④依据《中国图书馆分类法》类目的设置和使用规则对文献进行分类标引，要求分类号准确、专指。准确分配索书号，避免错号、重号、漏号，多卷书、多版次、内容相似的文献尽量保持索书号之间的相关性。

⑤外文编目依据《美国国会图书馆标题表（LCSH）》标引主题。套录编目保证主题与文献内容相符，主题词形式规范。原始编目尽量提供全面、准确、专指的主题词。

⑥馆藏记录无误，单册记录完整、规范，藏书地点标识准确。

⑦标引错误率不超过 5%，书目数据综合错误率不超过 5%。

（二）著录、分类标引校对

1. 工作内容

①对已完成分编的文献校对著录项目、检索点选取、检索点形式、馆藏记录、单册记录是否齐全、准确、规范、无误。

②审核文献的分类标引和主题标引是否准确、到位。

2. 质量规范

①所编文献与书目记录相符，遵循客观著录原则，不随意更改、颠倒顺序或遗漏各著录项目，机读书目数据格式正确。

②检索点选取科学、齐全、正确，检索点形式规范。

③根据分类规则和主题词表的相关规定，确保书目数据分类标引和主题标引准确、专指。

④确保文献的著者号或种次号正确，单册和馆藏数据的建立准确无误，书角号与索书号相符。

⑤索书号分配准确，无错号、重号、漏号，多卷书、多版次文献的索书号保持相关性。

⑥对各环节发现的错误，及时指导分编人员改正，帮助分析原因，避免错误重复发生。

⑦校对后的标引错误率不超过2%，书目数据综合错误率不超过2%。

（三）数据总审校

1. 工作内容

严格按编目条例、机读格式、分类规则和主题标引规则，对书目数据（包括著录项目、检索点的选取和形式、分类标引、主题标引、馆藏和单册等项目）进行最终抽查校对。

2. 质量规范

①保证书目数据著录项目和著录单元完整、规范，标识符使用正确。所有受控检索点均为规范形式。

②丛书、多卷书、合订书及无总题名图书的著录方式选择合理，著录方法准确。

③分类标引符合标引规则。确保分类标引准确、到位，不重号、错号。

④主题标引记录准确、无遗漏，达到全面描述和揭示文献主题内容的目的。

⑤对各环节发现的错误，尤其是频繁发生的错误进行总结，分析原因并及时通知校对、分编人员改正，对业务难题提出有建设性的解决方案。

⑥确保外文书目数据的质量。总校后的标引错误率不超过1%，书目数据综合错误率不超过2%（按条目）。

（四）数据库维护

1. 工作内容

根据在编文献的实际情况以及数据使用中各渠道的反馈信息，对已经建立的书目数据库的数据进行日常维护与改错。

2. 质量规范

①及时发现、准确判断并修改数据中的各种错误，做到改错及时、无遗漏。建立改错记录档案；同时把发现的问题反馈给相关工作人员。

②修改后的数据与源文献保持一致；确保修改后的数据单册信息、馆藏记录准确无误。

③与校对和总审校经常交流，就有关业务工作规范问题提出改进性意见和建议。

④保证数据质量。维护后书目数据的综合错误率不超过 0.2%。

（五）规范控制

1. 工作内容

研究与外文规范控制相关的业务问题，进行书目数据库的标目维护工作。

2. 质量规范

①确保本地外文数据库中数据的标目形式与对外引进的外部规范数据库的规范记录形式一致。

②由规范记录发生变更而产生的书目记录标目维护工作。

③辅导编目人员做好名称规范和主题规范工作，对规范控制中出现的问题及时总结，提醒编目和校对人员注意，确保书目数据标目和规范标目的一致性。

（六）编目工作统计

1. 工作内容

定期统计编目、加工的不同类型及不同文种文献的种、册总量，填写业务报表，报送业务主管部门。

2. 质量规范

统计工作按照《国家图书馆业务统计规范》执行，业务统计要实事求是，准确无误，字迹清晰，统计项目填报齐全，适时进行有关业务统计分析。

（七）编目工作管理

1. 工作内容

按有关业务规定，对编制的数据进行质量检查，该任务由编目科组的负责人负责组织，并撰写质量检查报告书，上报主管领导。

2. 质量规范

①根据现行编目条例、格式标准、分类和主题规则的有关规定进行编

目各环节工作及质量检查，汇总各类问题，并按要求撰写质量检查报告，每月至少进行1次。

②著录错误率不超过2%，书目数据综合错误率不超过2%。

③编目、标引错误率不超过1%。

④每次检查的数据量至少应达到当月编制数据总量的5%。

二、外文文献加工

1. 工作内容

接收待加工文献，打、贴书标，夹磁条，粘贴RFID芯片，加工完成的文献移交阅览室或书库并办理交接手续。

2. 质量规范

①编目科组接收文献，以及加工科组移送基藏书库和阅览室时应严格履行手续，交接双方在图书馆统一制定的交接清单上签字确认。

②对新送编的文献进行核数、条形码扫描验收、改变单册状态等环节工作；验收中发现条形码与文献不符时，及时反馈并退回前一工作环节改正；确保文献与数据一致。

③打印书标，将打印出的书标与索书号核对无误后，方可粘贴。

④按要求将书标贴在距书底端2.5厘米处的书脊上，书标要贴牢，错误率不超过0.2%。

⑤磁条应夹贴牢固，不粘书页、不外露、不遗漏，错误率不超过0.2%。

⑥根据馆里相关规定粘贴RFID芯片，粘贴位置准确。

⑦加工完成的文献在本工作环节不滞留、不损坏、不丢失。

⑧将加工完成的图书按类别排列，经核对后及时、准确分送至阅览室或库房。

第三节　古籍与特藏文献的编目

古籍与特藏文献的编目包括善本古籍、普通古籍、新善本、名家手稿、精装精印、古籍缩微胶卷、少数民族语文文献、敦煌资料、金石拓片、舆图、照片和古旧年画等类文献的编目、数据库维护等工作。工作环节包括数据制作、分编、校对、数据库维护、打印或书写书签、打印卡片及排片等。

一、古籍与特藏文献著录、分类标引及主题标引

1. 工作内容

①依据《编目规则》《机读目录格式》和普通古籍 MARC 数据制作规定等相关规定编制 MARC 格式机读书目数据。创建馆藏，连接单册记录。

②依据《中国图书馆分类法》或四部分类法等，对馆藏善本古籍、普通古籍等各类文献进行分类标引，提供分类号、种次号或著者号；依据《中国分类主题词表》对文献进行主题标引。

2. 质量规范

①分编前，在系统内对各种不同类型的文献资料进行查重，凡与原藏文献资料的题名、责任者、出版者、出版年等项目完全相同的文献作为复本处理（善本古籍除外），并添加单册记录。

②依据最新版《中国文献编目规则》和《中国机读目录格式使用手册》，结合《汉语文古籍机读目录格式使用手册》《测绘制图资料机读目录格式使用手册》《中文拓片机读目录格式使用手册》等相关规定完成在编文献题名与责任说明项、版本项、出版发行项、载体形态项、丛编项、附注项、标准编号（或代替号）与获得方式项的著录工作。完成 CNMARC 记录头标区与编码信息块的著录工作。

③从卷端、尾题、目录、凡例、序、跋、版心、内封面、原印书签、牌记等信息源选取文献的正题名。如从其他参考书目中选取，应在附注项加以说明。

④如有必要，纂修年、语种、地区等信息可著录于正题名之后，并置于方括号内。古籍书名项的著录除书名外（书名中所含数字应采用汉字形式表示），应包括卷数（卷数是检查书籍全、缺、版本异同的重要根据）。

⑤责任者说明项须在著者姓名前注明著者的朝代，并用圆括号括起，依信息源照录。历代帝王的作品，应选取其本名及其庙号进行著录。外国人著的书，应将其国别著在（国别加括号）著者姓名前。经常使用的著作方式包括撰（著）、编、辑、注、修、纂、敕编等。

⑥根据文献的不同版本类别，将文献的稿本、写本、抄本、刻本、翻刻、重刻、活字本（木、铜、泥）、摹拓本、石印、铅印、影印、珂罗版印本、钤印本等著录在版本项。

⑦将文献的卷、册（函）数、图、书型（除线装外的特殊装帧形式：蝴蝶装、包背装、毛装、卷轴装）、附件（数量）等著录在载体形态项。

⑧正确填写各著录项目和著录单元，严格执行相关著录规则和著录格式使用手册的规定，确保著录的每条书目数据项目齐全，著录格式准确，字段标识符、指示符、子字段代码、数据内容、标点符号等正确，著录项目无遗漏、无差错。使用规范的繁体汉字著录。

⑨依据《中国图书馆分类法》、四部分类法（要求分类到三级）、《中文普通线装书分类表》等分类，以文献内容的科学属性为主要标准，以地区、国家、民族、时代、形式等特征为辅助标准进行分类标引，提供分类号、种次号或著者号。

⑩同类同内容文献类号一致，文献的分类标引准确、到位，仿分、复分及类号组合合理，无错号、重号、漏号。书名中及书名后的卷册、种数等应用汉字数码著录，其他项目中的数字用阿拉伯数字著录。

⑪新善本、精装精印等文献，严格按《中国分类主题词表》《汉语主题词表》规则标引主题；选用主题词表中与文献内容主题相对应、最专指的主题词做主题标引。

⑫对在著录字段中不能描述但又应予以说明的各种解释性文字均在附注项进行补充说明。

⑬对需配置卡片目录的文献做到编目卡片及数据著录项目齐全，提要备考基本规范，错误率不超过 8%。

⑭书签打印或书写清晰、准确无误。

⑮卡片打印清晰，排片准确，各套目录完整，错误率不超过 0.1%。

⑯保证古籍安全，按期移交编竣古籍，做到手续清楚、环节畅通，保证新到各类文献编目工作没有积压。

二、古籍与特藏文献著录、分类标引及主题标引校对

1. 工作内容

严格依据编目规则、著录格式、分类标引和主题标引规则，对书目数据（包括分类标引、主题标引、著录格式等项目）及书目的规范形式进行校对审核，对发现的错误总结分析，提请相关人员改正。

2. 质量规范

①依据《机读目录格式》的要求，按规定信息源选取各著录项目和著录单元，遵循客观著录原则，不随意简化、更改、颠倒顺序或遗漏各著录项目；书目数据中标识符、指示符、子字段代码、数据内容等无差错，确保数据的完整和唯一。

②检索字段规范，检索点选取齐全；分类及主题标引准确、专指；同类同内容文献标引一致，无差错；单册和馆藏数据的建立准确无误。

③分类标引时，应分入下位类、需要进行仿分或复分的文献，不应随意分入上位类和不进行仿分和复分。仿分、复分及类号组合合理。

④提供的分类号、仿分、复分或需作互见的分类号准确、到位；分类号书写形式规范；确保分类标引不重号、错号。

⑤对多主题、多学科文献提供的主要分类号和互见分类号到位，以达到从多学科、多角度、多途径、多方面描述和揭示文献主题内容的目的。

⑥选用的主题标引是词表中与文献内容相对应、最专指的主题标引；主题概念的提炼准确、全面，确定文献潜在的用途和隐含概念不遗漏；主题标引不过度，同主题、同学科文献的主题标引相一致。

⑦内容提要的内容揭示准确到位、简明，无错漏字。

⑧标引错误率不超过2%，书目数据综合错误率不超过2%。

三、数据库维护

1. 工作内容

根据在编文献的实际情况及数据使用中各渠道的反馈信息，对所做的书目数据进行日常维护与改错，以保证数据库中数据的正确性、一致性与完善性。

2. 质量规范

①定期对书目数据进行维护。

②能够及时准确地发现、判断并修改数据中的各种错误，做到改错及时，无遗漏；建立改错记录档案；同时把发现的问题反馈给相关工作人员。

③保证修改后的数据与实际文献保持一致。

④做到修改后的数据单册信息、馆藏记录准确无误。

⑤确保书目数据质量。维护后书目数据的综合错误率不超过1%（按条目）。

四、编目工作统计

1. 工作内容

定期统计经处理、加工各种文献的种、册总量，填写业务报表，报送业务主管部门。

2. 质量规范

统计工作按照《国家图书馆业务统计规范》执行，业务统计实事求是，准确无误，字迹清晰，各统计项目填报齐全，适时进行有关业务统计分析。

五、编目工作管理

1. 工作内容

按有关业务规定，对编制的数据进行质量检查，该项任务由编目科组的负责人负责组织，并撰写质量检查报告书，上报主管领导。

2. 质量规范

①根据《国际标准书目著录（专著）》《中国文献编目规则》《新版中国机读目录格式使用手册》《中国图书馆分类法》《中文普通线装书分类表》《中国分类主题词表》及《汉语主题词表》《中国分类主题词表》《WH／T15-2002中国机读规范格式》《中国机读规范格式使用手册、中文图书名称规范数据款目著录规则、中文图书主题规范数据款目著录规则（合订本）》等有关规定进行编目各环节工作及质量检查，每月至少进行1次。

②著录错误率不超过2%，书目数据综合错误率不超过2%。

③编目、标引的错误率不超过1%。

④名称标目错误率不超过1%。

⑤每次检查的数据量至少应达到当月编制数据总量的5%。

第四节 信息类资源的编目

一、电子出版物编目

随着计算机技术与信息技术的发展，尤其是网络技术的快速发展，从 20 世纪 80 年代开始，电子资源突飞猛进地增长，并日益多样化、复杂化。电子资源的产生与发展，拓展了信息资源的范围，也使文献信息从内容到形式都发生了巨大的变化，电子资源编目已经成为当前编目机构亟待开展的重要工作。因其编目规则十分复杂，下面举例来进一步说明。

（一）电子资源的类型

电子资源的类型有多种划分法，从编目的角度看，主要有下列划分方法及类型。

1. 按信息内容特点划分

①电子数据，如电子字形数据、电子图像数据、电子数值数据、电子音频数据、电子表示数据、电子文本数据。这些数据有的还可以进一步划分，如电子文本数据又可细分为电子书目数据、电子文献数据、电子杂志、电子新闻通讯。

②电子程序，如电子应用程序、电子系统程序、电子实用程序。这些程序有的也可以进一步划分，如电子应用程序又可细分为数据库程序、电子文字处理程序，电子系统程序又可细分为检索程序、电子操作系统程序。

③电子数据与程序结合，如电子图像数据和检索程序、电子文献和字处理程序、电子交互式多媒体游戏、电子联机服务（如通报板、讨论组/表、万维网网站）、电子交互式多媒体。

2. 按存取特点划分

①直接存取的电子资源。直接存取（Direct Access）方式也称本地访问，所存取的电子资源具有可触及的物理载体（如光盘、磁盘、磁带），检索利用时要将这些载体插入计算机或其外部设备。

②远程存取的电子资源。远程存取（Remote Access）方式也称远程（网络）访问，所存取的电子资源则没有可触及的物理载体，检索利用时通过输入和输出设备（如终端机）与计算机系统（如网上资源）连接，或是与存储于硬盘或其他存储设备中的资源连接。

（二）电子资源的特征

电子资源与传统的印刷型文献相比，在内容的表现形式、载体形态等方面都有较大的差异。其特点主要表现为以下5点。

1. 增长迅速，存储容量大

电子资源增长迅速、数量巨大。据统计，在2021年7月收到网站的反馈数约为12.16亿个站点，其中活跃站点约为2.83亿个站点。有独立域名的大约有2.62亿个。根据中国互联网络信息中心发布的"中国互联网络发展状况统计报告"，截至2020年12月，我国网民规模达9.89亿，手机网民规模达9.86亿，互联网普及率达70.4%。电子资源还具有信息存储容量大、体积小的特点，便于携带、保管与长期使用。

2. 类型复杂，载体各异

电子资源的类型与载体特征要比传统文献复杂得多。除前面所述的类型外，电子资源还有多种分类方法。电子资源的载体形式也是五花八门的，如盒式单卷轴磁带、盒式芯片、盒式计算机光盘、盒式磁带、卷盘式磁带、磁盘、磁光盘、光盘、联机系统。其中有些载体还可做进一步的区分，如光盘又可细分为交互式光盘（CD-I）、只读存储光盘（CD-ROM）、图像光盘（Photo CD）。形式各异的载体就具有复杂多样的形态细节，如声音、颜色、记录密度、扇区数、扇区密度、磁道数等物理特征，以及规格不一的数量、尺寸等。

3. 内容丰富，形式新颖

电子资源的内容包罗万象，既有各个学科及其专业信息，也有各种生活服务、娱乐消遣等信息，覆盖了不同领域、不同地域、不同语言的信息资源。在形式上，电子资源包括文本、图像、声音、动画、软件、数据库等，是多媒体、多语种、多类型信息的混合体。

4. 版本多样，更新频繁

电子资源制作高效、出版迅速、发订速度快，其版本情况也更为繁杂。

当电子资源发生增删修改、程序语言不同、修订升级、资源的效率改善等变化时，都表现为新的版本。因此，电子资源不仅具有与传统文献相同的版本概念，还有许多与之不同的版本概念，如更新版（Update）、等级版（Level）、B版、测试版、全文检索版、微机网络版。此外，电子资源时效性强、更新速度快，如远程存取的电子资源经常更新时，其版本情况更是变化莫测。

　　5. 检索便捷，设施必备

　　电子资源传播速度快，检索查询方便迅速。网络信息呈全球化分布结构，各种信息的组织以超文本、超媒体技术链接，有利于全球信息资源共享。电子资源图、文、声、形并茂，信息内容更加生动直观，传播方式具有多样性、交互性。利用互联网络，人们不仅可以迅速地检索到自己所需的信息，还可以主动地发布信息和与他人交流信息。但是，各种电子资源的利用，必须具备特定的条件与相应的设备，如对计算机、终端、网络都有具体的要求。因此，在检索与利用之前，除要了解电子资源内容特征外，还要了解计算机的名称与型号、内存数量、操作系统、软件、外部设备等系统要求。远程访问电子资源，还要了解其访问方式、访问途径、访问时间等信息。

第五章　数字化时代电子图书馆数字资源的发展与模式

本章聚焦于数字化时代背景下电子资源的蓬勃发展与面临的挑战，深入剖析了数字电子资源的多元化采购模式，包括集中采购、分散采购及合作共建等策略，旨在优化资源配置与利用效率。同时，探讨了数字电子资源采购中的价格模式创新，如按需付费、订阅制与打包购买等，旨在平衡成本效益，满足用户个性化需求，共同推动知识资源的可持续发展。

第一节　数字化时代电子资源的发展与挑战

一、电子资源的发展

（一）电子资源的概念

文献载体的变化一直与人类知识的萌生同步，又随科学技术的发展而不断更迭，从甲骨文献到丝帛文献，再到纸质文献和电子文献，皆同一理。电子文献大约产生于 20 世纪 60 年代，70 年代末随着因特网、万维网的迅速崛起及数字化技术的发展而发展，90 年代随着全球数字化浪潮的风起云涌和数字图书馆建设步伐的增速而迅速发展起来。作为文献资源收藏的重要机构，各类图书馆大约在 20 世纪 90 年代初开始较大规模地收藏电子文献，电子资源日益成为各类图书馆馆藏的重要组成部分。按照相关数据，美国研究型大学图书馆电子资源 1993 年在全部馆藏中占比为 3.6%，2003 年占比增加到 25%，2006 年占比增加到 43%。到 2010 年，相当多的美国研究型图书馆的电子资源占比已经远超 50%，一些工程技术类研究型图书馆不再购买纸质资源，甚至经过数字化，不再有纸质资源，演变为纯数字图书馆。在国内，按照教育部高校图工委高校图书馆年度发展报告的数据，2009年国内高校图书馆馆均电子资源使用经费占到了馆均文献资源购置费的32%，2010年达到48%，2015年达到51%，2016年上升为54%，电子资源经费保持较高增长。

国际图书馆协会联合会（International Federation of Library Associations and Institutions，IFLA）在2012年发布的《电子资源馆藏发展的关键问题：图书馆指南》中对电子资源给出的解释为：电子资源是指那些需要通过计算机访问的资料，无论是通过个人电脑、大型机还是手持移动设备。它们既可以通过互联网远程访问，也可以本地使用。常见类型有：电子期刊、电子图书、全文（集成）数据库、索引文摘数据库、参考数据库（传记、词典、指南、百科等）、数值和统计数据库、电子图像、电子音频/视频等。两个概念解释的侧重点有所不同，一个注重电子资源的存在传播形式，一个侧重于电子资源的常用类型，二者相结合便能囊括图书馆电子资源的相关含义。

与纸质资源相比，电子资源形式更加多样化，内容也更为丰富，占用空间更小，利用突破了物理位置的限制，更便于快捷阅读和共享。电子资源的出现对整个图书馆事业的发展产生了非常大的影响：首先，电子资源逐渐改变了用户的阅读习惯及文献利用习惯。越来越多的用户在获取文献时，优先考虑可以快速、方便传输的电子文献，也习惯了使用电子文献的复制、粘贴、截图、文字识别等功能；越来越多的用户开始利用电子书阅读器阅读电子图书，也开始习惯在电子图书上进行批注。用户这些阅读习惯和文献利用习惯，伴随着台式电脑、笔记本电脑、阅读器、智能手机、Pad的流行而日益加强。部分图书馆新生代用户，尤其是理工类学科的用户，基本上只依靠电子资源进行学习、研究和工作。文史类学科的相关用户也在获取电子图书、共享其他人手中的电子图书，有些人甚至自己数字化自己所获取的纸质图书，使其变成电子图书。电子资源成为相当多用户资源利用的首选。用户阅读习惯的变化要求图书馆不断增加电子资源购买和馆藏数字化，也要求不断调整和增加利用电子资源为用户服务的项目。其次，电子资源改变了图书馆馆藏结构和建设策略。随着电子资源的类型、内容、提供商等持续增加，图书馆对电子资源购买的力度仍在增加，相当多的图书馆电子资源采购经费已经远超纸质资源，资源数量也在突飞猛进，即便是有百余年纸质馆藏累计的国内大型图书馆，只用了十几年时间电子资源在数量上就已经超越了纸质馆藏，成为各大型图书馆的主要馆藏内容。电子资源的增加不仅改变了图书馆的馆藏结构，也在改变着图书馆的馆藏建设方式：资源描述方式发生变化，业务流程发生变化，长期以来累积的纸质资源采购经验和理论也都需要调整，电子资源采购工作需要借助于更多的规范化工作提高效率和效果。

（二）相似概念辨析

在图书馆电子资源建设实践和相关理论研究中，经常会出现一些与电子资源类似的概念，如数字资源、电子信息资源、虚拟资源、网络信息资源、数字化资源等，这些概念经常会被混用。为了后文更好地讨论，这里先将这些相似概念之间的区别进行必要的说明。

①电子资源与电子信息资源。从字面意义上来看，电子资源的概念范畴要比电子信息资源的概念范畴大，电子资源和电子信息资源是包含与被包含的关系。由此可见，信息资源只是资源的一部分。但是对于电子资源而言，在当前可以理解的范畴中，电子资源尚无严格意义上的电子自然资源、电子人力资源、电子财经资源等分类。因此，从概念内涵上看，电子资源和电子信息资源可以认为是基本等同的概念。从已发表的研究成果来看，不管是术语出现的时间，还是术语出现的频次，图书情报领域更倾向于使用"电子资源"。"电子信息资源"多出现于信息资源利用（比如文献检索课程和信息素养教育）的相关文献中，而在图书情报之外的领域，"电子信息资源"出现的频次远高于"电子资源"。

②数字资源、数字化资源和电子资源。如前所述，电子资源是以数字化形式存在的资源。因此，从字面意义来看，"数字资源""数字化资源"和"电子资源"三个概念并没有本质的区别。正如"电子图书馆"和"数字图书馆"这两个在图书馆事业发展不同时期提出的不同概念一样，图书馆"电子资源""数字化资源"和"数字资源"带有明显的历史痕迹：20世纪90年代之前的图书情报领域文献中多以"电子资源"之名出现，之后随

着"数字图书馆"概念和实践大行其道,与之对应"数字化资源"和"数字资源"开始在研究和实践中大量出现,而"电子图书馆"一词逐渐淡出图书情报领域文献,但"电子资源"一词仍被继续使用;"数字化资源"在数字图书馆的"大规模资源数字化"阶段用于指因"图书馆纸质资源数字化而产生的资源",而"数字资源"多用于指"图书馆原生的以数字形式存在的资源",由于行业从业者对概念的理解不同,两个概念在一定程度上被混用;随着"大规模资源数字化"阶段的结束,"数字化资源"逐渐被简称为"数字资源"。在图书馆界进行资源数字化的同时,大量商业公司也在协助图书馆或者出版社(含杂志社)或者独立开展数字化工作,并将这些数字化的资源制作成数据库产品销售给图书馆。为了管理这些商家提供的数字资源和整个采购过程,业界逐渐开始利用"电子资源"的概念统称那些通过购买等方式获得的第三方商家的数字资源。不过,由于图书情报从业人员众多,两个概念并没有取得所有人的认同,仍旧在混用,但由于电子资源和数字化资源在资源采访、组织方面差别较大,需要进行必要的区分。本书中讨论的电子资源主要指图书馆所采购的资源,包括各类数据库和未以数据库形式存在的分散的采访资源,这些资源近年一般都是原生数字的资源(Born-digital),比如方正阿帕比的电子图书数据库;年代久远的一般都是数据库运营商数字化的资源(Digital-reformatting),比如JSTOR数据库、超星数字图书馆等。数字化资源则一般指用户或机构对纸质文献进行数字化后产生的资源,比如CADAL的大部分资源、各馆自建的学位论文全文库、对本馆数字化馆藏加工而成的自建数据库。需要说明的是,这里的电子资源和数字化资源是在资源建设研究和实践主题下进行的区分。[①]在电子资源和数字化资源统一管理的强烈需求下,在数字资源整合、数字资源长期保存、数字资产管理等图书情报的研究和实践主题中,数字资源包括电子资源和数字化资源。

③电子资源、网络信息资源和虚拟资源。在当前信息环境下,绝大多数的电子资源都是通过网络对外提供服务,因此在用户端,图书馆购买的电子资源和互联网上存在的免费或收费的网络资源都可以称为网络信息资源。但在图书情报领域的图书馆实践中,二者有区分:电子资源是图书馆

[①] 王新才,王海宁.中国边界与海洋研究院图书文献保障研究[J].晋图学刊,2016(4):1-7.

已经购买或者授权使用的资源；网络信息资源是图书馆之外的网络资源[①]，这些网络信息资源经过图书馆组织加工后成为图书馆虚拟馆藏的一部分。国内 21 世纪初，复合图书馆研究和建设曾经掀起数年的发展热潮，通过购买等途径获得的电子资源、纸质资源、数字化资源、网络信息资源导航以及其他经过组织的网络信息资源组成的虚拟馆藏，共同组成了复合图书馆的馆藏体系。

（三）电子资源的发展简史

1. 图书馆最早应用的电子资源——机读目录格式和书目数据库

产生于 20 世纪 60 年代中期的机读目录格式被认为是图书馆最早应用的电子资源，比万维网的出现早了整整 30 年。机读目录格式出现后，图书馆开始利用计算机将原来馆藏的卡片目录转换为可供计算机检索利用的电子目录。为了提高编目工作效率，各类型的联合编目纷纷出现，1971 年 OCLC 推出了后来被称为 WorldCat 的联合目录数据库，1975 年美国俄亥俄州州立大学图书馆推出了用户可用的在线目录。

在我国台湾地区，20 世纪 80 年代初陆续推出中文图书和期刊的机读目录格式。在我国大陆，80 年代的重点是西文机读目录格式的研究及中文机读目录格式的研制；80 年代中后期，国内大型图书馆开始研制诸多自产自用的小型自动化系统，并开始尝试进行纸质资源的编目和借阅管理。[②]1991 年，国内正式推出中文文献的机读目录格式；之后，国内出现了支持中文机读目录格式的大大小小的图书馆管理系统，各个图书馆开始建立电子目录。1997 年，全国图书馆联合编目（公共图书馆联合编目）中心和 CALIS 联机编目（高校图书馆联合编目）中心先后成立，全国性的联合目录数据库的书目数据逐渐丰富和完善。

2. 图书馆电子资源载体形式的变迁

图书馆早期在线目录书目数据库的数据存储载体主要是磁带和磁盘。20 世纪 80 年代初期，国外电子资源数据库已经有了较多能提供相当规模的电子资源的供应商，而国内电子资源数据库建设较晚，80 年代中后期也

[①] 杨小文. 网络环境下电子信息资源与网络信息资源辨析 [J]. 情报理论与实践，2006(1)：40-43.

[②] 刘喜球，王尧. 上世纪 80 年代我国图书馆自动化系统发展思想演变分析 [J]. 新世纪图书馆，2016（5）：70-72.

只有少量各馆自建自用的电子数据库,较大规模的图书馆电子资源数据库建设是在 90 年代中后期。不过国内电子资源载体形式和国外基本一样,只是经历了比较短的过渡期就直接进入远程网络数据库阶段。

早期的电子资源数据库供应商给图书馆提供的是 CD-ROM 压缩式只读光盘。由于光盘具有高密度存储功能,比同时存在的磁盘、磁带等媒介更耐用,且内容不能修改和删除,可以保护资源供应商的版权,光盘一度成为当时非常流行的电子资源存储和传播形式,大量数据库的数据以光盘形式存储,图书馆需要借助于光盘驱动器、光盘塔等实现对光盘内容的读取并对外提供服务。但是光盘数据库劣势也很明显,那就是不能及时更新,供应商会按照月度、季度,甚至年度更新数据,光盘依靠邮寄方式运输,速度慢且容易造成损坏。

随着互联网的迅猛发展和网络存储设备的发展,光盘数据库很快就退出了历史舞台。各类数据库开始以网络数据库的形式存在,不过,最初图书馆只是利用搭建在本地服务器上的资源应用供局域网内的用户使用,资源供应商将资源保存在图书馆本地存储设备上,以资源镜像的形式提供服务,供应商定期通过现场更新和网络更新的方式更新资源数据库中的数据。资源镜像由于占据的硬件资源越来越多,图书馆本地的存储设备无法满足日益增长的电子资源存储需要。这个时候纯网络环境下的电子资源数据库出现了,图书馆本地已经不再存储该数据库的电子资源,用户通过访问资源提供商网站上的资源来满足自己的需要,图书馆提供用户 IP 地址范围等信息给资源提供商,资源供应商按照 IP 地址范围给图书馆用户开通使用的"通道"权限。电子资源至此已经离开了图书馆的"掌控",电子资源的"拥有"(Own)和"利用"(Access)之争名噪一时。随着时间推移和网络环境的持续改善,图书馆和用户逐渐接受了远程利用的方式,但也萌生了对电子资源长期保存的需求,以保证存储在图书馆之外的电子资源在遇到自然灾害、供应商破产等不可抗力时仍旧能被图书馆及其用户使用。近年来,随着云计算技术的发展,资源供应商也在利用云平台技术存储数据库资源,以最大限度地避免电子资源的存储设备在遭遇自然灾害或硬件故障等方面问题时造成资源停用,实现无缝切换,不间断地为图书馆及其用户提供服务。

3. 图书馆电子资源文献类型、加工深度等方面的变化

总的来说，图书馆电子资源的文献类型呈现愈来愈丰富、加工深度愈来愈深的趋势。早期图书馆电子资源以各类目录数据库为主，这里的目录数据库不仅包括各馆基于机读目录格式所建立的各类书目数据库和专题目录库，也包括相关资源供应商提供的专题目录库，如 SCI、EI 等索引数据库建立的时间比图书馆的目录数据库还要早。

随着时间推移，为了让用户更加准确地了解资源是否真的能为自己所用，只依靠题目信息已经不够，一些电子资源数据库在原来图书或期刊目录的基础上增加了相关文摘，老牌的文摘、索引提供商也开始逐渐实现其产品的数字化，有些资源提供商为了回避资源全文的版权问题也建立了诸多的文摘数据库，相当多的文摘数据库如今仍旧是相关研究人员非常喜欢使用的资源。20 世纪 80 年代，国外很多数据库都开始提供全文，资源类型主要涉及期刊和图书，这些期刊和图书绝大部分是由原来的纸质资源数字化而来，也有一些原生的电子期刊和电子图书。随后，电子学位论文、电子报纸、电子数据、音视频资源、专利、标准、科技报告等也逐渐成为商业数据库提供商的内容资源。国内提供全文的商业数据库，诸如清华同方、重庆维普、万方等公司的电子期刊数据库，超星公司的电子图书数据库的建设和提供服务都到了 20 世纪 90 年代中后期，这些数据库重点对已有纸质资源进行回溯性数字化，并开始与出版机构合作，从源头上获取电子出版的资源，持续更新到数据库中。世纪之交，方正阿帕比、书生等公司开始与相关出版机构合作，推出在版新书的电子图书数据库，中经网、国研网等公司则开始基于各类统计数据提供数据查询服务，会议论文、电子报纸、法律条文、音视频学习资源、标准、古籍文献、地方志、词典词条、百科知识、人物传记、图片素材、教学案例、软件工具等陆续被纳入电子资源数据库，图书馆电子资源几乎涵盖了图书馆用户服务实践中所涉及的各类文献，揭示的深度也从原来目录、文摘、全文到目前细化的知识点，用户可以查询的字段也从原来的题名、作者、来源、时间、引文等基于文献本身的项目，发展到现在很多电子资源数据库支持的查询定义、图表、数据等知识内容方面的项目。

20 世纪 90 年代末在国际学术界、出版界、信息传播界和图书情报界

大规模兴起的开放获取运动,在 2002 年《布达佩斯宣言》正式发布之后取得了更加长足的发展,截至 2018 年 10 月,开放获取期刊的数量已经增至 12195 种,机构知识库登记的已有 4693 个。图书馆在购买商业电子资源的同时,也在整理开放获取的期刊和第三方机构库的资源,将其纳入本馆对外提供服务的电子资源中,诸如 Primo 之类的电子资源发现系统提供商在其中央知识库也大量纳入开放获取的资源。图书馆电子资源也已由原来的纯商业电子资源演变为目前的商业资源和开放获取资源相混合的局面,且将在相当长的时间内存在。这在丰富图书馆电子资源内容的同时,也增加了图书馆电子资源管理的难度。

二、电子资源规范采购实施中的主要挑战

(一)电子资源采购与实体资源采购的不同

自图书馆出现至 21 世纪初,纸质图书、期刊、报纸等实体资源一直是各类图书馆收藏和管理的核心内容,这些实体资源的采购虽然在具体管理过程中有所区别,但一般都经历了采购馆员的资源审核和选择、将选择的资源整理成订单发送给资源供应商、依据订单签订合同并支付费用、资源供应商运送资源到图书馆、图书馆进行验收、编目馆员进行描述、附件加工馆员进行加工、典藏馆员进行典藏、分配到流通部门上架流通等一系列工作流程,而且经过上百年的发展,这些工作流程经过不断优化也已经发展得非常成熟。后来出现的音视频资源等实体资源,也仿照纸质资源流程进行管理。这个工作流程大多已经被固化到传统的图书馆集成管理系统中,以流程驱动的形式,协助馆员完成相关的工作。系统协助实现的还有订单的跟踪、编制预算和预算保留、付款登记、编目、审核、登记财产目录等工作。图书馆集成管理系统也非常适合这种工作流程管理,当资源接收或某个流程环节超时时,系统会自动跟踪到这一状况,并自动向相关馆员发出提醒。图书馆资源建设部门的岗位及人员也大体按照这样一个流程需要进行设置,不管在馆员的物理空间,还是在馆员业务活动的虚拟电子空间,相关馆员熟知自己的角色和责任,工作内容比较明确,工作流程基本固化,流程衔接都非常顺畅。

电子资源是信息技术发展的产物，它的产生、发展和广泛应用给人们收集、存储和利用信息提供了极大的便利。与纸质图书、期刊、报纸等实体资源相比，电子资源具有使用灵活、不受时空限制、检索速度快、传递速度快、支持多用户同时使用、可以直接定位到资源全文等诸多优点。电子资源的出现使图书馆服务在很多方面都得到了提升。电子资源的管理有着很大的不同，比如：电子资源管理一般都有许可过程，而实体资源没有；电子资源采购之前多有试用环节，而实体资源没有；电子资源在服务过程中存在激活和解除动作，而实体资源采购后除损毁和剔旧外能够一直提供相应服务；电子资源服务过程一般都利用IP地址等限制使用范围，而实体资源一般不需要对用户使用范围进行限制；实体资源采购后内容一般是静止不变的，而电子资源采购后还会出现供应商改变、内容增加或减少之类的动态调整；实体资源购买后一般就是永久性拥有，而电子资源一般都有使用期限；电子资源在接收和处理过程上与实体资源有本质上的不同，在后续维护、物理存储等方面与实体资源也有诸多不同。具体到采购环节，不同的电子资源可能涉及的使用期限不同、购买模式不同、采购流程不同、价格模式不同、版权控制方式不同、因资源统计标准不同而造成评估方法不同等，其采购的复杂程度远高于实体资源，但不论是国内还是国外的图书馆，电子资源采购和管理的岗位职责、人员配备都不像实体资源采购管理中所涉及的岗位和人员配备那样清晰，电子资源采购管理中也就产生了很多非常令人注意的问题。

（二）电子资源规范采购实施中遇到的主要挑战

虽然当前很多图书馆电子资源总量已经超出了纸质资源总量，电子资源经费超出了纸质资源经费，电子资源利用率也远超纸质资源的利用率，但是相当多的图书馆对电子资源采购和管理给予的重视仍旧严重不足[1]，一名电子资源馆员管理或者由其他采访馆员兼管电子资源采购的情形还比比皆是，电子资源尚未像纸质资源采购和管理那样细致地划分岗位，电子资源管理还处于手工和半手工管理的状态，主要利用Excel表格或文件夹登记与保存电子资源的采购信息，也尚未建立纸质资源采购与管理那样健全

---

[1] 于荷莉.图书馆电子资源管理：研究与实践[M].大连：大连理工大学出版社，2014.

的发展规划和规章制度,电子资源采购规范程度还非常弱,具体实施中遇到的挑战主要来源于如下四个方面。

①采购涉及主体的复杂性。电子资源采购涉及主体主要体现在:(a)参与决策主体的复杂性。规范的电子资源采购需要馆内不同部门之间员工的高效合作,资源建设部门需要结合本馆馆藏发展规划和政策、用户需求、资源与其他资源重合率、资源质量、经费预算及使用情况等判断是否需要购买;技术服务部门需要根据本馆已有硬件情况、与该资源可能相关的应用系统(比如资源管理系统、集成管理系统、资源发现系统、资源利用统计系统等)情况判断该资源是否存在技术兼容、远程访问可用性及速度的问题;信息服务部门则需要结合用户利用习惯判断资源使用便利性方面的问题及其所涉及的培训问题。各部门一起判断资源购买的并发用户数量、是否允许资源进行馆际互借和文献传递等方面的问题。如果该电子资源是采用联合采购的方式,则还要协调不同馆之间决策主体的协商合作。(b)资源提供商的复杂性。虽然纸质资源采购也会涉及众多的出版社,但是随着中间联采提供书商(比如新华书店、教图公司、中图公司等)的蓬勃发展,图书馆实际上跟具体出版社接触的机会大大减少,主要跟经过政府招标采购确定的几家提供商联系,资源提供商相对简单;但电子资源提供商却与之不同,只有部分提供商代理多个海外比较小众的数据库,大部分电子资源数据库提供商都与图书馆单独开展工作,而每个数据库提供商的定价模式、许可条件等方面的情况又有很大的不同,当图书馆电子资源馆员面对数百个数据库提供商时,工作处理的复杂性和工作强度就可想而知了。

②采购流程的复杂性。从工作流程上来看,电子资源采购大都要经过推荐或寻访、预选、询价、试用、评估、签订合同购买、开通和提供服务、宣传推广、维护、资源利用评估、续订或停订等诸多环节,其流程非常复杂。电子资源采购的模式则有单馆采购、集团采购、联盟采购、政府招标、PDA 采购等多种方式,不同方式电子资源采购的具体流程差别很大,电子资源订购模式的不同加剧了采购流程的复杂性。在具体的电子资源采购中,电子资源在整个生命周期管理中并非静态不变,而是随时有可能进行动态调整,比如电子资源内容变化,供应商因合并退出变迁发生变化,采访模式由单馆购买转变为集团采购,电子资源使用过程因版权、技术等原因发

· 145 ·

生的暂停服务等。在这个过程中，规范记录资源推荐人及采购过程、购买模式、试用期、使用期限、用户名及密码、使用许可条款、资源价格、使用效果评估、有无替代产品、服务方式、供应商商务和技术维护联系人信息、合同及相关文档、资源的更新和动态变化等信息是一个非常烦琐的过程。电子资源数量多了以后，方便准确检索的相关信息也非常复杂。虽然绝大多数馆员都认为编制电子资源管理工作流程非常必要，因为编制的工作流程可以确保电子资源管理馆员确切知道还有哪些工作需要开展，规定过程中的每个步骤是否都被完成，也方便按照流程分配相关工作给其他馆员，但是相当多的图书馆因为工作流程的复杂性并没有为此制定工作流程。这个过程如果没有相关系统提供支持，管理的难度则更大。

③采购资源质量及评估的复杂性。与纸质资源相对单一相比，电子资源更多的是以一种资源集合的形式出现，而不同提供商同类电子资源数据库之间在内容上极有可能有非常高的重复率，部分提供商为了降低这种重复的比例，在元数据上进行一定处理。采购电子资源需要快速高效地判断这种重复，并将这种重复度在电子资源决策中加以考察。因此，电子资源采购时，不能单纯从资源量上去考评，资源质量评估的复杂性要远大于纸质资源。电子资源是动态调整的，尤其是那些购买访问权的电子数据库资源，资源内容可能会随着时间的变化而发生变化，这就需要选择者定期对资源进行审查。这项工作需要不断地重复评估过程，需要耗费大量的时间和精力，这是资源质量评估复杂性高的另一个表现。另外，目前大多数电子资源都没有永久访问权，大都在许可权限控制下有使用期限，当使用期限结束时，就会面对继续订购还是停订的问题，而停订就会丧失对该资源的访问权，需要非常慎重，此时关于是否需要续订的质量评估要考虑更多因素。评估要解决的是电子资源的成本、资源的权威性及资源供应商的可靠性问题。传统纸质资源，评估时会考虑资源作者的情况、作品的流通情况、目标用户情况、出版商的知名度、资源的准确性及用户需求，会利用引文分析、用户调查等方法进行判断；电子资源质量评估除了这些因素以外，还要考虑诸如资源覆盖情况、内容访问的便捷程度和可靠性、资源使用界面的功能、资源查找能力、技术支撑维护能力、采购模式、定价方法、许可协议等方面的因素，评估过程和考虑因素都比较复杂，这都给电子资源采购中电子资源的有效质量评估带来了非常大的挑战。

④电子资源采购风险及控制的复杂性。与纸质资源相比，单个电子资源数据库购买一般要耗费很高的成本，一个数据库售价少则数万元，多则数十万元，甚至上百万元，而且一旦购买，除非极特殊情况，一般都会持续订购。在图书馆经费增长有限，甚至大幅降低而电子资源采购成本持续攀升的情况下，维护已有的电子资源采购量就可能意味着其他资源购买力的削减，更不用说增加电子资源的采购量，这些被削减的资源处理不好则有可能影响馆藏的长期稳定，也会引起相关用户的不满。由于图书馆采购的电子资源缺少完善的退出机制，在经费有限的情况下，质量不佳或利用不佳的电子资源数据库不退出，还会影响其他电子资源的采购。电子资源采购的高成本所带来的经济风险要求电子资源采购和选择时要格外慎重。也正因为电子资源采购的高成本状况，采购中还需要预防各种采购违规操作和贪腐问题，资源供应商本身的职业操守和可靠性也会带来决策的经济风险。与经济风险相关，还有采购中的价格风险。由于电子资源提供商的定价模式非常复杂，既有固定价格，也有基于并发用户数或者用户群规模等定价方式，而且与每个图书馆关于价格的谈判多为商业秘密，资源采购馆员及资源采购决策团队对电子资源采购价格的预期、对定价模式的理解、对其他图书馆定价情况的了解程度以及对谈判技巧的掌握程度等都会为电子资源采购带来价格上的风险。成长于非营利机构的电子资源馆员，缺乏商业谈判方面必要的历练，故价格上的风险将继续加剧。如果电子资源采购采用的是集团采购或联合购买，出于利益均衡等方面考虑，参与机构所承担的价格风险不但与公司有关，也跟参加联合购买或集团采购的相关图书馆同仁密切相关。经济风险、价格风险外，版权风险、长期保存的风险等也都是非常值得关注的内容。随着用户对电子资源使用依赖性的增强及电子资源品种和内容的丰富，用户，特别是权威用户对特定电子资源采购的意愿，也有可能影响电子资源的采购计划，加剧电子资源采购决策的风险。

第二节　数字电子资源采购模式

一、数字电子资源采购模式研究现状

20世纪90年代以来，由于网络技术与通信技术的结合，图书馆迈入网络时代。作为为高校教学与科研提供服务的高校图书馆，更是走在网络化建设的前沿，电子资源建设引起了各馆的充分重视。从1998年开始建设以来，CALIS管理中心及后来的DRAA引进和共建了众多国内外文献数据库，包括大量的二次文献库和全文数据库，集团采购的方式使很多高校图书馆不再对高昂的电子资源采购价格望而却步。统计数据显示，2016年电子资源购置费超过2000万元的有11所高校图书馆，较2013年增加了8所，其中北京大学购置费超过了4000万元；2016年电子资源购置费超过500万元的高校馆数目达到了137所，和2015年相比，增长率高达45.7%。可见，在当前"双一流"的建设背景下，各高校图书馆更加重视电子资源建设。我国公共图书馆同样重视电子资源馆藏，上海图书馆馆长陈超在接受采访时表示该馆每年的采购资金为1.3亿元，其中30%~40%用于电子资源。2018年1月1日起正式实施的《中华人民共和国公共图书馆法》，明确提出政府设立的公共图书馆应当加强电子资源建设。在20余年的电子资源采购历程中，理论和实践都取得了较明显的成果，尤其是采购模式。笔者在此对电子资源采购模式研究梳理如下。

（一）发文年代分布

从已有文献来看，2001年，在《集团采购：网上电子资源建设的新模式》[①]中，翟云仙首次提出了电子资源集团采购的含义、优越性以及基本运作模式。2003年，强自力在《电子资源的"国家采购"》[②]文中重点讨论了电子资源的"国家采购"与集团采购的区别，介绍了电子资源"国家采购"

---

① 翟云仙. 集团采购：网上电子资源建设的新模式[J]. 情报杂志, 2001(10)：39-40.
② 强自力. 电子资源的"国家采购"[J]. 图书情报工作, 2003(4)：91-94.

的三种模式（统购型、补贴型和"平台"型），这是我国最早两篇对电子资源采购模式进行阐述的文章。以中国知网（CNKI）为检索工具，2018年8月采用高级检索方式，选择所有"文献"数据库，在输入内容检索条件中选择"关键词"，输入内容为"电子资源"或者"数字资源"和"集团采购"或者"政府采购"或者"PDA"，匹配方式为"精确"，时间不限，检索结果为86篇，发文量按照年代分布。其年代分布也大致反映出电子资源采购模式研究在我国的发展脉络。从中清晰可见，自2006年开始，电子资源采购模式研究文献呈现陡增的趋势，2009年达到一个峰值。这与徐文贤主持的2007年度国家社会科学基金项目"数字资源采购的规范管理与控制"有关，在86篇论文中，他发文10篇，排名第一位；也有多位项目参与者进行了电子资源采购的相关研究，采购模式是研究中较为重要的一个视角。自2009年，研究热度有所下降，但一直都有学者关注，截至2018年8月，2018年度已有3篇相关文献公开发表，王春生在《数字资源循证采购简论》[①]中探讨了国外近几年出现的一种新的电子资源采购模式"循证采购"（Evidence-Based Acquisition，EBA），是一种DDA模式。在这种模式中，图书馆与供应商或出版商就一个电子书库的访问权进行协商，交换条件是在项目结束时购买固定金额的电子图书。循证采购是一种由图书馆馆员基于用户实际使用情况做出的采购决策，是一种预付费的电子资源采购模式。在当前"双一流"建设背景下，各高校科研人员更加依赖电子资源，电子资源采购将是图书馆界持续关注的一个课题。

（二）文献来源出版物分布

在探索研究领域时，一种有效的方法是通过审视学术论文的发表情况来识别哪些期刊是该领域的核心。这种分析不仅能够帮助研究者聚焦于关键的文献资源，而且能够指引读者更有效地检索信息。根据一项对86篇文章的回顾性研究，这些作品主要分布在图书情报学以及学报类的期刊之上。重点是，探讨电子资源采购模式的文章大量出现在图书情报相关的出版物中，共计67篇，占全部论文的77.91%，平均每期刊登大约2.8篇文章。在此类别中，图书馆学领域的期刊独占了33篇论文，占据了图书情报期刊的

---

① 王春生. 数字资源循证采购简论[J]. 图书馆杂志，2018（7）：4-9.

近一半。14种期刊共刊载论文55篇，占总数的63.95%，是研究的重要参考资料。从中清晰可见发文量5篇以上的期刊都是全国图书馆情报学核心期刊，表明电子资源采购模式的研究论文质量相对较高。通过文献分析，发现作者单位基本都是各大高校和公共图书馆、情报研究所，由此可看出，电子资源采购模式研究是应用型研究。

（三）文献内容分析

对86篇文献的关键词进行统计，关键词集团采购、联盟采购、图书馆联盟、联合采购共出现67次，表明电子资源联盟采购模式是该领域的一个研究热点，发文量占到了77.91%。集团采购模式研究内容主要有基于不同联盟采购实践的思考与探讨、不同国家/地区联盟采购模式的比较、联盟采购运作机制以及联盟机构的问题及对策研究；政府采购模式研究聚焦于问题及对策研究和在政府采购形势下电子资源采购利弊研究；PDA采购模式研究的立脚点是对该模式及运用实践的介绍总结；对于电子资源单独采购模式，目前尚无公开文献进行专门研究，而是穿插在电子资源采购研究中，如2010年，徐文贤和储文静在《香港图书馆数字资源采购研究》[①]中对单独采购模式有所论述。

二、集团采购模式

（一）集团采购模式概述

电子资源集团采购是近几年图书馆界关注度比较高的热点内容，在研究方面，国外起步较早，发展较成熟，有许多成功应用案例。如1958年，跨美国中西部8个州成立的12所研究型大学联盟——机构联合委员会（Committee on Institutional Cooperation，CIC），该联盟通过资源共享及各种合作活动来提升各成员大学的学术水平，主要工作就有合作购买资源及获取电子资源的使用许可证，合作获取图书馆资源以及建立资源共享网络。[②] 2000年2月，冰岛教育科学文化部成立了"国家数字图书馆指导委

[①] 徐文贤,储文静.香港图书馆数字资源采购研究[J].大学图书馆学报,2010（5）：53-58.

[②] 邢明旻.CIC图书馆联盟的电子资源集团采购及其启示[J].图书情报工作,2008（4）：119-122.

员会"，利用国家经费购买电子资源供全国公民访问。OhioLINK把电子资源采购作为2000年后的重要合作内容之一，以最大限度地发展联合采购的优势来增强购买力。①国际方面，图书馆联盟国际联合体由世界各地约150个图书馆联盟组成，是真正意义上的超级图书馆联盟。ICOLC成立于1996年，当时是以"Consortium of Consortia"（COC）命名的，最初的名称反映出它是由若干个联盟组成的大联盟。1997年，以ICOLC为名举办会议，并同期更名为ICOLC。2015年，该联合体的成员已经遍及全球，图书馆联盟成员已达到200多个，成员馆已达到数千个，但服务主体依然为高等教育机构。②ICOLC成立的主要目的是保证其成员对电子资源及其供应商、供应商的价格方案以及联合体联盟代表与供应商的了解。在探讨电子资源采购的复杂性时，2004年10月，国际图书馆与信息机构联盟（ICOLC）对其先前的声明进行了修订，这一行动标志着对电子资源管理策略的深刻反思。该联盟不仅明确了采购电子资源的核心目标，还为如何有效地获取这些资源提供了具体的指导方针。其中，定价问题成了讨论的焦点，反映了在数字化时代，图书馆和信息机构在资源获取上面临的挑战。ICOLC的这一更新声明，不仅为行业内的实践提供了新的视角，也强调了在电子资源管理中，透明度和公平性的重要性。国内方面，2001年，翟云仙首次对"集团采购"含义进行了界定，从定义上看，很多专业名词都附上了英文，可见当时作者是在借鉴国外资料的基础上，对集团采购概念做了界定。2004年，北京大学图书馆肖珑等在我国CALIS采购实践基础上，对电子资源集团采购做出了更加明确的定义：多个图书馆组织起来，联合采购某种资源，以最少的经费，获取最优价格、最佳服务和最符合需求的电子资源。它目前已成为电子资源主要购买方式，是图书馆资源共建共享在网络环境下产生的一种新模式。

知识的洪流在1997年澎湃而出，那一年对于中国学术界来说无疑是一个里程碑。一个特别的协议在这片古老的土地上签署，仿佛点燃了智慧的灯塔。国家自然科学基金委携手美国《科学》周刊，使得"Science

---

① 卫俊杰，续穆.图书馆联盟电子资源集团采购分析研究[J].农业图书情报学刊，2015（7）：27-31.

② International Coalition of Library Consortia (ICOLC) [EB/OL]. [2018-10-28]. ht-tps://icolc.net/.

Online"这一无价的知识宝库向中国学者免费开放,全国范围内的学者们得以畅游其中,探索未知。回溯至这一年的早些时候,清华大学图书馆播下了一颗名为"Ei Village 中国集团"的种子。这一举措如同一艘巨轮的启航,标志着我国集团采购的新航程。它不仅仅是一项项目,更是一种革新,引领着中国学术界走向更加广阔的未来。这两个事件共同构筑了中国学术界的新纪元。清华大学的勇敢尝试与国家自然科学基金委的开放合作,如双星闪耀,照亮了无数学者的研究之路。这一年,中国学术界在世界的舞台上写下了辉煌的一页,为未来的科研之路铺就了坚实的基石。1999年1月,一项备受学术界期待的计划庄严亮相,这就是中国高等教育文献保障系统(CALIS)。CALIS是"九五""十五"总体规划中的三大公共服务体系之一,也是我国高等教育"211"工程的重要组成部分。此计划肩负着将国家资源、现代图书馆理念、先进技术和高校文献资源和人力资源整合在一起的重任。CALIS的目标是打造一个强大的联合保障体系,其核心为中国高等教育数字图书馆。通过共建、共治、共享信息资源,CALIS为我国社会带来巨大的效益,并为高等教育注入无穷活力。时间的车轮滚滚向前,CALIS将继续不断地发展壮大。2010年,高校图书馆数字资源采购联盟(DRAA)诞生了,它犹如夜空中闪耀的明星,为我国探索学术资源采购之路提供了新的方向。这是在CALIS坚实基础上的一次探索,为我国集团采购史书写了辉煌的一页。CALIS的总部设在北京大学,覆盖了全国范围内的文献信息服务中心,各个地理区域都有专属的文献信息服务中心,包括文理、工程、农学、医学等四大领域,还有专门为东北地区设立的国防文献信息服务中心。CALIS从诞生之初便致力于引进和共建丰富的文献数据库,其中蕴含着许多珍贵的二次文献库和全文数据库。随着时间的推移,CALIS不断壮大,为整个学术界照亮了发展的道路。

我国台湾和香港地区引进电子资源的时间要追溯到20世纪90年代初。几十年的采购历程,积累了丰富的经验,值得大陆图书馆界借鉴。在台湾,一种显著的采购策略是团结一致,通过组建采购联盟来发挥集体议价的力量,从而从资源供应商那里获得更优惠的价格。这些联盟的特色各异,其构成方式和运作模式也不尽相同。如果我们从组建模式的角度来观察,可以将这些联盟大致分为五类:专门的机构、临时的组织、资源的共同购买，以及由供应商主动提出的联盟等。另外，根据资源的种类，它们可以被进一步细分为电子书籍、电子期刊、电子论文等不同类型，甚至还包括了整合了这些电子资源的台湾电子资源共享联盟 CONCERT。除此之外，台湾还有一些由特定机构代表进行议价的非正式战略联盟。在电子期刊采购方面，有由数据库代理商主导的联盟，如美国 EBSCO 公司的 Blackwell Synergy、Kluwer Online 等电子期刊联盟。在中文电子资源采购方面，有台湾研究院与东海大学图书馆主导的 CJN 中国期刊网联盟（Consortium of Wiley International Serials，ConWIS），以及物理、数学、化学、地球科学、生命科学等研究中心和财团法人实验研究院高速网络与计算中心成立的学术联盟等。台湾筹建电子资源采购联盟的原因主要有以下几点：①用户对电子资源的需求与日俱增。②电子资源价格日益昂贵。③电子资源销售方式和计价模式复杂。④合同协议复杂。鉴于以上原因，台湾图书馆界形成了联盟共识，集中了各馆有限经费进行联合采购，营造了电子资源共建共享氛围。

（二）集团采购应用实践

1. 高校图书馆数字资源采购联盟 DRAA

2010 年 5 月 12 日，高校图书馆数字资源采购联盟（DRAA）正式成立，标志着国内高校图书馆采购联盟正式形成。而在 DRAA 之前，CALIS 一直主持着这些图书馆联合引进数据库的工作。

DRAA 坚持团结合作开展引进电子资源的采购工作，规范引进资源联盟采购行为，通过联盟的努力为成员馆引进电子学术资源，谋求最优价格和最佳服务。2012—2013 年，DRAA 进行了多项工作，推出了 DRAA 新版门户，召开了 DRAA 理事会工作会议，建立了 DRAA 在线采购系统咨询 QQ 群，为 DRAA 门户完善积极沟通。DRAA 新门户平台具有以下几个功能：（a）数据库商及时发布数据资源信息，并组织和开展培训。（b）成员馆能在线采购、试用数据库并对服务进行评价。（c）代理商能参与管理成员馆的采购行为。（d）牵头馆能便捷管理其牵头资源。（e）联盟和成员馆能进行有效准确的评估。DRAA 新门户网站模块有资源百科、集团采购、采购方案、使用统计、评价中心、标准规范、培训中心等。

截至 2018 年 8 月，DRAA 成员馆增加到 657 家，代理商增加到 15 家，理事会成员增加到 36 位，牵头馆增加到 12 家。1997 年至今，CALIS 和 DRAA 共发布近 830 份联盟采购方案，其中，自 2007 年以来方案备份 622 份，累计联盟采购 165 个数据库，2017 年合同有效数据库有 134 个。2017 年度，DRAA 门户总计新增 48 份引进资源联盟采购规范，参团成员馆 8754 馆次。随着 DRAA 门户的上线及对牵头馆、数据库商进行的系统培训，引进资源联盟采购的管理和组织工作也正日趋规范。

DRAA 引进的数据库类型有电子期刊、电子图书、全文数据库、事实和数值型数据库、文摘索引数据库和其他。2017 年，联盟采购的 134 个数据库根据学科划分为人文、社科、理、工、农林、医六大类，人文社科数据库占比相对减少，综合性数据库在统计时，各学科有重复计算。

2017 年度，DRAA 集团采购工作稳步推进，12 个牵头馆组团数据库数量达到 134 个，新谈判方案数量为 49 个，组团最多的牵头馆是清华大学、北京大学、上海交通大学、北医（北京大学医学部）、中山大学、中国农业大学等，而参团用户处在 6～39 这个区间数量最多；新增 17 家成员馆，182 位在线注册用户，数据库商大部分都能配合在线采购与规范化管理工作，在线回执响应和确认速度明显提升，执行标准为响应回执时间不超过 3 天，确认回执时间不超过 5 天；27 个数据库完成 SUSHI 自动收割统计，103 个数据库完成 DRAA-Extend 格式数据统计（含 45 个已实现 SUSHI 收割但由于多库无法分割使用统计的数据库）；新增统计报告 41470 个、数据 1371796 条。

为了适应联盟采购工作的开展和在线采购流程的优化，在规范化建设工作组指导下，2017 年，DRAA 秘书处对 DRAA 章程与工作规范进行了修订，新增"长期保存与永久使用的要求""高校图书馆数字资源采购联盟元数据收割标准"和"停团须先与牵头馆协商"等条目；修订了组团谈判工作定义与规范、组团工作流程、采购方案要求、合同要求和违规使用条款等；取消了代理商上传签字要求等。为了简化采购流程，提高 DRAA 集团采购在线回执率，2018 年 1 月 1 日起取消"上传馆长签字盖章的纸本回执"环节。

2.JULAC 联盟采购

在遥远的 1967 年，一个由八位大学图书馆馆长组成的特殊团队在香港大学教育资助委员会的孕育下诞生了。他们被赋予了一个崇高的使命——大学图书馆联合咨询委员会（Joint University Librarians Advisory Committee，简称 JULAC）。他们的存在，得益于香港特别行政区大学教育资助委员会（University Grants Committee，简称 UGC）的慷慨资助。JULAC 的主要目标是深入探讨并有效地统筹八所学院的图书馆资源共享事宜，这八所学院分别是香港城市大学的智慧宝库、香港浸会大学的知识源泉、香港科技大学的创新殿堂、岭南大学的传统与现代的完美结合、香港中文大学的学术重镇、香港教育学院的师资培养基地、香港理工大学的科技前沿，以及香港大学的百年名校。

在香港的繁华都市中，一个由八所大学图书馆组成的精英团体，名为 JULAC，以其独特的管理结构和卓越的运营效率为人所称道。每年初春的四月，这个团体会举行一次庄重的选举，从这些精英决策者中脱颖而出一位领袖，他将被赋予为期一年的主席职务。在 2017 年至 2018 年度，香港中文大学图书馆的馆长 Louise Jones，作为 JULAC 的舵手，引领着这艘知识和智慧之舟。JULAC 的运作并不依靠庞大的行政团队或资金支持，而是依靠其成员馆员的专业知识和热情。他们每年至少聚会四次，共同商讨重大议题。在这些频繁的会议中，常委和特别工作小组的馆员们，他们不仅是知识的守护者，更是行动的先锋。他们承担起所有事务的处理，确保 JULAC 的航线永远清晰明确。JULAC 的影响力并不局限于香港地区。作为 ICOLC 的成员，它与全球图书馆的同行们保持着紧密的联系。更进一步，它还加入了 ISCA（International Scholarly Communication Alliance，国际学术交流联盟），在这个跨国学术合作的舞台上，JULAC 代表了亚洲图书馆界的声音。在其架构之下，有一个名为合作发展委员会（Collaborative Development Committee，CDC）的分支，专门负责电子资源的共同采购。自 1999 年 5 月成立以来，CDC 就以其高效的合作模式和专业的谈判技巧，成了 JULAC 中最为活跃的分支委员会之一。尽管它并没有自己的运作资金或管理团队，但 CDC 的存在证明了，只要有着成员们的齐心协力，即便是没有资金和人员的支持，合作与协商也能取得丰硕的成果。在 CDC 的努力下，成员馆在 1999 年 6 月共同制定了一系列可谈判的准则，这些准则是他们在谈判桌上不可或缺的指南。到了 2004 年，JULAC 进一步通过了《出版商谈判通则》和《许可协议模式》两份重要文件,这些文件成了今天我们所使用的许可谈判准则,它们不仅仅是一份文件,更是 JULAC 馆员们智慧和努力的结晶。这就是 JULAC,一个没有资金和管理团队的联盟,却能通过成员们无私的奉献和专业的精神,共同采购电子资源,谈判出版协议,解决存储数据等问题,成了一个区域性图书馆联盟的典范。在香港的图书馆界,有一个名为 JULAC 的组织,它在 2008 年举行了一次具有里程碑意义的研讨会。这次会议不仅决定了 CDC(咨询与发展中心)的扩编,还奠定了图书馆资源合作采购的新篇章。那是在 11 月的一个凉爽的日子,JULAC 的成员们齐聚一堂,郑重地同意将 CDC 的名字改为"Consortiall"。这个名字的变更,象征着它的角色和职责的扩张,从原来的 CDC,到 HKMAC(香港专著采购联盟),再到 ERALL(电子资源学术图书馆联盟),Consortiall 将这三个组织的力量融为一体,目的只有一个,那就是在图书馆资源采购的战场上,发挥出最大的合力。Consortiall 的使命,是代表 JULAC 及其附属成员馆,与供应商进行深入的谈判,争取最大的议价权,同时也要考虑到成员馆的经费和图书馆藏的可持续性。他们的努力,使得 2007 年 CDC 所采购的电子资源,价格只有商家定价的 60%,这一显著的经济效益,正是他们努力的最佳证明。在 Consortiall 的引领下,成员馆之间的合作更加紧密,两个或以上的成员馆共同参与采购,形成了强大的团购力量。他们不仅要考虑如何获取资源,更要考虑如何持续地为使用者提供高质量的学术资源。其中包括了永久使用权、内容托管、镜像网站、共享平台、持续费用等一系列复杂的问题。Consortiall 的努力,不仅提升了图书馆在市场上的竞争力,也使得成员馆能够以更低的成本,获取到更多高质量的电子资源。他们的故事,就像一部交响乐,每个音符都充满了合作的激情和对学术资源的热爱。

三、其他主要采购模式

(一)自主单独采购模式

1. 基本概念

自主单独采购是图书馆独立与电子资源提供商进行沟通和谈判,独立购买使用的采购模式。自主单独采购是各个图书馆在电子资源采购起步阶段普遍采用的采购模式,在当时的历史阶段,图书馆所涉及的电子资源和电子资源提供商数量也比较少,联合采购和集团采购尚未兴起,各个图书馆基本上都是独立与电子资源提供商进行谈判,独立购买特定数据库。

2. 实现模式

自主单独采购模式可分为自主单独谈判、自主直接采购和自主招标三种模式。

自主单独谈判采购模式,是指由采购单位自行成立谈判小组,谈判小组由本单位的专家组成,再和数据库商进行谈判。通常有以下三种情形会采取这种模式:(a)采购金额比较小,未达到政府必须要求招标的最低额度;(b)不需要参加政府招标的单位,如有些省份公共图书馆、科研机构、"985"和部属院校;(c)一些小型专业数据库。

自主直接采购,是指采购单位通知数据库商直接开票和购买,不需要谈判和招标。通常在如下两种情形下采用这种模式:(a)续订的电子资源;(b)不需要参加政府招标且同意DRAA组团价格的外文资源采购。

自主招标采购,是指有些省份或者有些数据库需要参加政府采购,但是他们申请了自主招标权,就可以不通过招标公司,由学校或科研、政府单位自行找几个专家招标。湖南等省的政府招标已逐渐演变成自主招标。

3. 优劣势分析

在这个纷繁复杂的采购世界中,图书馆独立采买的行为无疑是一朵带刺的玫瑰,让人又爱又恨。其优势昭然若揭:独立采买省却了层层环节,如同脱缰的野马,自由地缩短了采购的漫长旅程。由本单位专家构成的谈判团队,深谙自家斤两,能根据自身需求,有的放矢地进行针对性的谈判,使得谈判成果更加贴合自身实际,如同量身定做的衣裳。独立采买的优势背后,隐匿着无法忽视的劣势。由于谈判人员与供应商日常工作的联系,如同薄冰上行走,稍有不慎便可能发生滥用职权、贪污受贿、假公济私等恶劣行为,这不仅会损害国家和社会的利益,还会像病毒一样侵蚀单位的根基。专家谈判团队虽然在自己的专业领域内洞察秋毫,但对法律法规、谈判技巧等方面的知识可能并不熟悉,这就如同让不会游泳的人下水救人,谈判结果可能不尽如人意,甚至可能忽视了版权、安全等重要问题,导致理想与现实相差甚远。

（二）政府采购模式

1. 基本背景与概念

政府采购模式是指政府为实现采购目标而采用的方法和手段。在西方国家已有200多年历史的政府采购制度，1996年被引入我国。经过多年的发展，政府采购制度在我国实现了从推进试点到全面法治化管理。为了规范政府采购行为，提高政府采购资金的使用效益，维护国家利益和社会公共利益，促进廉政建设，2003年全国人大常务委员会颁发了《中华人民共和国政府采购法》，该法共规定了五种采购方式：公开招标、邀请招标、竞争性谈判、单一来源采购、询价。对于电子资源，因其特殊性，它的来源方式大多数是单一的，多为单一来源采购。图书馆的电子资源采购如果采取政府采购方式则需要按照法律规定的方式和实施方案开展相关工作。公共图书馆的电子资源采购多采用这种方式。

2013年，财政部为了规范政府采购行为，加强对采用竞争性谈判、单一来源采购、询价采购等方式进行采购活动的监督管理，发布了《政府采购非招标采购方式管理办法》。该办法在《中华人民共和国政府采购法》的基础上对相关问题进行了详细说明：一是明确了达到公开招标数额标准的采购项目采用非招标采购方式的批准程序；二是对三种非招标采购方式的整个流程进行了全面规范；三是补充和明确了政府采购当事人和相关人员在非招标采购方式活动中的法律责任。在政府采购的海洋中，竞争性较低的单一来源采购方式犹如潜流，仅在法律指定的特定情境下得以浮出水面。为了遏制采购主体擅自启动这一方式，违背公平竞技的宗旨，我国《政府采购非招标采购方式管理办法》宛若一道闸门，对那些本应公开招标，却因唯一供应商而倾向于单一来源的货物和服务项目，设下了公示的门槛和内容的框架。这一制度，为的是让每一个角落的监督之眼都能照亮这个过程。一旦公示阶段出现了异议的声音，无论是供应商、企业还是独立的个人，都可以在公示期内，将书面的意见像雪片一样飘至采购人和采购代理机构的手中，并且副本传递给在旁边默默监工的相关财政部门。采购人、采购代理机构一旦接到了这份异议，便如同接到了一个深思的邀请函。他们必须召集一切可用的智慧，进行补充论证。这不仅仅是一个形式，更是一个对异议者尊重的体现,一个公正的保证。最终的结论,将会像秋后的果实,成熟而稳重,悬挂在公示的大树上,等待每一个过往的行人进行审视。这样的机制,不只是简单的流程,它是政府采购公平公正的守护神,是每一个微小声音被听见的热闹市场,是透明和信任的基石。

2. 实现模式

电子资源政府采购模式的实现主要有三个阶段:(a)采购前,图书馆确认本馆需要政府采购的电子资源,制订本馆电子资源政府采购计划,报送上级政府采购主管部门(高校是同级机构财经管理部门),然后根据政府采购主管部门的要求采用统一的采购方式组织采购。(b)采购中,根据要求,若采用公开招标和邀请招标模式,即根据不同的文献类型进行分包,应交采购代理机构编制标书或资格预审公告,同时发出招标公告或投标邀请书,邀请监督代表并组成评委会之后开标,由评委会进行评标,推荐产生中标候选人,对中标候选人进行资格审核及公示结果。若采用竞争性谈判方式,主要为确定谈判供应商并发出采购邀请,继而制定并发布谈判文件,同时邀请监督员代表并组成谈判小组进行谈判评审,推荐产生成交候选人,并对成交候选人进行资格审核及公示结果。若采用询价采购方式,应成立询价小组,制定询价文件,确定被询价的电子资源供应商名单,由询价小组评审报价文件,产生成交候选人,并对成交候选人进行资格后审及公示结果。若采用单一来源采购方式,则应向供应商发出采购邀请后由供应商报价,图书馆审核报价,从而产生供应商候选人,并向主管财政部门提出单一来源采购申请,再由财政主管部门审批图书馆的申请。除单一来源采购方式外,图书馆确认或拒绝审评产生的结果后,采购代理机构向用户单位和中标单位发出中标成交通知书(单一来源采购方式则由图书馆通知供应商结果)。图书馆与中标/成交人签订合同并交采购机构鉴证合同(单一来源采购方式的那种合同则不需要)。(c)采购后,图书馆和电子资源供应商双方履行合同,图书馆方组织验收并填写项目验收报告并付款,付款包括直接支付和委托支付。直接支付是指机构将合同、验收报告及发票等资料上交上级主管财政部门办理拨付,委托支付是指机构(有财权)自行办理付款手续。至此,整个采购流程结束。

在采购过程中,若采用单一来源的策略,采购主体及其代理机构有责任召集对特定资源有深入了解的学科专家和经验丰富的专业人士,与供应商共同商讨并确定一个公平合理的交易价格。在此过程中,必须确保协商情况的记录详尽且准确,以便于后续的审查和监督。这份记录应当详细记载公示的相关信息,协商的具体时间和地点,参与采购的人员名单,供应商提供的商品或服务的成本分析,同类项目的合同价格,以及涉及的专利和专有技术等详细情况。记录还应涵盖合同的主要条款和价格协商的最终结果,确保整个采购过程的透明度和公正性。由于电子资源这种虚拟产品的特殊性以及供应商的唯一性,广东省高校图工委的专家们在政府部门的推动下,探索出了一种采取政府协议供货制度完成电子资源采购的模式。该模式实际上可以看作公开招标的一种形式,与之不同的只是采取一次招标、多次采购的方式,既降低了采购成本,又提高了采购效率。

  以上采购政策只适合大陆地区。在台湾地区的大学与公共图书馆中,有一个鲜为人知的采购规律。当采购金额超过政府制定的特定限额时,便会遵循1998年颁布的"政府采购法"的程序进行。但若为联盟采购,其中的奥秘便在于,若联盟的资助超过采购总额的一半,并且金额达到公告的上限,那么同样要遵循台湾相关法规进行采购,并且接受资助机关的监管。香港特别行政区在政府采购方面,采用了一套独特的原则。他们重视的是经济效益,力求以最合理的成本获取最优质的商品和服务。其核心目标在于推动政府各项计划的实施,同时确保所有参与政府采购的供货商和服务商,无论国内外,都能在公平的竞争环境中一展所长。香港特别行政区的政府采购,是以公开公平竞争为核心,力求避免任何形式的偏袒与歧视。他们通过明确、公开、公平的程序来审批采购合同,确保了整个过程的透明度与公正性。这不仅是香港特区政府对公众的承诺,也是其进行政府采购的四大基本原则。通常情况下,香港特区相关政府部门会采用公开招标的方式进行采购。但在特殊情况下,经相关部门批准,也可以根据《物料供应及采购规例》第320～330条的规定,选择其他招标方式,如选择性招标、单一及局限性招标,或资格预审招标。至于招标的具体限额,香港特区有其独特的规定:10万美元以上的采购必须公开招标;10万美元以下的采购则要求至少有三份报价;1万至2万美元的采购,则可以采取口头报价的方式。在台湾地区公立大学和公共图书馆的电子资源采购中,常见的采购模式有两种：单独谈判采购和政府招标采购。这两种模式都在默默维护着资源的公正获取与合理配置，确保了教学与研究活动的顺利进行。

3. 优劣势分析

政府采购，有利有弊。有利方面主要是指：（a）政府采购有比较详细的程序审批规定，可以避免暗箱操作，防止采购中的腐败行为。（b）有利于降低成本，规范程序，专家把关，争取价格优势和优质服务。不利方面主要是指：（a）政府采购程序性更强，更加规范，所需要的周期性更长，经常导致有些单位不能及时续费，影响用户使用电子资源。（b）目前，我国外文资源采购价格基本都是 DRAA 组团价格，电子资源代理商表示若采取政府招标采购方式，则所产生的附加费用由采购单位买单，这样反而增加了采购成本。

（三）PDA 采购模式

1. 相关概念

PDA，作为一种电子资源采购模式，根据现有文献来看，大约产生于 1990 年美国的巴克纳尔大学（Bucknell University）的伯特兰图书馆，开始主要用于根据用户馆际互借的需求或用户通过其他方式表达需求补充所缺印本馆藏[1]，后来被主要用于电子图书采购。实际上，通常意义上的 PDA 相关概念并非图书馆界创造，而是电子图书供应商 NetLibrary 1998 年提出的一种电子图书的商业模式，在美国经济滑坡造成各级各类图书馆馆藏建设经费缩减的大背景下为美国图书馆界所接受并采用，并逐渐拓展到其他电子图书供应商及其他电子资源采购中，之后在欧美图书馆界流行。为了区别于 NetLibrary 的电子图书销售模式和其他方面的原因，PDA 在国外图书馆实践中，也会以 DDA（Demand-Driven Acquisitions，需求驱动采购）和 POD（Purchase on Demand，按需购买）的概念出现，类似的概念还有 BOD（Books on Demand，按需出版）和 POD（Print on Demand，按需印刷），后两者并不是针对电子图书，也不是只针对图书馆界的，但是在图书馆用户驱动馆藏建设中根据用户需求从出版社获取相应纸质图书，二者理念上基本相同。

---

[1] 史丽香. 纸本图书 PDA：境外图书馆的实践及其启示 [J]. 图书馆杂志，2013(11)：83-87.

PDA 相关的中文译名也有"用户驱动采购""需求驱动采购""用户决策采购"等。PDA 模式是以用户为主导、用户拥有一定决策权的文献资源建设工作模式,在这种工作模式下,图书馆事先设定一定的标准或参数,当用户特定资源的浏览、借阅和阅读等实际使用情况触发这一标准或参数时,图书馆人工或自动完成对这些特定资源的购买。PDA 已经成为国内外图书馆界,尤其是国外图书馆界电子资源建设实践中一个非常重要的建设途径。从美国加州大学、康奈尔大学、杜克大学、丹佛大学,再到国内的山东大学、电子科技大学、华中科技大学等大学图书馆,在部分电子书采购中都应用了 PDA。

2. PDA 采购模式实现

在电子资源采购应用 PDA 是 PDA 应用的主流,国外大量图书馆在电子资源采购中应用了该模式。PDA 实际上是电子资源供应商提供的更加灵活的资源销售模式。与印本资源必须到馆或到达用户手中才可以使用不同,电子资源获得后在线即时就可以使用,对于用户而言,图书馆是否购买并拥有并不十分重要,只要是可以使用就能够满足需求。也正因为如此,电子资源供应商提供给图书馆的资源采购方式也更为灵活,可以是 PDA 采购、PDA 租借或短期借阅、PDA 使用或访问等模式[①];付费模式也更加灵活,可以按照使用次数付费,也可以按照资源使用程度(比如阅读多少页)付费,依资源使用方式(比如阅览、复制、打印)决定如何付费,也可以按照图书单本或期刊单刊或文章单篇付费。

电子资源的 PDA 实现与印本资源的 PDA 实现在流程上并没有本质的不同,都需要图书馆根据本馆实际和资源提供商资源、服务、销售结算方式等实际情况,事先研究设定一定的资源采购标准,资源提供商根据标准将符合要求的电子资源相关元数据导入图书馆馆藏目录系统或发现系统之中,用户可直接使用这些电子资源。按照图书馆与资源提供商之间商定的标准,图书馆按次付费或者启动购买模式购买该资源。目前,国外主要电子资源提供商 NetLibrary、Ingram Digital、EBL、Ebrary、Wiley 等都开始向图书馆提供 PDA 服务模式,但提供服务的形式会有所不同,而且也会随着时间的推移发生变化。在往昔的 2009 年,NetLibrary 制定了一项创新

---

① 胡振宁. 图书馆联盟电子书 PDA 模式及关键问题分析[J]. 中国图书馆学报,2016(4):75-87.

的政策：用户的初次点击即自动触发购买流程。面对两项选购策略，图书馆们犹豫不决，二者选一：一是采纳持续访问模式，意味着一旦付费，便能永久占有该书；二是采纳年度租赁模式，图书馆需向所订电子书支付年费，待满五年之约，方可获得所有权。MyiLibrary 的 PDA 首次访问无须付费，可以使用所有电子书功能（包括打印和复制、粘贴），第二次访问才触发永久许可，费用因单用户或多用户访问而异。EBL 的 DDA 项目中所有图书都可免费浏览 5 分钟，之后为图书馆提供三种购买选项：第一种为短期外借，可一次性地 24 小时外借（按次付费），费用大大低于购买价；第二种为中介访问，在这种模式下，用户有权请求超过五分钟的资料浏览时间。图书馆工作人员将通过电子邮件渠道，对这些请求进行审核，决定是拒绝还是批准。若批准，用户可以选择直接购买所需资料，或者申请短期借阅。还有一种自动购买机制，这种机制是基于预设的短期借阅次数来"触发"的。各图书馆可根据与出版商的协议，设定不同的触发次数，从而实现资源的动态管理和优化配置。之后，NetLibrary 将触发购买调整为点击 1~3 次，EBL 提供一本书一次看若干页（如 10 页）的触发购买模式。[①]2010 年，Ebrary 的电子书 PDA 确定的政策是：当用户使用一本书达到 10 分钟或者浏览一本书达到 10 页或者打印了除扉页、索引等书前和书后资料之外的内容的 1 页就启动购买。[②]

当然，这些电子资源提供商提供的 PDA 馆藏建设模式最为关键的是跟各个图书馆直接相关。各个图书馆根据自己馆藏、用户数量、经费情况、技术条件等，通过与电子资源提供商的谈判确定本馆的购买模式。比如，同样是针对电子资源商 Ebrary，美国丹佛大学与其约定的规则是："免费浏览 5 分钟或 10 页，超过为短期租借，短期租借超过 3 次触发购买。"杜克大学则与其约定为："2.275 美元以下，点击 10 次触发购买。"杨百翰大学限定为："2000 年之后图书，单册价格不超过 250 美元，非计算机和旅游类图书。"伊利诺伊大学香槟分校限定的是："过去 3 年内出版的单价在 200 美元以下的英语学术书。"

PDA 在国外图书馆实践中表现得风生水起，接受和应用的图书馆越来

---

① 张甲，胡小菁. PDA：读者决策采购 [J]. 中国图书馆学报，2011（2）：50.
② 廖利香. 国外大学图书馆电子书 PDA 模式研究 [J]. 四川图书馆学报，2015(2)：98-100.

越多，形式和内容也越来越丰富，但在国内图书馆界，虽然自 2011 年相关概念被引入后迅速成为业界关注和理论研究的热点内容之一，但是相关实践，尤其是在国外图书馆 PDA 应用的主流领域——电子书采购实践中，由于国内图书馆可以采用的国内外电子书提供商对 PDA 支持有限，并未有太大的进展。除了 2015 年 1 月中国社科院图书馆与德国德古意特出版社合作在资源采购中采用 PDA 模式的相关报道外，鲜有图书馆采用 PDA 模式采购国外电子图书等电子资源的报道。山东大学图书馆等机构在国内电子图书订购中也在尝试使用 PDA 模式。

3.PDA 采购模式的优劣势分析

作为一种新型的电子资源采购模式，PDA 与其他采购模式截然不同（见表 5-1）。针对电子资源采购，它有着其他采购模式不可比拟的优势。

表 5-1 PDA 模式与传统采购模式对比表

比较项目	PDA 模式	传统采购模式
采购理念	满足即时之需的即用即买	满足不时之需的预防性购买
采购运作模式	以用户为中心，用户主动自我服务	以馆员为中心，用户被动接受服务
计费单元	灵活多样，按册、篇、使用次数等	固定单一，按整个库
付款方式	先使用（试用）后付费	先付费后使用
采购计划性	无计划，按需购买	有计划性采购
馆藏体系	零散不成体系	系统完整

在这些优势中，最主要的表现就是经过 PDA 模式采购的电子资源，容易被用户利用，资源利用率取得了明显改善，在图书馆未购买之前就产生了资源使用记录，根本上改变了馆藏文献资源利用率低的现状。相关资料显示：美国南伊利诺斯大学卡本代尔分校图书馆，应用 PDA 模式所购买的 470 种电子图书中，有 235 种在触发购买后仍有使用记录，平均每种书被阅读了 95 页，表明这些已购图书被深度使用；美国杨百翰大学图书馆实施 PDA 后，统计分析发现电子书的 PDA 采购方式比传统方式采购要便宜 26%，使用次数却为传统方式购得图书的 13.75 倍甚至更多[1]；中国香港科技大学图书馆实施 PDA 后，使用量超过 50 次的文章 Wiley 上升了 1.3%，Ebrary 上升了 9%，Wiley 未使用文献所占比例由原来的 73% 下降到了 37%。除此之外，还有诸多的优势，主要体现在：

---

[1] 赖群.PDA 模式及其在我国高校图书馆的应用环境分析[J].河南图书馆学刊，2013(7)：95-97.

①方便、快捷、准确地满足用户的需求。PDA采购模式实现了用户阅读行为驱动购买决策,使用户能够直接参与到图书馆电子资源馆藏资源建设中来,按照自己的需求直接采购,并借助于这种需求的满足较好地支持了用户学习、科研、工作和生活,而且用户的文献获取大多可以实现一站式,其他也可以实现快速响应。PDA不像很多图书馆现有的文献传递服务那样,需要用户个人提交文献传递请求。由于电子书能即时传递,也能够自动触发购买,PDA能够立即满足用户的当下信息需求。PDA模式下,用户只要按照正常的流程查询和使用资源即可,无须跳出系统,无须过多操作,甚至多数情况下,用户对此可以一无所知,在点击和阅读之间,已经为图书馆提供了需要购买的建议或购买了该资源。PDA总体上节省了用户获取和等待的时间。PDA提高了用户对图书馆的满意度,拉近了图书馆与用户之间的距离,真正体现了以用户为中心的图书馆服务理念。在这个基础上,电子书PDA模式提高了图书利用率,减少了资源的闲置。①

②节省了图书馆经费。PDA馆藏建设模式克服了电子资源打包购买的弊端,可以根据需要选购有直接需要的某本书、单篇文章或者多卷书中部分章节,可以按照使用次数计费,降低了馆际互借业务量和费用,弥补了以往图书馆无力购买所有出版社电子图书的不足,使图书馆可以即时采购真正有用户需求的图书,将有限经费应用于用户真正需要的资源上。对于电子资源来说,在数字时代的浪潮中,PDA模式以其独特的灵活性,为资源消费者与提供者之间搭建了一座桥梁。这种模式不仅优化了费用支付的流程,还显著降低了购买成本。具体而言,当用户在线浏览电子书籍时,系统会根据其阅读时长来调整费用。例如,若用户在五分钟内完成阅读,则无需支付任何费用;若阅读时间延长至五分钟至二十四小时之间,系统将视为"短期借阅",此时用户需支付书籍原价的5%。更为引人注目的是,一旦同一本书籍被"短期借阅"超过四次,系统便会"触发"购买机制,用户需支付全额书价,从而获得该电子书的永久使用权。这种机制不仅保障了资源提供者的利益,也为用户提供了更为经济实惠的选择,实现了双赢的局面。

③完善图书馆馆藏结构。PDA馆藏建设模式下,原则上讲,不同学科、

---

① 张佶烨.PDA在国外图书馆数字资源建设中的应用研究——兼论德国三家图书馆的PDA项目[J].数字图书馆论坛,2014(1):35-39.

不同身份的所有用户具有相同的请求购买权利,那些针对特定用户个性化的、小众的、交叉学科和边缘学科的电子资源只要满足图书馆预定的条件都可以被纳入馆藏中。那些原来只依靠采购馆员、学科馆员或少数学科联系人选择购买或推荐购买所无法涵盖的馆藏资源被纳入馆藏中,可以大大弥补原有馆藏结构不足,使图书馆馆藏结构更加完善、合理,从而起到更好的文献资源保障作用。

④降低馆员的工作压力。PDA馆藏建设模式是用户需求驱动,只要事先考虑周全,相关文档完备,系统支持给力,资源采购的相关工作就可以依赖系统自动运行实现,采购馆员或学科馆员相当多的采购任务不需要进行审核,这就会大大缓解馆员的工作压力,减少馆员工作内容,解放出来的人力资源可以有更多时间学习和掌握其他新的工作技能,拓展更加深入的信息服务。

第三节 数字电子资源采购的价格模式

一、价格模式概述

(一)价格模式的概念

所谓模式一般是指在物体或事件上产生的一种规律变化与自我重复样式的过程。① 电子资源价格模式,伴随着电子资源交易过程产生,目前暂无统一明确的概念,笔者认为它是在电子资源交易过程中产生的确定资源价格的方法。在电子资源交易过程中,价格模式主要是由电子资源提供商根据电子资源成本、公司相关规则、市场及用户需求制定价格的不同方法,其中成本是首先需要考虑的因素。电子资源成本具有很强的特殊性,即高首稿成本,低边际成本。首稿成本指首份电子资源问世而发生的成本。边际成本指增加一份电子资源而引发的总成本的增量,包括复制成本和传递成本。② 电子资源首稿成本核算较为复杂,既和纸质资源一样包括同行评

---

① 维基百科模式定义 [EB/OL]. [2018-08-16]. https://zh.wikipedia.org/wiki/%E6%A8%A1%E5%BC%8F.
② 万静. 电子期刊定价研究 [J]. 情报理论与实践,2008(3):344-346.

审、编辑、排版、校对、发行、管理等开销，还增加了计算机和网络硬件、软件购置费，开发维护费和网络通信费等。电子资源的复制一般是通过访问、浏览、下载、打印或邮件传递的形式，以上形式除了电子邮件形式存在传递成本，其他基本无须传递成本，所以电子资源的边际成本几乎为零。电子资源成本的特点决定了它的价格模式并不是主要取决于成本，而是由价值、成本、版权、产品本身以及消费者心理预期等多方面决定的。其中，用户对电子资源的价值评价是其价格确定的重要依据，电子资源出版商或代理商一般根据用户对资源的价值评价和对价格的敏感程度来确定资源的价格，用户使用越多，依赖性越强，价格一般也会越高。

（二）研究价格模式的意义

电子资源定价的过程，实际就是图书情报机构、个人用户和电子资源出版商乃至著作版权人之间利益博弈的过程，各方都希望自己的利益达到最大化。一方面出版商和作者期望获得较高的利润，另一方面图书情报机构和个人用户期望能以最少的花费得到最好的资源和最佳的服务。因此，电子资源合理价格模式的确定就显得尤为重要。

对电子资源供应商而言，合理的定价模式，一方面可以使他们收回成本，尤其是高额的固定成本，制定最佳销售策略，实现企业盈利和规模增长。为了开拓市场，供应商通过了解用户对电子资源的心理预期进行定价，提高电子资源的价值，从而提高定价，实现利润最大化，也促使他们改善服务，提高服务质量；另一方面，不同的价格模式可吸引不同层次、不同类型和不同预期的用户，扩大用户群，为供应商获取最大市场份额，使其获取高额利润。此外，通过价格模式，供应商对利润也有初步估算，能够规避风险，尽快回收成本。总之，合理的定价模式会使企业规模与盈利双赢，促进数字产业的良性健康发展。

对图书情报机构而言，价格模式是他们制定本机构文献资源发展政策的重要依据，为其电子资源采购提供全面指导，便于采购成本评估和核算，制定财政预算。根据本单位的实际情况做出最优化的电子资源采购决策，尽量选择适合自身的资源和服务，可避免盲目的采购风险，减少纠纷，也会节约时间成本。为了拓展市场，电子资源出版商或信息服务机构制定了多种价格模式,以吸引潜在的消费者。而各图书情报机构或用户必须事先了解这些情况,知己知彼,制定合适的采购策略,才能在与电子资源供应商或代表等谈判时争取主动,以较小的投入获取较大的利益或最适合的资源和服务。

另外,研究价格模式也可以排除网络干扰,减少网络堵塞,为用户提供更好更快的服务。再者,通过价格机制能实现同行间公平竞争,维护电子资源市场的良性运行和有序发展,促使供应商改进服务,提高服务质量。所以,合理的定价,既能使生产者获利,又能使用户受益,维持市场平衡发展,实现双赢。当然,丰富的定价模式给图书馆提供了便利与选择,但也给图书馆带来了选择上的困惑,增加了管理难度,可见定价模式应当合理、有针对性。

(三)价格模式的分类

从经济学角度来看,电子资源的价格跟电子资源的价值有关系。电子资源价值主要体现在资源本身的稀缺性、内容的系统性和完整性、内容加工及组织标引的质量及电子资源系统检索性能、使用方便程度等方面,也就是在整个过程中所耗费的劳动。但是前文也已经提及,电子资源的价格跟电子资源本身的价值也并不一定一致,用户所在地区(发达地区或欠发达地区)、用户类型(个人用户、机构用户或会员用户等)、用户量大小、用户需求和心理预期不同,即便是同一个产品,也会产生多种不同的价格。综观当前电子资源市场,由于电子资源类型(如二次文献、电子期刊、电子图书等)、成本的复杂性以及图书馆界、出版界利益的博弈,电子资源提供商(含代理商)数量庞大且情况复杂,再加上信息技术飞速发展和信息产品类型多样化及市场细分需要等因素的影响,电子资源定价模式非常复杂。一般而言,当前国际通用的价格模式主要有:固定价格、单位定价、折扣定价、个性定价、分级定价、捆绑定价、组合定价法、包库定价、基于并发用户数计价、基于使用量计价、基于用户群规模定价等。有些计价模式会有交叉、重复或者包含,因为很多价格模式是在通用价格模式基础上派生出来的,每种价格模式都有其特定的适应范围和特点。

二、电子期刊的价格模式

（一）固定价格模式

固定价格模式，又名固定定价法，指不管机构规模大小及使用次数，使用者以年或月为单位缴纳一定费用即可使用电子期刊，没有并发用户限制，能无限次使用，该固定费用对所有用户一律平等。

固定价格模式简单，易操作，基本没什么计价成本，生产者也容易控制网上容量，目前许多网上收费项目就采用该方法，主要针对一些单位用户。固定价格模式不区分单位和个人，没有考虑到用户群的规模和数据库使用量上的差别，对使用时间和使用频次不做任何限制，对大型图书馆有利，但对个人及规模较小的机构用户或使用量少的用户并不公平。在这种情况下，如果价格确定得比较低，用户人数增多，将极易产生堵塞；如果确定得比较高，用户数少，则无法收回成本及维持正常运转。因此，固定价格模式的价格确定很关键。一般而言，这个价格的确定应与生产者投入的固定成本、预期可能的用户数以及该电子期刊的内容情况等因素密切相关。它的不足在于没有考虑电子资源的使用量和用户规模，对大型图书馆有利，过去曾为某些高等院校、科研院所等机构采用，不利于吸引中小机构用户，仅适用于一些中低价格、具有普遍使用性的电子资源，如 Taylor & Francis 和 Sage 曾使用过该定价模式。EI Compendex Web、Cambridge Science Abstracts 也曾用过固定价格模式，目前该模式基本上已为新兴的定价法所代替。

（二）基于使用用户和用户使用的定价模式

1. 基于并发用户数定价模式

并发用户数（Simultaneous Users）指可以同时登录使用数据库产品用户的数量。[1] 在该价格模式下，订购用户需根据单位规模及数据库产品使用情况预期选择购买相应的并发用户数定价，并发用户数越多，产品价格越高。并发用户数定价模式主要适用于用户使用强度较弱的情形。目前，中

---

[1] 戴建陆，张宝玉，冉曙光. 数字资源集团采购价格模式探析 [J]. 科技情报开发与经济，2011（29）：163-165.

国知网（CNKI）系列数据库主要采用此种价格模式。该价格模式有利于保护电子资源知识产权，防止使用高峰期网络堵塞；此外，图书馆还可以通过获取授权，利用并发用户数限制，为地理位置在机构IP范围之外的用户提供VPN服务。并发用户数的概念没有考虑到实际并发用户数与预设并发用户数之间冗余和不足的关系会随着时间变化而不断变化，尚无法真正反映资源的实际利用情况。高校用户普遍存在不同时间段电子资源利用不均衡现象，白天或寒暑假期间资源利用率并不高，并发用户数闲置，但晚上特别是毕业前期，并发用户数又无法满足需求。

2. 基于用户群规模的定价模式

用户群规模定价模式（Population-based Models）即按照机构订户中专职工作人员（FTEs）数定价的方法，它是根据机构潜在规模大小来确定价格的方式，在国际上比较常用，中外期刊较多采纳。牛津大学出版社（Oxford University Press）在美国和加拿大的机构订户中采用这种定价模式销售 *Oxford English Dictionary* 和 *American National Biography* 网络版。该定价方法对不同性质的机构，如高等院校、中小学、公共图书馆、公司、政府和军事单位等赋予不同权重，计算总人数后，再根据FTE（Full Time Equivalent，全时工作当量）将机构订户划分为不同级别，订购价格与规模成正比：规模越大，价格越高。这种模式得到了大多用户的认可，较为科学、合理，采用此种模式的有美国免疫学会和牛津大学出版社出版的 *JNCI Cancer Spectrum* 和英国医学杂志出版集团（BMJ Publish Group）等。

在当今数字化时代，知识的力量倚重于广泛的传播，而出版界巨擘BMJ Publish Group正是这一潮流的引领者。它们所推出的在线电子期刊，采用了一种颇具创新性的定价策略，即依据不同机构的订阅者数量来决定价格。这种策略尽管与牛津大学出版社的方法有所区别，但其核心理念同样旨在确保公平性，并促进知识的普及与运用。具体而言，BMJ Publish Group在计算教育机构的订阅费用时，会将该校所有的教师、研究工作者以及学子们的数量纳入考量。这一做法彰显了对教育行业的重视，意在鼓励学术研究的繁荣与学术思想的传承。对于肩负公共服务职责的政府机构，该集团则以其内部的专业人员总数作为定价依据。这样的算法映射出政府机构在专业人才上的需求和对高质量信息资源的渴求。而在面对企业客户时，BMJ Publish Group 则会将企业内部的研究人员、信息处理人员以及市场推广人员一同计入，反映出企业在科技创新、市场洞察以及信息服务方面的人力投入。BMJ Publish Group 这一精确而细致的定价策略，无疑为不同领域的机构提供了一种更为灵活和合理的订购方案，同时也展现了他们对于知识传播的深刻洞察和承诺；对于医院，计算护士以外的临床医护人员、药师和研究人员总数。[①]

用户群规模定价模式主要分为单位计价法和分段计价法。单位计价法详细测算不同机构的 FTE 总量，以 FTE 为单位计算不同单位的电子资源价格，一单位一价，它是较为简单的基于用户规模的定价方法。分段计价法属粗略估算，即在一定 FTE 数量范围内的机构，价格相同。

在定价策略的广阔海洋中，一种基于用户数量的定价模式曾经航行其上，它以细腻的笔触考量了各种规模和级别的机构对电子资源的渴求，为那些中型和小型图书馆开启了一扇机会之门。这艘策略之船也有它的暗礁——在处理那些专业性较强的电子资源时，仅仅依靠全职等量测算（FTE）的方式，未能全面而准确地描绘出用户真实的需求以及资源的实际利用状况，所以测算时还应考虑与数据库相关专业的人员数量，在加权时给予较高的系数，而对专业不相关的学生数量给予较低的系数。如文科类院校采购工程类数据库，应对其学生给予较低系数；反之，工程类院校采购管理类数据库也应给予其学生较低系数。此外，FTEs 仅将学生分成全时和非全时两类也过于简单，因为通常博士生、硕士生对电子资源尤其是外文资源的利用量远远高于本、专科学生。[②]

对图书馆而言，到底是根据并发用户数还是机构规模大小来计算，要看图书馆的具体规模。基于 FTE 数定价，该定价模式根据机构规模大小收费，机构规模越大则费用越高。采用基于 FTEs 的定价模式，在探讨图书馆成本核算策略时，我们发现，对于大规模机构而言，按全职等效人数（FTEs）计费可能会导致高昂的费用。因此，图书馆在选择计费模式时，应综合考虑机构规模和资源使用频率。理想情况下，结合 FTEs 和并发用户数进行综合计价，将是一个更为合理的选择。具体而言，当某一电子资源的使用频

---

① 胡芳，钟永恒.网络环境下图书馆学术电子资源的定价模式研究[J].图书馆工作与研究，2007（5）：36-37.
② 戴建陆，张宝玉，冉曙光.数字资源集团采购价格模式探析[J].科技情报开发与经济，2011（29）：163-165.

率极高时，采用 FTEs 计价可能更为经济；相反，若使用频率较低，则按并发用户数计价将更为适宜。这种灵活的计费方式，不仅能够反映资源的真实使用情况，还能在一定程度上减轻大规模机构的财务负担。在机构规模较小的情况下，如果用户使用强度比较高，采取 FTEs 计价较划算；如果用户使用强度比较弱，采取 FTEs 计价与根据并发用户数计价均可。

3. 基于用户使用量定价

基于用户使用量定价（Usage-based Prcing），即完全根据用户的实际使用量确定价格，它是一种新兴的定价方法，其主要计价依据是以期刊论文篇数而非期刊种数，单篇付费模式就是一种基于用户使用量的定价方法。在该模式下，一般以浏览量、点击数或下载量为定价依据。按期刊论文篇数计价的方法充分考虑了用户的使用情况，有其科学性，该种计价方法的成功与否与单篇论文价格的确定有关。定价的过程实际上也是出版商和图书馆之间利益博弈的过程，它们都要保证各自利益不受损失。出版商要求一个最低价格底线，图书馆要求一个最高封顶价格，因此单篇论文的价格应与其实际使用频次成反比，是个变量。在实际操作过程中，很难把握这个变量。数据商的收益和机构用户所支出的费用都很难预测。值得注意的是，有时用户在检索时，可能经常会打开一些最后并未真正阅读的论文，因此必须对"使用"进行明确界定，如打印、下载，或浏览超过一定时间等。[①]该模式被一些网络电子期刊信息服务机构采纳，如 OhioLINK。对用户而言，主要为个人或单位用户中需求量少的机构用户所采用，一些图书馆或情报机构提供馆际互借或文献传递服务时就常采用此种定价方法。在探讨这一定价策略的利弊时，我们首先触及的是其显著的缺陷。在这种模式下，机构面临着对最终财务支出的不确定性，这种不可预测性源于个体对资源的潜在过度使用，从而导致成本的飙升。相较于其他定价方案，这种按使用量计费的方式往往使得每篇文献的平均成本居高不下。这一模式的优点也不容忽视。它确保了费用与实际使用量的直接关联，贯彻了"使用者付费"的公平原则。在这种机制下，个人用户能够通过合理控制自己的使用行为来管理开支，从而在一定程度上实现了成本的自我调节。这种灵活性为用户提供了在费用管理上的自主权，使得他们在享受服务的同时，也能够对

① 王颖，龙旭梅.国外网上电子期刊定价模式分析及对采购工作的建议[J].图书馆学研究，2003（11）：44-46.

自身的财务状况保持一定的掌控。尽管这种基于使用量的定价模式在成本预测和控制方面存在挑战，但其所体现的公平性和用户自主性为其赢得了一定的支持。在权衡这些优缺点时，机构和个人用户需根据自身的具体情况和需求，审慎选择最合适的定价策略。为避免机构选择基于使用量的价格模式面临的风险，机构订户一般与出版商签订价格保底封顶补充协议或达到一定使用量时价格给予一定折扣的附加条款。RSC、IOP、ACS等数据库都采取根据用户使用量来定价的方式。

很多定价模式都是基于使用量方法的延伸与扩展，如单篇付费、基于用户群规模定价、数量折扣定价等模式，一般是单价与订购总数量成反比，总使用量与订购价格成正比。

（三）单篇付费模式

单篇付费（Pay-Per-View，PPV）模式本质上是一种基于用户使用量的定价模式，它的基本思路源于图书馆之间的馆际互借和原文传递，也是图书馆应对期刊上涨和经费不足的一种无奈之举。现在出现的一些专门从事原文传递的信息服务机构，如Infortrieve和大英图书馆文献提供中心（British Library Document Supply Center），它们与出版商签订协议，将其出版的电子期刊下载到本地服务器上，专为一些没有电子期刊访问权限的个人和图书馆提供原文服务。[1]

单篇付费指图书馆根据授权用户实际获取文章的篇数支付费用，付费方式分为中介模式和非中介模式。中介模式指用户需要期刊论文时通过文献索取向图书馆提出要求，图书馆馆员下载后以邮件形式发送给用户；无中介模式就是授权用户直接从数据商网站下载所需文章[2]，这种无中介模式可能会导致数据的滥用和对同一篇文章的重复购买。因为出版商或代理机构规定了每篇论文的使用期限，一般为7天。在PPV模式下，用户获取的期刊文献范围比传统订购方式更广；对图书馆而言，提高了文献的利用率。图书馆只需为真正使用的文献付费，降低了篇均使用费，也节省了存储空间和存储费用[3]，因此在用户中颇受欢迎。一些出版商看到商机，就在原来

---

[1] 胡芳，钟永恒.网络环境下图书馆学术电子资源的定价模式研究[J].图书馆工作与研究，2007（5）：36-37.
[2] 王春生.国外图书馆退出大宗交易现象分析[J].大学图书馆学报，2014（4）:5-9.
[3] 胡芳，钟永恒.网络环境下图书馆学术电子资源的定价模式研究[J].图书馆工作与研究，2007（5）：36-37.

价格体系中增加单篇付费的方法，将用户范围扩大到个人用户，如 Elsevier 就有包库使用附带单篇付费模式。其不足主要体现在系统、服务、价格等方面，何琳对美国三一大学图书馆、圣母大学赫斯伯格图书馆及得克萨斯大学奥斯丁图书馆 PPV 的实践进行调查研究，指出 PPV 模式还要从十个方面改进①，包括改善用户体验、增加防双重付费功能、提供直接的 PDF 格式文章下载、降低篇均价格、提供期刊内容浏览、文摘和索引提供文章的 OpenURL 链接、提供费用跟踪和用户统计等。

单篇付费模式主要作为图书馆电子资源采购的一种辅助方法，因为出版商对单篇文章价格定得很高，且有使用期限，不能增加图书馆的馆藏，所以主要适用于利用率不高的资源。

（四）折扣定价模式

折扣定价即对于积极购买或大量购买而采取的一种价格优惠策略。据 Rhund-Tults 概括的定价模型，折扣定价又可派生出十多种价格模式。② 主要有：（a）同时购买折扣。为了吸引用户同时购买不同载体形式的资源，出版商通常将两种资源捆绑销售，并给予一定折扣，如同时购买网络版＋印刷版/光盘版＋印刷版，通常会优惠 20%；或网络版＋光盘版，光盘版部分会优惠 90%。（b）区别地域和机构折扣。电子资源的折扣定价既包括不同地区不同国家之间的折扣，如发展中国家享受 10% 优惠，外文数据库对我国西部地区给予特殊优惠价格；也有不同性质机构的折扣，如非营利组织采购外文电子资源享受 10% 的优惠。（c）采购数量折扣。数量折扣指采购金额达到指定数量，或是购买数据库的种数超过 10 种，或是复本量（3 个复本）折扣以及集团采购享受的折扣等。如电子期刊代理商 Ingent，它所代理的某些电子资源对集团订户的折扣高达 60%，不用考虑其印刷版的订购情况，而且 60% 只是折扣起点，实际折扣比例和集团规模成正比：规模越大，折扣越高。如果有 25 家成员单位，在 60% 的基础上再增加 5%；如果有 40 家成员单位，就在 60% 的基础上再增加 10%；如果是 100 家成员单位，就在 60% 的基础上再增加 15%。此外，还有多校区（两个校区，

---

① 何琳.美国大学图书馆电子期刊订购按篇付费（PPV）的实践[J].图书馆杂志，2013（10）：82-85.

② 强自力.电子资源的价格模型及其对 CALIS 的启示[J].大学图书馆学报，2002（3）：43-45.

其中一个打折5%）折扣，老客户（两年合同打折5%）折扣，或是对数据库不经试用就积极购买也有相应的折扣。总之，折扣定价模式是出版商或数据库代理商为了吸引不同层次的订户而采取的一种销售策略，它们会适当让出一点利润赢得更大的市场销售份额。

（五）组合定价模式

由于出版商的市场垄断，以及订购用户对数据库尤其是外文数据库的高依赖性，出版商为了保证其印刷学术期刊和电子期刊的双重收益，通常采取组合定价模式。

组合定价模式，又名"捆绑销售"，实质就是搭配销售，是常见的定价方法。它是将多种具有关联性的产品组合销售，合并计价，捆绑产品的价格通常低于组合产品单独售价之和。该模式主要按电子资源价格的组成进行定价，电子资源价格主要包括内容费、印本载体费和电子费。电子期刊有以下几种组合定价模式：从形式上，有纸本＋电子组合，包库使用费附带单篇文献传递费；从内容上，有现刊＋过刊、现期数据＋回溯数据、新产品＋内容重复产品等多种组合模式。[①]

三、电子图书的价格模式

和电子期刊一样，电子图书也是低边际成本，高边际效益，首本电子图书制作出来后，用母本复制就行了，复制成本几乎为零。这导致电子图书的计价不能像传统印本那样完全基于成本来定价，而应从成本、价值、市场、版权和用户等方面综合考虑，因为这些因素交织在一起，共同影响着电子图书的定价。[②]特别是用户和市场成为影响电子图书定价的最重要因素，因此在制定电子图书价格时要充分考虑这些因素。

电子图书的价格一般由电子图书内容费和访问费组成。在某些定价模式下，如果购买者不想拥有电子图书所有权的话，则无须支付内容费，只支付访问费即可，而电子访问费的计价也有多种计算方式。比如，可以根据电子图书内容费用的百分比来计算，也可以在印刷本基础上给予一定折

---

① 罗祺姗，赵艳，郑建程.集团引进电子资源组团模式与问题研究[J].图书馆建设，2009（7）：5-9.
② 刘银娣.我国电子书定价的影响因素及方法探析[J].华南理工大学学报（社会科学版），2014（6）：37-42.

扣来定价，又可以根据并发用户数和机构规模大小来计算，还可以按本计价和按电子图书的集成库计价，或是按年订价以及会员制式的包年、包月、包季以及流量式计价等。与电子期刊相比，电子图书定价模式更为复杂。电子图书用户主要分为个体用户和机构用户，为了吸引不同层次不同类别的消费者，电子图书供应商也会根据市场行情和用户需求灵活定价，价格模式呈现多元化和个性化的特点。个人用户一般以单本电子书为购买对象，以按本定价方式居多；机构用户主要是采购大型数据库，如工具类、检索类的电子图书库，以包库定价和集团采购定价为主。

叶兰、孙坦等归纳了国内外电子图书的七种定价模式，有电子图书集成库定价、按本购买、逐年订购、一次性买断、基于用户数量的定价、混合型定价、其他模式。① 刘银娣从成本、价值、市场、版权和用户五方面分析了影响电子图书定价的因素，指出当前电子图书定价有渗透定价法、差别化定价法、捆绑定价法和尾数定价法四种定价模式。② 王艳玲概括了电子图书的十一种定价法：单位定价法、捆绑定价法、歧视定价法、联合定价法、成本定价法、心理定价法、时差定价法、个性定价法等。③ 总之，由于分类标准的不同以及电子图书产品本身的差异，电子图书定价方法多样，而且一些定价方法存在交叉、重复或是包含关系，或是基础定价方法派生出的更多变种。综合这些定价法，笔者对以下通用定价模式进行分析。

（一）价格歧视模式

和电子期刊数据库一样，电子图书定价时也经常运用歧视定价法，主要从消费者自身特征、电子图书的内容、出版时间、顾客感知等方面的差异实现价格歧视。④ 差别定价法是价格歧视模式的另一种说法。

1.基于消费者本身的价格歧视

电子图书消费者分为个人用户和机构用户，二者在需求量、产品要求、支付方式等方面的不同导致了价格差异。即便同属机构用户的也会因机构

---

① 叶兰,孙坦,黄国彬,等.电子图书定价模式研究[J].图书情报工作,2007(12)：81-83.

② 刘银娣.我国电子书定价的影响因素及方法探析[J].华南理工大学学报（社会科学版），2014（6）：37-42.

③ 王艳玲.电子书定价方法概观[J].图书馆学刊，2011（7）：73-75.

④ 杨毅,周迪,刘玉兰.电子资源集团采购模式的探讨[J].图书情报工作，2005（9）：92-95.

性质、规模、等级、所处地域等不同而分为不同层次的消费群体,实现价格歧视模式。而且,个人用户之间不同的消费习惯、购买能力和需求,特别是对电子图书阅读设备的不同选择也会导致价格差异。

2. 基于时间的价格歧视

为了保证印刷图书的销售额,同一内容电子图书的发布一般会滞后于纸质版。通常,书商会在不同时间段发布不同版本的电子图书,并制定不同的价格。如在纸质精装版发布时,推出电子图书并制定较高的价格,等平装本出版后,再对电子图书实施降价。这种定价方法的目的是减小电子图书对纸质版图书市场销量的冲击。

3. 基于内容的价格歧视

根据内容性质和受众用户的不同,图书大致可分为专业图书、教材类图书和大众图书三种类型。[①]电子图书提供商根据不同性质的图书,形成细分市场,实施差别定价。专业图书和教材类图书受众面较窄,用户群体较小,电子图书提供商为了盈利唯有制定较高的价格;另一方面,专业图书和教材类图书价格需求弹性小,消费者对价格敏感度不高,即便价格较高,消费者一般也会选择购买,这也为专业图书和教材类图书制定较高的价格提供了可能。反之,大众图书价格需求弹性大,消费者对价格敏感度较高,他们通常有一个心理预期,定价过高甚至超出其心理预期很多时,消费者就会放弃购买。一般而言,对不同种类电子图书的价格高低排序为:专业电子图书＞电子教材类图书＞大众电子图书。基于内容的价格歧视还表现为电子图书版本的不同、内容详简程度的不同以及图文音像的不同等表现形式,这是电子图书产品本身的差异导致定价的不同,满足不同需求的消费者。

(二)按库定价和单本定价模式

1. 按库定价

按库定价即以整个电子图书集成库为计价单元,出版商按学科、专题、出版机构等标准,预先将电子图书分类汇总,分成单学科电子图书库(Single subject collection)、多学科电子图书库(Multiple subject collection)、专

[①] 胡兴球,曲文凤.电子书定价的价格歧视策略[J].科技与出版,2013(8):17-18.

题库（Special subject collection）和按出版商汇集的电子图书库（Publisher collection）。[①] 订购者只能整库购买，不能根据需要选择单种电子图书加以订购。这一销售模式实质上就是打包销售，其优点是价格低廉、种类齐全；其缺点是可能会购买到大量非学科、质量不高或是本身使用率很低的电子图书，造成资金浪费。因此，在采用包库形式时，需要事先评估该资源库是否能满足订购用户的大部分需求。例如，Ebrary 电子图书数据库包含了近 2 万种电子图书，按照学科分为七类，用户可以选择适合自己的数据库。国内 Apabi 和书生之家也是以包库的形式购买，没有提供单本选购，它们将电子图书压缩成图书包，每个图书包大概包含 10 ~ 200 种不等的电子书。该定价模式是从传统纸质图书基础上发展而来的，它主要面向机构用户销售，特别是那些规模较大、综合型的图书情报机构，主要采购方式以集团采购为主。

2. 单本定价

为了迎合市场需要，方便消费者挑选自己所需的单种电子图书，电子图书供应商提供了按本购买（Single eBooks）的方式。按本购买与电子期刊的按篇付费是同样的原理，都是基于用户使用的一种定价方法，将电子图书的用户扩展到个人，即以单本图书定价的方式进行选购。该定价模式不仅为个人用户购买电子图书提供了便利，也有利于图书馆和情报科研所建立适合自身需要的电子图书资源体系，建立本单位的特色馆藏，特别是医学类、农学类、军事类高等院校图书馆对电子图书的要求更加精准，专业性更强。单本定价属于本章第一节所说的单位定价模式的一种具体形式，这个"单位"指按本购买。对个人而言，电子图书的购买是通过浏览、下载来实现的，相当便利。个人购买电子书，对价格比较敏感，特别是大众休闲类图书，用户对价格有一个心理上限，超出该上限许多时就不会再买，所以单本定价不能定得太高。为了抢占市场份额，电子图书供应商会以较低的价格吸引消费者。就我国而言，消费者版权意识较弱，正版付费阅读习惯还没完全建立，盗版以其低价吸引着很多消费者，为了与盗版抗衡，电子图书供应商不得不降低单本电子图书的价格。不过从单价而言，按本购买的价格往往高于按库购买，专业图书定价高于休闲类图书。该模式适

---

① 叶兰，孙坦，黄国彬，等.电子图书定价模式研究[J].图书情报工作，2007(12)：81-83.

合想购买少量所需电子图书的机构用户或个人用户，但对机构用户来说，单本定价法价格偏高，应当与电子图书提供商约定当电子图书采购达到一定数量时应在总价上给予一定折扣。国内三大电子书商系统，超星单本价格是 2 元，书生之家是 2～3 元，方正 Apbbi 平均每本单价为 4.5 元。[①]

（三）订阅型定价和一次性购买定价模式

1.订阅型定价模式

订阅型定价模式（Subscription Purchase）指仅购买电子图书使用权，不购买所有权。电子图书供应商提供系统平台供订户访问、浏览，其价格组成只含电子访问费，不包括内容费，且需逐年支付；若停止付费，资源的使用权也即结束。该模式实质上是一种订阅型，它还可扩展到按月、按季度、按半年或按年订阅等多种方式。订阅型定价由于没有所有权，所以比较便宜，但不利于资源的长期保存，主要适用于那些生命周期短、更新快、时效性强，不要求永久存取的图书，如流行小说、手册、连续出版物、资讯类图书，甚至更新非常快的科技类图书等。机构用户选择这种定价方式要注意该电子图书的保存价值以及本馆的馆藏计划。国外的 Ebrary 和 Netlibrary 提供订阅模式，我国超星数字图书馆提供读书卡，按年收费。中国数字图书馆也是提供读书卡的形式，它不仅提供年卡还提供季卡。[②] 读书卡制或会员卡制主要适合个人用户。

2.一次性购买定价模式

一次性购买（One-Time Purchase）模式指图书馆一次性付清购买费，买断电子图书的使用权和所有权。[③] 这种模式用户可永久无限次使用，且没有涨价风险，但这种模式只包含了电子图书的内容费和使用费，不包括平台费。如果图书馆选择通过该电子图书提供商的系统平台为用户提供访问和使用，通常还需要支付一定的平台维护费。当然，图书馆也可自建服务系统为用户提供电子图书访问服务。这种模式价格比较高，适用于具有永

---

① 李玉琳，刘沧德.对三种电子图书系统的分析研究[J].农业图书情报学刊，2005（7）：154-155,158.
② 邵晋蓉，徐宁.对四大电子图书系统的比较分析及引进策略[J].图书馆建设，2003（6）：37-39.
③ 刘兰，黄国彬.国外电子图书采购典型案例分析及其启示——以美国加州州立大学图书馆电子图书采购项目为例[J].情报资料工作，2009（2）：107-110.

久保存价值和长期使用价值的图书，如专著、年鉴、词典、字典等参考型工具书以及周期性的连续出版物，这些图书使用频率高，且需要长期使用，图书馆应该为用户提供没有访问限制的服务，因此一次性购买是较为理想的模式。总之，图书馆要根据自身需要和目标灵活选择采购方式，若想长期保存和永久使用，就可选择此种方式。

第六章　数字化时代下的智慧图书馆

文献资源采访与现在热议的智慧图书馆之间到底是什么关系？智慧图书馆时代，文献资源采访工作该如何开展？这是当下图书馆采访馆员非常关心的话题。本章就从智慧图书馆的定义，以及 IT 技术与图书馆之间的关系入手，明确文献资源采访在智慧图书馆中的定位，介绍下一代图书馆业务管理平台和智慧选书平台。

第一节　什么是智慧图书馆

随着人工智能、物联网、云计算技术的兴起，国内外图书馆人开始关注一个新兴事物——智慧图书馆，智慧图书馆成为当下最热门的话题之一。[1] 早先国内外研究者主要从 IT 技术的角度探讨智慧图书馆，随着人工智能技术和人文理念的不断结合，智慧图书馆的概念和研究范式也逐渐清晰起来。[2]

北京大学信息管理学院刘兹恒教授认为：智慧图书馆是在物联网的环境下，以云计算技术为基础，以智慧化设备为手段，实现书书相连、书人相连、人人相连，为用户提供智慧化服务的图书馆。[3] 数字化、网络化和智能化是智慧图书馆的技术支撑，人、物互联是智慧图书馆的核心构成，而智慧图书馆的精髓是实现由信息服务、知识服务向智慧服务的提升，以满足用户日益增长和不断变化的需求。

在信息技术迅猛发展的当下，智能化的图书馆已成为图书馆服务的高级形态，这一概念由上海图书馆副馆长刘炜先生所提出。他认为，智慧图书馆不仅仅是数字图书馆技术的自然演进，更是大数据时代图书馆服务的

---

[1] 饶权. 现代图书馆越来越"智慧"[N]. 人民日报, 2020-11-13(20).
[2] 初景利, 段美珍. 从智能图书馆到智慧图书馆[J]. 国家图书馆学刊, 2019（1）: 7.
[3] 刘兹恒. 智慧图书馆与智慧图书馆员[N]. 图书馆报, 2019-06-21(5).

一种先进状态。在这样的图书馆中，服务的智能化是其核心特征，它体现了信息技术应用的高级阶段。智慧图书馆的精髓在于其集成了管理、业务和服务三个层面的智慧，而这一切的基石是人的智慧在这些领域的深刻体现和结晶。在这样的图书馆中，读者能够体验到前所未有的智能化服务，这些服务不仅高效而且极具个性化，能够满足现代读者对于知识获取的多元化需求。回溯至智慧图书馆概念的提出，我们可以看到，这是图书馆服务从传统向现代化转型的一个重要标志。随着数字技术的不断进步，图书馆的功能和服务也在不断地进行着创新和升级。智慧图书馆的出现，正是这一进程中的一个里程碑，它预示着图书馆服务将更加注重用户体验，更加智能化，从而更好地服务于社会和公众。智慧图书馆不仅代表了图书馆技术应用的一个新高度，更是图书馆服务理念的一次深刻变革。在未来，我们有理由相信，智慧图书馆将继续引领图书馆服务的发展方向，为读者提供更加丰富、便捷、智能的知识服务体验。

文化和旅游部副部长，原国家图书馆馆长饶权认为，智慧图书馆不只是一种适应技术变革的图书馆新发展形态，同时更是一种面向未来的图书馆新发展理念。[①] 在未来的图景中，我们见证了智慧图书馆的诞生，一个充满活力与创新的场所。这里，高科技的魔法触摸着每一寸空间，使得书页翻动之间，蕴含着无尽的智能。图书馆不再仅仅是信息和知识的宝库，它转变成了一个效率与便捷的殿堂。让我们倒回到这个转变的起点。那时，图书馆还沉浸在传统服务的框架中，尽管已经尽力满足读者需求，但仍有提升空间。技术的翅膀悄然展开，为我们揭示了新的可能。5G、大数据、云计算、区块链、人工智能这些高新技术，它们如同一股春风，吹拂着图书馆的每一个角落。图书馆员们，他们是这场变革的工程师，用技术的画笔，细腻地勾勒出知识的新面貌。他们利用 5G 的高速通道，让每一份资料的传输变得瞬间即达；通过大数据的深度分析，精准地推荐每一本图书；在云计算的助力下，信息的存储与检索变得无比强大；区块链技术的应用，确保了知识版权的完整性；而人工智能的加盟，让个性化服务变得更为贴心。这样的智慧图书馆，不仅仅是一个存放书籍的地方，它成了激发创意的源泉，连接着每一位用户与知识的纽带。图书馆的智慧，就是将每一项技术

---

① 饶权.全国智慧图书馆体系：开启图书馆智慧化转型新篇章[J].中国图书馆学报，2021(1):4-14.

巧妙地融合在服务的每一个环节，让用户在探索知识的道路上，享受到轻松与快捷。最终，当我们站在智慧社会的门槛上，回望这一路走来的足迹，我们深深地感到，图书馆的变革，不仅仅是技术的胜利，更是人类智慧的一次飞跃。

华中师范大学的李玉海认为，智慧图书馆是以物联网、大数据、智能计算等设备和技术为基础，以便将智能感知、计算融入图书馆专业化管理过程，为用户提供所需的文献资源、知识服务及特色文化空间的虚实融合图书馆。[①]

在智慧图书馆应用场景下，全智能化 24 小时自助图书馆引入了图像识别、语音识别、人脸识别、用户行为分析等智能化功能，实现了 24 小时全智能化远程管理。融合了机器人技术、人工智能技术、物联网技术的智能图书盘点机器人，可以定时自动进行图书盘点，可以解放大量劳动力。智慧图书馆业务管理系统，实现智能辅助选书功能、辅助编目功能、智能上架下架、盘点、报表统计等，覆盖采编阅藏全周期全流程管理等。

第二节　文献资源采访和智慧图书馆之间的关系

在了解了什么是智慧图书馆之后，需要进一步了解科技与图书馆之间的关系，尤其是人工智能如何赋能图书馆采访工作，这样就很容易把握文献资源采访与智慧图书馆之间的关系。

一、科学技术与图书馆

（一）科学技术是推动图书馆变革发展的驱动力

科学技术是第一生产力，科学技术是图书馆发展的核心驱动力。21 世纪，全球进入到了一个信息化、网络化、数字化的新时代，现代信息技术正在以前所未有的速度迅猛发展，并以其强大的渗透力影响着社会的各个领域，对图书馆产生了深远的影响。

[①] 李玉海，金喆，李佳会，等. 我国智慧图书馆建设面临的五大问题[J]. 中国图书馆学报，2020(2):17-26.

随着 5G 技术、云计算、物联网、人工智能、大数据、区块链等先进 IT 技术的快速发展，信息技术对经济社会发展的叠加倍增作用日益凸显。数字社会、数字中国、数字图书馆、智慧图书馆的建设步伐进一步加快。知识信息服务模式不断更新，迫切要求图书馆积极利用各种信息技术，积极推进资源、服务、设施、管理等领域的全面数字化、智慧化转型。

（二）科学技术是手段，而不是图书馆发展的目的

当前新科学技术层出不穷，从云计算到物联网，从人工智能到元宇宙，新技术是图书馆实现自身愿景与目标的加速器，图书馆积极拥抱新技术，积极吸纳和应用新技术。在这一阶段，图书馆既要跟踪掌控新技术，又要注意不能成为新技术的奴隶。始终坚持新技术是为提升图书馆核心竞争力服务的，是为提升图书馆用户体验服务的。要注重新技术应用的实际效果和长远效益，不需要赶时髦。绝不能本末倒置，将新技术凌驾于图书馆之上，带偏图书馆发展方向。

（三）理性看待人工智能技术

人工智能（Artificial Intelligence，AI）是研究、开发用于模拟、延伸和扩展人的智能的理论、方法、技术及应用系统的一门新的技术科学。人工智能是一门综合性学科，总的来说，可以划分为模式识别、机器学习和智能算法、数据挖掘和智能决策、人机交互和机器人技术等很多分支。

在数字化的浪潮中，人工智能这一概念已然成为技术革新的代名词。它是一种精妙的计算机程序，能够基于对周围环境的深刻理解，采取明智的行动，从而实现效益的最大化。这一技术的核心在于，机器——无论是硬件还是软件——能够依据既定的任务或目标，自主地处理来自各种渠道的信息，包括数据和知识。这一过程涵盖了信息的感知与识别、整理与分析、决策制定以及结果的输出。更为引人注目的是，人工智能系统能够进行自我反馈与互动，展现出高度的自主操控能力。这一切，都是为了在复杂多变的环境中，实现最优的性能表现。人工智能目前在图像识别、自然语言翻译、智能搜索、自动驾驶、智能医疗保健、机器人等领域已取得了广泛应用，图书情报专业根据自己的学科特点，很早就开始了思考人工智能在图书情报应用的可能性。

《国际图联趋势报告》将人工智能列为四大技术趋势之一。在上海图书馆任职时期，吴建中馆长曾对澳门大学图书馆的发展寄予厚望，他建议借助人工智能的力量，让图书馆事业迈向新的高峰。他着眼于三个主要领域，希望能够看到突破性的进展；他倡导深化对自然语言检索技术的探究，同时探索将图书馆学和情报学的方法成功引入自然语言处理的途径；他着力提高内容的智能化分析能力，以期在文献和信息中挖掘更深层次的价值；他号召开展对提高图书馆服务效率的研究与实践活动，旨在为广大读者提供更便捷、更个性化的服务体验。吴馆长的这些思考，无疑为图书馆的未来发展指明了方向，也激励着业界不断探索创新，以适应信息化时代的需求[①]。在数字资源处理与服务领域，人工智能对图书馆产生了深远的影响，主要体现在智能识别（包括图像识别、语音识别和其他感知技术）、智能处理（涉及组织、分析）以及智能服务（包括检索、推荐、咨询）这三个方面。贾森·格里菲在其《2019年图书馆技术报告》中认为，人工智能和机器学习是强大的工具，但是如果不小心，它们可能会表现出算法的偏见，侵蚀隐私和知识自由，并且有可能加强当代媒体中存在的那种认知偏见和信息过滤。[②]他认为，本地化的机器学习和人工智能环境允许图书馆审查训练数据和计算过程，以确保数据中存在的偏见不会通过这些过程被放大，专业的价值观在数据收集和计算过程中得到体现。

　　IFLA关于人工智能的声明，认为人工智能技术可以具有深刻的变革能力，它们的力量可以为公共福利和创新服务。[③]只要做好必要的准备，并考虑到伦理问题和当前的局限性，图书馆可以负责任地利用人工智能技术来推进其社会使命的实现。人工智能和机器学习有可能为图书馆的知识管理过程增加新的维度和方法，特别是知识组织和整合。当与机器人技术结合时，人工智能可能能够为服务提供新的维度。虽然在某些情况下，人工智能可能会被用于自动化一些现有的图书馆服务，如聊天机器人或搜索和发现工具等人工智能应用，但应注意防止对服务质量和人员配置的负面影响。

---

① 吴建中,再议图书馆发展的十个热门话题[J].中国图书馆学报,2017（4）：14.

② JASON GRIFFEY.Library Technology Reports:Artificial Intelligence and Machine Learning in Libraries[EB/OL].(2019-01-05)[2022-03-23].https://doi.org/10.5860/ltr.55nl.

③ 国际图联关于图书馆与人工智能的声明［EB／OL］（2020-09-17）[2022-04-2］https：／／www.ifla.org/files/assets/faife/ifla_statement_on_libraries_and_artificial_intelligence.pdf.

在不久的过去，一些图书馆已开始在其空间布局、建筑设计、运营管理及服务革新等方面，积极采纳智能化策略。这些先行者们在文献的自动化分类与传输、面部识别技术，以及机器人引导服务等领域，成功地引入了人工智能技术，并取得了显著的成果。这些技术的应用不仅极大地提高了图书馆的运营效率，也显著改善了用户在线上与线下学习阅读的综合体验。这些创新举措，如同春风拂过沉睡的大地，唤醒了图书馆这一传统场所的活力。通过智能化的手段，图书馆不仅提升了自身的业务处理速度，更在无形中增强了用户的互动体验。例如，文献的自动分拣传输系统，如同一位不知疲倦的管家，精准而高效地完成着每一本书籍的归位工作。而人脸识别技术的引入，则如同一位细心的守门人，确保每一位访客的安全与便捷。至于机器人导览，它们如同知识的使者，引领着探索者在书海中遨游，解答着每一个好奇的疑问。

这些技术的融合与应用，不仅是对传统图书馆服务模式的一次深刻革新，更是对未来图书馆发展方向的一次大胆预见。它们预示着一个更加智能、更加互动、更加个性化的阅读时代即将到来。在这个新时代中，图书馆将不再仅仅是知识的储藏室，而是转变为一个充满活力的学习与交流中心，一个真正意义上的智慧空间。然而，这些探索大多还只是零星应用于图书馆业务的单个环节，还缺少全面的统筹规划，尚未实现对图书馆核心业务的全面升级。未来人工智能在图书馆的实践和应用还有很长的一段路要走。现在的很多人工智能技术并没有理论和方法上的重大突破，而仅仅是搭上了计算机运算能力、网络速度大幅提升的快车。

（四）科学技术与图书馆的关系三定律

机器人作为人工智能技术的结晶，一直以来得到人们的重点关注。人们对于机器人的设计和开发，要求其遵守机器人三定律：

①不能伤害人类，如果人类遇到麻烦，要主动帮助。
②在不违背第一定律的前提下，服从人类的指令。
③在不违背第一和第二定律的前提下，保护好自己。

效仿以上机器人三定律，可以创造出图书馆与科学技术（人工智能技术等都适用）的关系三定律：

①科学技术是为提升图书馆核心竞争力服务的，是为提升图书馆用户体验服务的。

②科学技术的应用要量力而行，服从客观规律。

③在不违背第一和第二定律的前提下，图书馆应该勇于尝试科学技术。

二、科学技术对图书馆文献资源采访的影响

（一）科学技术推动图书馆文献资源采访更新换代

20世纪80年代至今，图书馆自动化集成系统不断更新，向大规模集成化和网络化发展，软件系统的商业化运作日趋成熟，致力于图书馆自动化集成系统开发的公司竞争日渐激烈，出现了以艾利贝斯公司的ALEPH系统、金盘图书馆集成管理系统、丹诚图书馆集成系统为代表的系统软件。除了这些国内外的知名企业和产品外，图书馆自动化集成领域的付费商业软件和免费开源软件产品一直层出不穷。

采访业务模块一直作为图书馆自动化集成系统的一个主要组成部分。图书馆文献资源采访自动化、智能化、网络化是社会信息化发展进程的必然结果，是图书馆采访工作的必然趋势。

当然我们也看到，新冠疫情给图书馆技术行业带来了相当大的干扰，图书馆自动化集成系统行业的进一步整合是不可避免的。图书馆财政经费压力可能对自动化集成系统的更迭速度产生影响。在未来一段时间内，人们对建立在核心自动化系统基础上的、与图书馆战略规划相一致的子产品、子模块充满兴趣，比如智能选书模块，馆藏资源评估模块等。①

（二）图书馆文献资源采访需要信息技术提升效能

图书馆亟须充分发挥作为文献资源中介的优势，打造面向未来的下一代图书馆业务管理系统，通过技术手段打通图书馆业务流程，重构适应时代发展的业务架构与管理体系，支持多来源、多类型、多载体文献资源的全流程统一管理，支持多种元数据标准，支持关联数据，实现数据融合与语义检索服务，促进采访业务的全面智慧化升级，支持采访业务面上的智能选书模块、订单处理模块、经费管理模块、业务统计分析模块的开发。

① 顾犇. 国家图书馆外文图书采编工作自动化的历史和展望［J］. 国家图书馆学刊，2002(2).

文献资源采访业务的升级提效,首先是要实现高效选书和订购。图书馆可以通过大数据技术、知识图谱分析工具、数据挖掘算法和工具,开发新一代的文献资源采访平台,实现智能选书功能,进行印本和数字资源的自动对比、查重补缺、订单生产、书目评价等,全面快速地掌握出版信息、实现馆藏信息的动态可视化分析,并依托业务管理系统,挖掘用户利用中的有效信息。未来如何将出版社、馆配商、图书馆联系到一起,形成从文献出版、订购、前置编目到馆藏入库的一体化智能化解决方案,成为文献资源采访技术升级的重点方向。

三、智慧图书馆时代的文献资源采访

智慧图书馆时代的文献资源采访,它既不是凭空出现的,也不能割裂其与传统文献资源采访的关系,智慧图书馆是数字图书馆的高级阶段。智慧图书馆时代的文献资源采访是对传统文献资源采访的继承与发展,这种发展更多地体现为融合、重塑和创新。

文献资源转型不是要从印刷型走向数字型,也不是相反,重走印刷型的老路,而是要求我们超越载体,把重心放在内容上。[①] 智慧图书馆时代仍然是"资源为王",只有不断满足用户需求,提供更加智慧化、人性化的服务,才是真正的"智慧"图书馆。

从传统图书馆到数字图书馆,再到数字图书馆的更高级形式——智慧图书馆,智慧社会带给图书馆新的历史机遇与时代挑战。随着智慧图书馆时代的来临,"人工智能拯救图书馆,数字资源替代印本资源,图书馆可以脱胎换骨,图书馆需要转型发展"的声音不绝于耳。图书馆人需要辨伪存真、把握机遇、迎接挑战,既不能好高骛远,也不能故步自封。无论智慧图书馆提供的服务有多么的智慧,仍然要以对文献资源的建设和组织作为基础,没有资源的采集和整合,服务将无法开展。

国际图联《发展与信息获取 2019》报告指出,虽然随着数据时代的到来,图书馆会发生重大变革,但其提供文献资源的核心使命,可以说比以往任何时候都更加重要。[②] 图书馆只有立足于这个使命,才能长久存在。教育部

---

① 吴建中.贯彻新发展理念推动高质量发展——新一轮图书馆事业发展的主基调[J].图书与情报.2020(6):73-76

② 高大伟,许丽丽.国际图联《2019年发展与信息获取报告》解读与启示[J].情报探索,2020(6):122-126.

印发的《普通高等学校图书馆规程》中，文献资源采访位列图书馆四大主要任务之首。多数有识之士强调文献资源采访在学校"双一流"建设中的重要性，如中山大学程焕文教授指出，在配合学校"双一流"建设的背景下，高校图书馆发展的根本仍在于资源。教授程焕文的"资源为王"[1]，南开大学的教授柯平的"文献资源是图书馆建设之本"[2]，国家图书馆研究馆员顾犇的"采访工作是图书馆最基础的工作"[3]，都强调资源建设是图书馆得以存在和发展的前提和条件。因此无论在什么时代，数字时代也好，智慧时代也好，文献资源采访依然是图书馆的核心基本业务，是图书馆服务的基础保障。

第三节　下一代图书馆业务管理系统

一、从 ILS 到 LSP

（一）图书馆自动化集成系统

图书馆自动化系统（Library Automation System）是指应用计算机技术对图书馆的文献采购、编目流通、连续出版物和书目检索等业务工作进行自动化管理的软件系统。

图书馆自动化集成系统（Integrated Library System，ILS）是指由多个子系统共享数据库资源，以提供具有内在联系的信息和集成服务的图书馆自动化系统。

现代图书馆的重要技术支撑就是图书馆自动化集成管理系统，正是以这个 ILS 系统为基础，传统图书馆才进入了现代化时代。然而随着现实应用需求的变化，图书馆发展过程中原有的纸质馆藏管理系统弊端显现，需要新的平台来接管各种馆藏对象管理需求。

近年来，很多高校图书馆已经在面向纸质馆藏的集成图书馆系统后发生了令人震惊的转变，取而代之的是采用旨在管理所有馆藏格式的图书馆

---

[1]　程焕文，赵冬梅.资源为王服务为本技术为用——程焕文谈高校图书馆管理的理念[J].晋图学刊，2020（1）：4-13.
[2]　柯平.文献资源是图书馆建设之本[N].图书馆报，2018-07-23（2）.
[3]　顾犇.图书馆采访工作随想[N].图书馆报，2020-12-25(3).

服务平台（LSP）。针对高校图书馆的 ILS 产品（如 ALEPH 和 Voyager）的安装量正在迅速下降。

（二）图书服务平台

图书服务平台（Library Sevice Platform，LSP），很快就得到了业界的热捧。

LSP 具有以下特点：

（1）多种载体类型资源的集成。实现了纸质资源及数字资源的一体化管理。

（2）支持多种元数据描述标准。支持 MARC、DC、DCTERMS、RDA 多种元数据标准。支持关联数据，可以实现资源发现服务，可以实现数据融合与语义检索服务，以及异构数据库系统的关联访问。

（3）多终端平台展现。通过前后端分离技术，将手机移动端、个人电脑终端、电视端等连接起来，形成全媒体资源的服务操作。

（4）支持云部署和本地部署。架构于云系统环境上，便于系统信息的传递、维护、存储、备份等，实现图书馆文献资源的共建共享，以及文献传递和馆际互借等业务工作的开展。

（5）推动新的生态服务环境。基于社交网络服务，推动用户生成内容（User Generated Content，UGC），为用户提供新兴的网络信息资源创作与组织模式，实现信息资源的增值和传播，增加图书馆生态社区的黏性和影响力。

（6）统计分析和决策规划。通过实时的数据分析，支持图书馆的文献采购数据分析、资源使用分析和用户需求分析，为图书馆发展的战略规划和馆藏发展政策制定，提供客观依据。

二、下一代图书馆业务管理系统介绍

围绕下一代图书馆业务管理系统的开发和应用，已然成为图书馆界讨论的焦点。①

（一）FOLIO 系统

FOLIO 是 Future of Libraries Is Open 的缩写，FOLIO 的核心目标是建

---

① 邵波，张文竹，下一代图书馆系统平台的实践与思考［J］.图书情报工作，2019（1）：7.

设一个开源的、基于云服务的应用程序框架，能够实现不同开发团队之间的协作[①]。它被设计为一个能够将供应商、图书馆和用户的体验提升到前所未有水平的产品。国内一些高校图书馆和公共图书馆将FOLIO视为一个"创新平台"，在这个平台上，图书馆员和软件开发人员可以一起工作来构建新的图书馆服务。这几年已经不断跟踪FOLIO及其生态社区的发展，并不断学习和吸收其精华，打造属于自己的技术系统，并取得了一系列的成果。

FOLIO是一个基于灵活扩展的开源图书馆管理系统，按需提供不同的模块。它突出以下四点特性：真正的"下一代"系统应该以用户为中心，能够便利地使用和访问馆藏资源，与其他机构平台相互集成，提供现代化的商业智能。

尽管来自ALMA的竞争非常激烈，但FOLIO至少在大学图书馆领域占有一定的份额。它的成功将取决于满足其发展基准和早期采用者的良好成果。EBSCO FOLIO服务于2020年启动。EBSCO是参与推进开源FOLIO LSP的主要组织之一，面对来自其主要竞争对手艾利贝斯公司的ALMA产品的巨大竞争，EBSCO通过金融投资、直接开发和营销为FOLIO提供全力支持，以面对ALMA和PRIMO对EBSCO发现服务（EDS）机会的竞争。

（二）NLSP系统

下一代图书馆服务平台NLSP是Next Library Service Platform的缩写，它是由南京大学图书馆信息技术团队和相关IT公司合作开发的，基于LSP的图书馆业务管理平台。相关内容可以访问沈奎林老师的博客和微信公众号内容。

NLSP技术的特点是：基于多租户的方式提供服务，服务快速部署，快速开通。支持统一的云服务中心部署，无须手动安装维护。微服务架构具有更强的扩展性，在不影响正常服务的情况下提升服务性能。通过服务间的负载均衡机制保持服务的稳定性和高可用性，以及加大并发请求的快速处理。前后端分离架构，支持多终端应用。开放的开发者平台，提供大量API接口进行业务的定制。提供文件存储管理，保证快速便捷地存取及管理小文件。

---

① FOLIO|The Future of Libraries Is Open [EB/OL].(2020-01-20)[2022-03-23]. https://www.folio.org/platform/.

（三）CLSP 系统

CALIS 图书馆服务平台 CLSP 是 CALIS Library Service Platform 的缩写。在中国著名学府北京大学的校园深处，坐落着一座见证了时光流转与知识传承的图书馆。这里曾由朱强馆长掌舵，他对于学府文献宝库的命运有着独到的见解。他坚信，图书馆在数字化转型的巨浪中，不该沉默无声。他指出，图书馆在管理系统升级的征途上，缺少了应有的发言权。那些掌握着数据库和系统的数据开发商，如同设置了无形樊篱，限制了图书馆的拓展步伐。朱馆长主张，为打破这一制约，高等学府的图书馆们应当联起手来，结成坚强的联盟。这个联盟的目标，是共同研发一套属于馆校自身知识产权的服务系统。他提倡通过这样的方式，图书馆们不仅可以增加自身的自主性，亦能增强在与数据开发商谈判中的议价能力。这是一场从根本上的变革，旨在重新塑造图书馆管理系统的发展轨迹，使其能够与时俱进，更好地服务于学术研究和知识传播。

因此从 2018 年开始，以北京大学、上海交通大学为首的高校开始基于 FOLIO 系统，打造高校联盟的 LSP 系统：CLSP 系统，即 CALIS 新一代图书馆服务平台。这两年重点对公共服务平台、图书馆 SaaS 服务平台、基础支撑平台、App 集成、CLSP 平台的社区联盟、开发者联盟的各项工作正在有序开展中。

（四）云瀚系统

以上海图书馆为首的一些图书馆和商业公司进行深度合作，秉着图书馆向智慧转型升级需要开放的理念，依托共享的平台和先进的技术，打造了"云瀚"系统，[①] 它是基于目前国际最先进的开源技术和云原生架构，采用自主可控的产品路线，自主研发的下一代图书馆服务中文平台。云瀚是 FOLIO 的中国化和本土化，它既是下一代图书馆服务平台，又是一套取代传统图书馆集成管理系统的应用组件，同时也是一个以开放理念运行的开源社区。云瀚将以智慧图书馆技术应用联盟为依托，探索开放的社区运作模式，建立产业生态，致力于本地化产品和服务的完善与提高，以助力中国图书馆走向智慧时代。

---

① 刘炜，嵇婷．"云瀚"与智慧图书馆：以开放创造未来 [J]．中国图书馆学报，2021（6）：12．

（五）ALMA LSP 系统

艾利贝斯公司（Ex Libris）是学术和研究图书馆的领先技术提供商。随着高校图书馆转向能够管理大量数字资源的平台，艾利贝斯公司的拳头产品 ALMA LSP 已成为领先的竞争者。2019 年，艾利贝斯公司为 ALMA 签订了 102 份合同，总安装量增至 1769 台。其中许多合同是为大型图书馆系统签订的。2020 年艾利贝斯公司的 ALMA LSP 在新的一年中继续强劲销售、保持增长。它的 114 个新合同将安装量扩大到 2037 个，几乎是三年前的 1095 个的两倍。现在，41 个国家和地区的图书馆都使用 ALMA LSP。

（六）OCLC 的 WorldShare 系统

OCLC 是图书馆技术行业最大的非营利组织，除了编目、资源共享和其他合作服务外，还开发和支持许多产品。这些服务产品包括针对各类型客户的 WorldShare 管理服务（WMS）、针对大学图书馆的 LSP，以及针对公共图书馆的 OCLC Wise。OCLC 的 WorldShare 管理服务（WMS）继续在图书馆中获得收益。大学图书馆的 LSP 利用庞大的 WorldCat 书目数据库，避免了下载和维护本地记录的需要，用馆藏的同步化来提供简化的工作流程。OCLC 已开始将更名为 OCLC Wise 的 bicatWise 定位为公共图书馆的战略产品，为进一步发展和引进全球公共图书馆市场提供了坚实的基础。OCLC Wise 包括标准的 ILS 功能，以及增强用户参与度，简化活动管理，和使用消息传递工具，来支持图书馆服务。

三、采访功能模块的具体需求

不同类型图书馆有着不同的采访业务需求，因此对文献采访软件系统的要求也有所不同，需要向软件开发商对 ILS 或者 LSP 中采访模块的功能提出具体要求，本部分内容将采访模块的基本需求做简单介绍，采访模块功能的总体需求是：

①系统必须具备适用于多语种、多币种和各种文献载体（印本资源、数字资源、光盘、缩微制品等）采访的功能。

②系统能够支持和兼容国内外主流 ILS 或者 LSP 的软件开发技术，采访系统必须可以完成本地化移植和改造，需要满足各馆的个性化、特殊需求。

③采访记录应具有统计分析功能，可以为采访计划和馆藏发展规划提供有力的数据。

具体需求如下：

（一）遴选

遴选是根据书商提供的出版物目录，结合本馆采访方针和文献购置经费，初选拟订购出版物。其功能需求是：

①系统能够从各种采访工具中（例如，OCLC，Ohio，Amazon，Books in Print，BookData Online 和其他权威网络书目）检索和下载书目数据。如有必要，系统应能提供与主要书商的采选系统之间的接口，例如，中图公司的 PSOP，EBSCO 的 GOBI3 等。

②采访人员能够按学科类别、出版社、时间（出版时间、更新上传时间）、文种（中文、英文、德文、法文等）等检索点，浏览外来书目数据，以便逐一遴选；也可以按书名、著者、出版社、ISBN、价格等检索外来数据。

③采访人员能够创建原始书目数据，也可以修改外来书目数据。在书目浏览过程中，已经浏览过的数据需要做有关标记，以避免采访人员自己重复阅读，方便下游环节包括审校人员能够做相应的标记。相关书目数据应能够保留至少十年，以备核实数据和以后补订图书用，避免不必要的回溯和其他重复操作。

④可设定及取消默认值，以便处理相似数据和相似操作，如国家名称、语种、书商名称、出版社名称、经费名称、订购数量、币种、丛书名等。

（二）查重

查重是将初选拟订购的出版物，用 ISBN、题名、责任者等作为检索点，确定本馆是否已经收藏和是否已经订购，以避免采访流程中不同操作者之间的重复订购。系统应提供字段查重的功能：在选书员浏览外来数据的 MARC 格式记录时，只要点击有关字段，系统就可以自动检索本馆的采访和编目数据中的有关记录字段。在书目数据正式进入采编数据库时，应与选书数据并列显示采编数据库中书名和著者相近的记录，以供采访人员核实是否重复记录，是否要删除。

（三）发订

发订是指在选书以后，结合查重情况对拟订出版物进行审核查重，确定订购，进行订购。其功能需要如下：

①订单库的采访信息包括：订单号（包括订购年月）、目录流水号、书商代码、预计到货日期、选书员代码、图书语种、学科类别、数据更新时间。

②系统能够生成发订记录，按记录或批量加入发订日期、收订书商号、订单批号、订单张数。系统能够自动分配订单总流水号，也能根据选书员和发订员的代号自动生成订单号（格式样例：年月＋选书员／发订员代码＋4位流水号，例如，2205Ping-2637）。

③系统能够打印卡片式订购单、书名卡片目录及附加款目（如丛书、会议录、丛书或多卷集的单卷书名、并列书名等）的卡片。

④遇有单卷书价超过一定数额（如10000元人民币、1500美元或800英镑等），系统能够提示，并加以"高价书"标记，以便图书馆领导审批。

⑤系统具有订单撤销的功能，允许在一定时间内由授权用户撤销任何形式的订单，并显示撤销原因。

（四）验收

验收是指订购完成后，中标书商陆续将出版物成批送馆，到馆后需要及时进行验收工作。验收环节的基本功能有以下这些内容：

①登录员收书后，对照发票和清单，核对金额、种、册数以及图书内容。通过采购订单号、题名、ISBN、责任者、发订日期等检索点，检索出订购记录，可以检查到书是否符合预订的订单，如不符合需沟通书商，并做退货处理。

②允许在登记过程中增、删、改采访记录，如增加或修改批号、发票号、清单号、副本标识、实际价格等。

③接收捐赠、交换、交存的文献应记录接收数据：接收日期、捐赠人、捐赠单位名称和联系地址、文献题名、数量、国家、交换户代码等。

④系统能够调出并打印任一时段入藏的交存、购买、交换、接收捐赠的文献登记清单。

⑤登记到人员做完一批文献后，正式建立总括登记单。总括登记要求：

在总批号后面填写登录员的代号；填写登录完成日期；购书填书商代号及登记文献的采集方式；填写发票号、清单号及总数；计算各种文献流向册数，并打印出交接清单，每条数据需打印书名、ISBN、价格、预定批号和顺序号，以便核对；系统能够打印出送交捐赠人的格式感谢信，并附上有关赠书清单。如果有电子邮件地址，可即时发出电子邮件谢函。如没有电子邮件地址，应能打印出信封或地址标签。

⑥对于用户推荐急需的文献订单，采访系统应能设定相应提示和流程监控功能，由验收人员及时送交有关人员处理，快速编目，提前入阅览室上架，尽快提供借阅、复制服务等。对于有审读问题的文献订单，系统应该能够进行记录和提示功能，确保其不流入馆藏，确保图书馆意识形态安全。

（五）转出

转出是指将所采访的出版物转交编目等环节。其系统需求是：系统应具有从采选环节到编目环节的图书交接功能，即按图书的图书馆财产条形码清点验收，验收交接后，其文献接收代码发生改变。系统能自动生成图书移交清单，清单内容包括：移交时间、种、册数、图书馆财产条形码、批号、收书人签字、备注。

（六）财务结算

财务结算是指一批文献完成验收后，与中标书商结算本批费用。其功能需求是：

①系统能够生成清款单，内容包括图书种册数、书价和手续费等附加费用。

②系统能够自动换算外汇汇率，系统能够将其他币种自动折算为人民币。

③核对金额正确无误后，按照统计结果与书商结算本批的费用。按照发票号、资金来源、付款单位、支票号、验收批次号分别列出资金使用情况。按照统计的结果，和书商核对无误后即可付款。

（七）催询

催询是指在合同限定时间内，订购的文献没有得到及时回复时，和在限定时间内没有收到采购文献时，应进行的催询工作。其功能需求是：

①系统能够设定到货周期,根据记录上的订购日期和预计到货周期统计到货率。

②系统能够定期将未到货文献,统计打出催询清单,交给书商核实情况。

③系统应能统计对于绝版、脱销无货、取消出版计划等因第三方情况无法供货的情况,以便完成书商履约报告的撰写。

(八)统计

采访系统的统计功能较为重要,应该至少包括以下内容:

①预算执行统计:按财务部门要求,按进度跟踪预算经费的执行完成情况,控制经费的使用,以便完成文献购置项目的绩效评估要求。时间段(以月为单位)和书商统计出所发订单的预计经费,以便提前控制经费的使用。

②已付经费的统计:随时统计出应付给中标书商的金额,以便了解经费的支付和欠款情况。

③系统能够按文种(中文、英文、俄文、日文、法文、德文等)、出版社分别统计购买、交存、接收捐赠和交换数量,时间单位为任意时间。

④系统能够打印任一时段入藏的交存清单、购买清单、接收捐赠清单和交换清单。

⑤系统能够通过个人代号、岗位类别、时间、工作内容,统计出个人工作量(选书量、发订量、登到量、注销订单量、剔除复本量等)各类别。

⑥能够统计缺藏书、高价书、多卷集、复本书等各特殊类型文献的ISBN和题名等,并可统计汇总为电子清单。

第四节　智能选书系统

智慧图书馆时代的图书采访工作,首先是要实现智能选书和精准订购。图书馆可以通过知识图谱分析工具、数据挖掘算法和分析工具,可视化分析工具等,实现智能选书功能,让图书馆可以全面快速地掌握文献出版信息,并依托业务管理集成系统,挖掘用户兴趣和利用信息,将出版社、馆配商、图书馆和用户联系到一起,形成从文献出版、发行、销售、订购、登记、编目、服务的一体化智能化解决方案，并实现馆藏信息的精准动态分析，形成对馆藏体系的动态监控和优化调整。

一、智能选书系统的功能特点

传统图书馆时代，选书工作基本是手工操作，随着技术的升级换代，实现自动化、智能化选书已经不是梦想，虽然机器选书未必能够达到手工选书的质量，但是这是发展趋势，尤其对于一些缺少采访馆员的中小型图书馆来说，具有现实意义。

智能选书系统模块的开发，使得图书馆客户将能获得出版行业的纸电整合采选服务，在享用高质量的书目信息同时，真正的智能采选模式使得图书馆可以轻松应对各种经费数量的书目采选计划，将采选过程及历史信息全部记录存档，使得资源采选变得科学、高效、智能。在线选书成为可能，这种线上模式受到图书馆的青睐。传统选书与智能选书的区别详见表6-1所示。

表6-1 传统选书与智能选书的比较

比较项目名称	传统选书方式	智能选书方式
文献载体	印本图书和电子图书是分开采购	印本图书和电子图书整合展示与管理，能满足大多数图书馆客户的采选需求
用户分类	只有简单的几种账户，其他书员选过的图书，其他人很难继续把关进行遴选	账户分类更加精准细化。各种账户既有合作也有分工，相应的权限设置更加合理
采选功能	功能不能满足复杂情景，无法做到全流程采访，往往只能完成采选、查重、订购的一部分功能，其他功能需要人工完成。	满足多种类型客户专业采选、查重、订购需求。 ①精简装、不同版本、不同载体、套书的关联管理。 ②书目导入时的查重，可分别选择按字段更新覆盖。 ③按关键词检索时，可配置各字段权重，按权重（相关性）输出结果。 ④书目可以按模板导出成marc、excel、pdf等多种格式
统计分析和发现	功能简单，无法分析更多成果	能够多个角度分析出版社、图书馆与书目状况，产生各种专业的行业报告，为出版社和图书馆定制专业的书目产品
兼容手机和微信浏览	未做兼容性考虑	微信公众平台通过菜单跳转后访问图书发现平台，页面和功能需要能够正常使用

关于智能选书系统，根据图书馆采访业务的需求，进行具体说明。

1. 账户模块

构建上下级关系、上下游流程的多类型账户体系。多类型用户包括图书馆采访馆员账户、图书馆管理账户、图书馆用户账户和书商维护账户等。

图书馆采访人员账户，可以根据图书馆采访业务的层级，分为多级采访馆员账户。在采访馆员账户中，设置普通采访馆员账户和审校人员账户。审校人员可以查看、汇总、筛选和导出采访馆员用户的购买意向，选择性下订单。一级用户可以直接下订单或者导入订单。

图书馆管理账户可以根据管理权限，也分为多级账户，例如图书馆馆长账户、图书馆采访主任账户。馆长和采访主任可以随时了解经费的使用情况，采选的数量情况，历年采访记录的纵向对比，以及与其他图书馆的横向对比情况，根据实际情况制定年度的采访目标任务。

图书馆用户账户，可以根据图书馆的性质进行细粒度的划分。比如高校图书可以根据师生的不同需求，设置教师账户和学生账户，开通不同的权限。用户账户可以与采访馆员进行实时沟通和交流，使得用户驱动的馆藏建设落到实处。

书商维护账户，可以根据图书馆的要求，定期提供相关的最新书目。反馈和响应采访馆员的需求，跟踪执行订单。

2. 采选模块

书商电子图书与对应印本图书关联显示，图书馆采访馆员可以选择想要的载体，查看明细、试读资源、提交购买意向。图书馆采访馆员可以方便地直接采选和下订目录系统现有产品，也可以导出目录与自身馆藏查重后上传订单，还可以直接上传提交其他来源的订单。出版销售人员可以查看、完善、执行订单。

3. 统计分析和发现

传统的图书馆集成系统统计某些采访数据操作起来费时费力，有些则无法实现，只能做些模糊分析与评价。而智能采选系统，可以细粒度地完成各种统计和分析。例如可以从学科、主体、著作、出版社、价格、出版时间等不同角度，再加上其他标杆图书馆提供的数据，可以从不同角度来分析有关采访的各个细节问题，发现核心馆藏、重点作者、经典图书，在这个核心馆藏范围内，分析出版社的构成、分析自身图书馆的文献覆盖率、分析出最前沿热点关键词。求证的采访数据，也可为馆内各业务部门提供所需的各项业务数据，而且系统提供的数据便捷、准确、全面、翔实，为采访及其他业务分析与研究提供了强有力的支持，基本可以做到随用随分析，大大减少了重复性劳动。

二、智能选书系统的案例介绍

（一）中图公司海外图书智能采选平台

中图海外图书采选平台（PSOP）是由中国图书进出口（集团）有限公司围绕图书馆采访工作流程而进行设计开发的，专门服务于图书馆外文图书采选工作及学科专家和学者的在线平台，第一版发布于2003年。2020年3月31日，中图上线全新PSOP4.0版图书采选平台，对平台进行全面的优化。

图书馆采编、专家、学者等注册成为PSOP的用户，就可以访问PSOP网站并获取个性化内容服务。通过本网站的"专家推荐"和"机构管理"两个重要功能模块，PSOP为采编人员和专家提供共享的选书平台，实现专家推荐、采编选书、在线查单的一站式采选。

专家及采编人员可以设置自己想要关注的学科及专业类别，由系统推送个性化的新书信息；专家及采编人员可以在PSOP平台上完成对书目专业信息的浏览、查看书目库存情况、向管理员提出建议等；采编可以在PSOP平台上查看、查询订单的执行情况。

从功能上看，PSOP拥有以下特点：

（1）信息量极大的书目数据库。书目信息的获取是图书馆书目采集工作的基础，书目信息越充分，图书馆进行外文采选时选择的余地就越大；书目揭示的信息越准确，图书馆外文采选工作的进展就越方便。PSOP的书目数据库是目前国内最大的海外学术馆配书目数据库，现在能够对外提供海外原版书目130万条新书、可供书目，并且每月新增的书目超过1万条。中图公司与海外主要出版机构有着长期的良好合作关系，通过ONIX数据及其他方式直接从海外出版机构获得书目信息，在保留书目原本信息的同时，对书目进行了本地化加工，增加书目的中图分类号、中文译名等。同时，在线的目录能够实时提供图书在中图的实时库存信息、POD 信息、图书被馆藏情况等，以这些信息辅助图书馆采编老师进行采选，克服了传统印本图书目、纸本目录受限于载体特点和制作成本等，不能为采访人员提供实时且详细的书目信息，因而影响书目内容质量的弊端。PSOP 高效的搜索引擎实现了对海量书目数据的毫秒级检索，为采访人员获取采访信息提供了有效的工具。

（2）专家推荐，深度参与选书。PSOP 为了服务好机构客户，为给专家选书选择提供方便，特别设计了"专家推荐"功能。专家注册进入 PSOP 后，可以选择自己所在机构加入，由采编进行审核（也可以通过机构采编直接注册）。专家注册进入自己所在机构后，可以调阅书目、收藏书目、将所需图书推荐至采编进行购买。同时，专家还可以根据自己的专业偏好及分类偏好，通过 PSOP 享受个性化的新书推荐服务，做到使专家足不出户就可以了解最新的出版信息，并推荐至采编进行购买。

（3）信息的共知共享。PSOP 通过对目录进行精选，提供"现货／图书采购节""POD""热门专题""精品推荐"几个栏目，为采选提供更优质、更聚焦的目录资源，帮助解决选书难题。"图书采购节"即线上书展功能，可以大幅度减少大家赶往线下书展现场奔波的时间及成本，并为海外出版社及各大院校图书馆举办形式各异的个性化书展。同时，采编老师及专家可以通过"热门专题""精品推荐"栏目直观且清晰地了解到各大出版社的主推产品、学科、专题，快速了解新书。同时，PSOP 揭示了书目被馆藏的情况，让图书馆及机构能够更加直观地参考到书目的内在价值，能够更加有计划地实现自己的书目采集。

（4）便捷使用，与移动端及实体接轨。PSOP 通过"中图图书采选"小程序，实现了对采编老师、专家、学者的移动端选书支持，让他们能随时随地访问海量的书目信息。在面对实物书时，可以通过小程序扫描条形码，获取 PSOP 中该书目的所有信息，实现对采编老师、专家、学者在现采时查看书目信息、收藏书目的支持。

（二）教图公司机构用户智能选书服务平台

机构用户智能选书服务平台是由中国教育图书进出口公司（简称教图

公司）开发的专业化图书电子商务网站，旨在让用户获取更多更好的原版外文图书检索体验，以及了解订单订购情况。该平台于2017年5月正式上线，2021年，机构用户服务平台二期升级已经启动，目前平台功能完善，主要内容包括：为机构用户提供月度与专题、境外图书目录、丛书、多卷书；提供国外图书专题研究成果、特色资源、重点推荐图书目录；提供在线采选及订单管理服务等。该平台有以下几点主要功能：

（1）提供原版图书目录信息。目前平台提供近600万目录海量检索，并保持实时动态更新。书目信息介绍全面，除出版社原始书目所包含的题名、作者、价格等简单字段外，机构用户服务平台的数据团队还将数据二次分类处理，增添了如中图分类、学科分类等信息，更加便于用户查询检索。平台还首次将丛书与多卷书分类、编号管理，不仅方便用户采选卷套图书更有效的查重，还满足了卷书和丛书的补缺需要，可使查询更加一目了然，定位更加准确。

（2）图书编目数据提供。平台内用户自主检索及下载书目后，可同步导出采访MARC数据，平台后台内置通用标准版数据模板，也可根据馆内特殊格式进行字段添加及顺序调整，有利于提升高校图书馆采编老师后续查重等工作效率。

（3）订单查询服务。该智能选书平台与教图公司的图书管理系统对接，可无障碍查询在教图公司所订购图书的到货情况，对于未到图书进行催缺查询等。从书目采选到订单跟踪，关键环节一目了然，随时掌握订单执行情况。提供历年财务结算清单查询功能，用户可查询到具体批次结算清单付款及到款情况。

（4）图书推荐采选功能。平台的"权重荐书"功能，可根据用户分权重推荐管理，通过主管理账号下设多个子账户，达到选书荐购、信息收集等目的，页面友好，设置灵活，可以大幅提升图书馆选书效率。

（5）线上书展功能。为了更好地服务于高校的教学与科研工作，中教图公司"线上书展"正式上线。相较线下书展，线上不受场地空间限制，具有受众广、信息全、更加便利等特点，满足了分散在各地的用户们希望参加书展的需求，激发了用户选书荐书的积极性。

（6）学科研究及特色推荐功能。学科研究即核心馆藏资源建设服务

（Core Academic Resources），针对高校图书馆"精选"外文书的原则，使用高效可行图书评价方法，为外文图书订购提供依据，为馆藏规划和建设提供参考性意见。

（三）北京中科公司智能选书服务平台

与其他公司的智能采访平台不同的是，北京中科进出口有限责任公司（简称北京中科公司）打造的纸本和电子图书整合营销的平台，树立了电子图书市场采选行业规范，和其他书商的选书平台最大区别就是纸本和电子图书共同营销，同时不涉及电子图书内容和版权，纯代理营销。

知源知识服务平台可兼容并整合多种外文文献类型，包含纸书、电子书、数据库产品、学位论文、期刊、行业报告等资源的信息存储与文件存储，通过独家的浏览与检索算法，实现优质资源的展示与发现。实现千万级纸书与百万级电子书的数据整合及机构采选，同时实现纸电资源个人零售，可以根据业务发展需要，逐步接入更多类型的资源。图书馆客户将能获得行业独家的纸电整合采选服务，在享用高质量的书目信息同时，真正的智能采选模式使得图书馆可以轻松应对千万级书目采选。

智慧图书馆时代，需要图书馆业务自动化集成系统、电子资源管理系统、各种数字仓储系统打通脉络，实现印本资源、数字资源的一体化管理，实现多种资源管理系统的高度集成，支持多种元数据标准，支持关联数据，实现数据融合与语义检索服务、实现跨机构的关联数据开放与复用。图书馆资源建设需要建立的新观念是要超越载体，把重心放在内容上，通过提高对文献篇目和内容的细粒度揭示，利用人工智能深度算法，进行数据挖掘和分析，融汇成智慧知识服务，最终以服务质量赢得用户群体。

利用智能技术，可以提升公共数字文化资源整合能力，未来可以将图书馆、博物馆、文化馆、美术馆等公共文化机构的数字文化资源整合到同一个平台，为公众提供方便、快捷、智能的一站式公共文化和信息服务。利用文旅融合发展的契机，实现跨界合作，形成跨界资源的协同发展局面，实现公共文化资源融合和服务共赢。多维度挖掘与整合跨界资源，推进馆藏资源建设创新，这不仅仅是图书馆的迫切愿望，也是博物馆、艺术馆等文化机构的真实需求。

总之，智慧图书馆的精髓是"资源多元融合化、服务智慧人性化、技术智能易用化"①。智慧图书馆在文献资源采访方面还会出现很多新的理念和创新，也会遇到很多新的问题，需要不断思考和解决。但可以肯定的是，无论是传统图书馆时代还是智慧图书馆时代，图书馆文献采访工作的地位都不应该被削弱，而是需要进一步加强。

---

① 平安. 智慧图书馆时代文献信息资源建设[C]. // 2021年国家图书馆青年学术论坛论文集. 北京：国家图书馆出版社：383-390.

第七章 数字化时代下图书馆采编业务流程与优化

本章聚焦于基于业务流程的图书馆采编工作改进策略,深入剖析了当前公共图书馆在采编业务中面临的现实问题,如资源采购效率低下、编目标准化不足、技术融合滞后等。通过案例分析与实证研究,提出了一系列优化路径,旨在通过流程再造、技术应用升级及人力资源优化配置,实现采编工作的高效化、智能化与精准化,促进公共图书馆采编业务的可持续发展与服务质量全面提升。

第一节 基于业务流程的图书馆采编工作改进

在图书馆的宏伟殿堂中,采编工作的革新已成为推动这一知识圣殿适应时代脉搏、提升其资源构建与信息服务能力的关键。这一变革不仅是对传统流程的挑战,更是对未来发展的深刻洞察。本部分内容将追溯这一变革的源头,探讨其原则与措施,并展望其新形态,以期为图书馆的持续繁荣提供新的视角。

一、图书馆采编工作业务流程改进原则

图书馆采编工作的改进流程,需要至少遵循以下几个基本原则。图书馆必须对其发展环境和阶段进行深入分析。通过对自身信息化和数字化建设水平的评估,制定符合实际情况的改进方案。这是确保方案能够有效落实并提升工作效率的前提。如果方案脱离实际情况,将难以顺利开展。图书馆在改进采编业务流程时,必须坚持以人为本的原则。这意味着在制定方案时,需充分考虑工作人员和读者的需求。只有这样,才能确保方案的

实际可行性和有效性。在图书馆的采编业务流程改进中，先要遵循与时俱进的原则。这意味着要将用户意识与服务意识放在首位，重视了解受众对采编工作流程的期待和知识需求。这些信息将成为制定改进方案的重要依据，为图书馆与受众之间的对接打下良好基础。采编业务流程改进不仅仅是关于工作步骤的修改，也包括基础设施建设、人力资源培训等多方面内容，需要投入大量精力。为了避免资源浪费，图书馆应该对未来的发展趋势进行研判，确保改进工作与时代环境相适应，推动业务流程展现出前瞻性，以确保与时代发展接轨。

二、图书馆采编工作业务流程改进措施

图书馆的采编流程，在几次调整与改进中焕然一新。每一项举措都充满了细致的规划与深远的考量。在这一过程中，图书馆始终将清晰的目标放在首位。确保未来发展方向明确，是改进工作的基础和指南。这一切并非一蹴而就。图书馆首先需要制定详细的改进方案。为了实现这一点，他们围绕采编流程改造目标，探索各种实现路径。通过短期规划和长期规划的结合，保证了业务流程的有序推进。这不仅仅是对工作流程的调整，更是对未来蓝图的描绘。在新的采编流程引入的过程中，理念的渗透起到了至关重要的作用。新理念的推广和渗透成了推动工作成效提升的关键因素。为了确保工作人员能够顺利接受并适应新理念，图书馆开展了大量宣传和教育活动。通过这种方式，新的工作流程与新的工作理念高度契合，为业务流程的改进提供了有力支持。最终，图书馆注重依据反馈信息，不断对采编流程进行优化调整。每一条反馈，每一个建议，都是他们前行的动力。通过持续的改进与优化，图书馆的采编工作流程逐渐达到了新的高度，既提高了工作效率，又提升了服务质量。这个过程如同一场精心雕琢的艺术创作，每一个细节都见证了他们的努力与智慧。为了图书馆的长期发展与采编流程的不断优化，必须坚持进行改进工作。这项工作的第一步是重视问题的发现，收集工作人员和受众的反馈意见。这些反馈将成为持续优化采编流程的基础。确定了图书馆采编工作业务流程改进的具体思路后，下一步是明确实施步骤。在实践中，图书馆需要集中精力解决既有业务流程的问题，以便有针对性地改进工作。引入外包理念能够有效优化整体流程，并需要正确处理传统与新业务流程之间的关系。最终，图书馆需要构建评

估考核机制,以评价新的业务流程,并围绕这些流程进行岗位设置与岗位职能调整;依托信息系统优化知识管理与服务体系,图书馆需加强信息系统建设的重视,为采编业务流程的现代化发展打下坚实基础;为了避免承受过大的成本压力或导致负面运营影响,图书馆需要评估业务流程改进工作对正常运营的影响,以控制相关工作成本。

三、图书馆采编工作业务流程新形态

在图书馆采编工作的广度与深度亟待扩展的背景下,引入"学科馆员"制度显得尤为关键。这一制度的实施,使得图书馆采编人员的采访视野得以拓宽,不仅涵盖教研机构,还延伸至文献供应商。同时,采编人员在探索采访方式多样化的过程中,能够更深入地洞察图书馆用户的信息需求,从而确保采编工作与用户需求之间的精准对接。因此,该制度为图书馆采编工作者提供了专业素养的支撑,进而促进了采访范围与深度的扩展。在图书馆的资源采购流程中,资源的验收与移交工作标志着采购周期的尾声。这一阶段,图书馆采编部门需严格依照文献的著录、标引及索书号等标准进行细致的验收,确保每一项资源都符合既定的规范,包括条形码的准确性、书标的清晰度以及盖印的合规性。特别是在外包模式下,文献供应商承担了编目加工的责任,因此,图书馆工作人员在验收环节的角色尤为关键。为此,图书馆管理层需不断强调验收工作的重要性,确保工作人员对验收标准有深入的理解和掌握。验收完成后,文献资源将被移交给系统技术部门,以确保资源管理工作的顺利进行。在资源采购的初始阶段,图书馆需与各类资源供应商建立稳固的合作关系。这不仅包括传统的印刷型资源供应商,如期刊和图书的经销商,也涵盖了数字资源的供应商。在图书采购方面,图书馆需向图书经销商明确表达其文献需求,后者则负责整理书单并提供反馈。同时,"学科馆员"需对特定学科的馆藏资源建设成本和资源配比进行深入分析,以确定最终的采购方案和内容。对于电子资源的采购,电子资源供应商需提供试用,图书馆则负责推广并引导受众试用这些资源。通过收集受众的反馈,图书馆能够评估电子资源的试用效果,并据此做出采购决策。在整个采购方案的制定过程中,图书馆需清晰地传达其在馆藏资源建设中的具体需求,并根据采编内容的类型选择合适的采编方式和方法。这一过程不仅涉及与供应商的沟通协调,还包括对资源质量和适用性的严格把关,确保图书馆能够提供丰富、高质量的资源以满足用户的需求。

第二节 公共图书馆采编业务发展的现实问题及优化路径

在数字化和网络化的浪潮中,公共图书馆的角色和功能经历了翻天覆地的变化。这些变化不仅影响了图书馆的日常运作,也对采编部门的职责提出了新的挑战。采编部门,作为公共图书馆馆藏资源建设的核心,其任务包括搜集、整理、编制文献信息,这些工作是确保文献流通顺畅的前提。随着电子图书、数字图书馆和在线阅读的兴起,传统的采编流程已不再适应新的需求。用户的阅读习惯和心理也随之改变,这为公共图书馆的服务模式带来了新的要求。图书馆必须适应这些变化,探索新的服务方式和优化路径,以满足现代读者的需求。数字化和网络化的趋势不仅改变了图书馆的物理形态,也对其服务内容和方式提出了更高的要求。因此,考察公共图书馆采编业务的发展,必须从当前数字化和网络化的时代背景出发。这不仅涉及技术的更新,还包括对用户需求的深入理解和响应。通过优化采编流程,图书馆可以更好地整合资源,提供更加丰富和便捷的服务,从而在教育、科研服务和文化传播等领域继续发挥其不可或缺的作用。公共图书馆在社会文化生活中扮演的角色日益重要,而采编部门作为其核心组成部分,其发展和优化对于图书馆的未来至关重要。通过适应和引领数字化和网络化的趋势,公共图书馆可以确保其在新时代中继续发挥其教育和文化传播的重要功能。

一、公共图书馆采编业务所面临的发展问题

(一)公共图书馆采编业务不能很好适应网络化的发展要求

在当今时代,社会生活的各个领域已被网络技术的迅猛发展所深刻影

响，这一变革已成为推动经济和社会进步的关键力量。随着"互联网+"理念的广泛应用，公共图书馆的采编业务也迎来了前所未有的变革。数字资源和电子图书的引入，使得图书馆的馆藏资源变得更加多元化，这不仅为图书馆的采编工作带来了新的要求，也带来了新的挑战。为了适应信息技术的发展，图书馆需要构建一个完善的数据库和云服务平台，以便能够迅速而有效地满足读者的阅读需求。优化检索系统也是必不可少的，它能够为读者提供更加人性化的阅读体验。信息技术的进步还要求公共图书馆推进采编管理的信息化，建立一个高效的采编业务信息管理系统，从而提升图书馆的采编业务质量。尽管面临这些新的要求和挑战，许多公共图书馆在馆藏结构的构建上仍然存在不足。它们往往未能根据读者的实际阅读需求来进行图书和文献的采购，而是盲目地追随所谓的"畅销书"潮流，这种做法显然无法满足读者多样化的阅读需求。因此，公共图书馆在采编业务上的改革和创新，不仅是技术上的挑战，更是对服务理念和策略的深刻反思。

（二）公共图书馆采编业务面临着以用户为中心的转型问题

时光荏苒，公共图书馆曾几何时是信息海洋的灯塔，引导着人们驶向知识的彼岸。伴随着数字化浪潮的拍打，这座灯塔是否依然明亮？今日，我们讨论的便是这一变迁对图书馆采编工作的冲击，以及应对之策。想象一下，图书馆的采编人员正努力驾驭着知识的航船，但风向已变，他们必须调整帆的方向以适应新的数字化风向。在这个过程中，他们不仅要确立以用户为核心的网络化服务理念，还需在提升用户体验、鼓励用户参与和满足用户需求上下功夫。公共图书馆的未来，依赖于这些采编人员的创新和转变。回望过去，传统的图书馆管理模式如同一座座孤岛，各部门间难以形成有效的沟通和资源整合。尽管采编部门已经尝试融合，但要真正实现业务模式的根本转变，仍需跨越重重障碍。采编人员如何能在差异中找到共识，如何打破壁垒，实现资源的有效整合，是摆在我们面前的紧迫课题。公共图书馆的未来，取决于我们能否在数字化时代的大潮中，重新审视和调整采编业务。我们需要通过创新和优化业务流程，实现资源的有效整合和共享，让那盏知识的灯塔，再次照亮公众探寻信息的海域。

二、公共图书馆采编业务发展问题的原因分析

（一）采编业务流程不够合理

在数字化的浪潮中，公共图书馆的采编业务面临前所未有的挑战。信息化建设的滞后性成为其发展的瓶颈。尽管电子图书的采购流程日益复杂，要求图书馆构建系统化的采编体系，但众多公共图书馆在这一领域显得力不从心。缺乏电子图书采编信息系统，使得这一业务的可持续发展受到严重阻碍。特别是在编目加工环节，传统的人工作业方法依旧盛行，自动化编码系统的缺失导致图书编码效率低下，这一现状亟待改变。用户需求的个性化与多样化，对图书馆的采编业务提出了更高的要求。许多图书馆未能根据用户的实际需要调整其电子图书采编业务，导致数字资源的供需出现严重不对称。例如，缺乏科学合理的采编系统，无法有效整合图书馆的各类采编资源，这不仅影响了采编业务的科学性和针对性，也使得图书馆在满足用户需求方面显得捉襟见肘。

回溯至传统业务模式，我们不难发现其固有的局限性。在信息化时代背景下，图书馆采编部门本应推行扁平化管理，促进采访、编目等工作人员之间的信息共享，实现采编业务各环节的无缝衔接。受传统业务理念的束缚，公共图书馆往往采取单元采编、整体配合的方式，这种模式下的用户互动性差、信息来源单一，难以有效满足用户个性化的阅读需求。特别是在大型公共图书馆中，图书采购的种类繁多、数量庞大，对采编信息的准确性、全面性、可靠性提出了更高要求，而传统业务模式显然无法胜任这一挑战，从而引发了诸多图书采购问题。公共图书馆的采编业务需要一场深刻的变革。从信息化建设的滞后性到用户需求的个性化，从传统业务模式的局限性到数字资源供需的不对称，每一环节都亟待优化与改进。唯有如此，图书馆才能在数字化的浪潮中立于不败之地，更好地服务于广大读者。[①]

（二）采编人员素质有待提高

在如今这个信息化时代，我们见证了一个巨变：公共图书馆不再仅仅

---

① 徐明.网络环境下图书馆采编业务的协同运作与流程优化[J].内蒙古科技与经济，2014（3）：146-147.

是纸质书籍的储藏室，而是演变成了集知识、技术、创新于一体的数字化信息中心。面对这场变革，图书馆的采编人员面临前所未有的挑战。他们不仅需要深厚的专业知识，还需掌握前沿的信息技术，以便借助网络和物联网的力量，对传统的采编工作进行流程再造和优化。现实的困境在于，许多从事采编工作的图书馆员并非计算机专业背景，对于数字图书馆和信息技术管理系统认识不足，这无形中为图书馆的转型升级设置了一道障碍。公共图书馆在财政支持上往往捉襟见肘，员工待遇偏低，缺乏有效的激励和考核机制，这使得采编人员的工作热情大打折扣，对于学习新知识的动力不足。更不用说，由于待遇不理想，公共图书馆很难吸引和留住高素质的专业人才，这使得采编人员的知识结构逐渐落后，难以适应信息化管理的要求。以人力资源管理为例，采编团队内部往往存在采购人员对编目工作不够了解，编目人员对图书采购知识掌握不足的现象，这种情况直接影响了采编业务的有效整合，从而影响了整个图书馆的采编工作质量。在这个日新月异的时代，公共图书馆必须找到解决这些问题的方法。只有这样，它们才能紧跟时代的步伐，为公众提供更高效、更优质的服务。[①]

（三）采编业务外包制度不完善

在公共图书馆的现代化进程中，业务外包已成为一种不可逆转的潮流，它不仅有助于削减管理开支，更是提升服务效率的关键策略。这一策略的核心在于，图书馆将非核心业务委托给专业机构，以此来优化资源配置，提升服务水平。例如，通过外包编目工作，图书馆能够加速图书采购流程，缩短编目所需时间。这一模式也暴露出一些问题。一些图书馆过度依赖外部合作伙伴，几乎将所有业务都交由这些企业处理，这不仅削弱了内部员工的工作动力，也导致了服务质量的潜在下降。同时，外包企业往往过分关注经济效益，忽视了图书加工的精细要求，这使得图书馆的馆藏质量难以达到预期标准。结果是，图书馆的采编人员不得不投入额外的时间和精力，对数据进行修正和对内容进行重新整理，从而影响了整体的工作效率和质量。

---

① 梁淑珍.图书馆采编业务社会化进程中的问题与对策[J].当代图书馆，2006（3）：214+216.

三、公共图书馆采编业务发展问题的优化路径

（一）优化公共图书馆的采编业务流程

在公共图书馆的业务创新中，首要任务是根据采编准则和用户需求来设计业务流程，详细梳理并改进当前存在的问题和不足之处，以提高业务流程的科学性和有效性。要调整业务中的细节问题，使采编业务与其他业务更加协调一致，如根据公共图书馆的采购经费和收藏原则确定采购目录，然后将购书清单提交给图书供应商。在编目过程中，采编人员通常会逐一核对采购的图书，根据图书馆的馆藏原则和管理规定，粘贴图书编码，将索书号、书签等图书信息录入数据库，最终进行分类和整理归档。在图书馆的采编工作中，应当将重点放在满足用户需求上，围绕用户需求展开图书采购和编目工作，提高工作的规范化和标准化水平，例如将工作重心放在图书采购和编目加工上，通过咨询专家意见、听取用户反馈等方式确定采购内容和范围，完善采购流程。实现图书采编业务各个环节的无缝衔接，应当将图书采购和书目编制结合起来。不断优化图书文献采购制度，将走访调查、网上采购、现场采购等结合起来，完善图书采购工作制度。将图书馆的馆藏资源都纳入数字图书馆数据库之中，应当加大对数字图书馆的人力及资源投入，建立自动监控系统，在IT管理系统的基础上对公共图书馆的图书采购、书目编制等进行监督。为了更好地优化图书馆的采编工作，应当在图书馆官网上设置用户采编意见栏，以公开征集的方式获取用户的意见反馈。[①]

（二）提高图书馆采编人员的综合素质

在飞速发展的网络与数字化时代背景下，人们的阅读心态、习惯及需求正经历一场翻天覆地的变革。电子书籍和网络阅读的兴起，标志着传统纸质图书的影响力日渐式微，而人们对于迅速获取信息的渴望则与日俱增。伴随着生活的快节奏，利用零碎时间进行阅读已成为越来越多人的选择。这一切都对公共图书馆的采编工作带来了全新的挑战。

---

① 陈丽.新形势下的图书馆采编业务工作解析[J].中国科教创新导刊,2013(23):251.

面对这种变革，公共图书馆必须对采编团队进行现代化升级，打造一支不仅专业知识扎实，且能适应信息化管理潮流的高效团队。采编人员需要不断提高自己的业务水平，掌握更先进的计算机技术，以满足读者多样化和个性化的阅读需求。为了实现这一目标，图书馆首先应开展一系列专业培训和继续教育活动，如邀请业界专家授课、举办专题研讨会，以此提升采编人员的专业技能和计算机应用能力。通过这些措施，采编人员将能更好地适应图书馆数字化、信息化的发展趋势。同时，图书馆还应通过公开的招聘渠道，引进更多具有图书馆学和计算机背景的专业人才，以此优化采编团队的知识结构，增强其整体实力。而在职业道德和服务意识培养方面，图书馆也应当不遗余力。通过思想政治教育、职业道德讲座和文明单位创建活动，可以进一步提高采编团队的服务意识和职业道德水平。公共图书馆必须不断调整和更新采编人员的技能和知识结构，确保他们能够跟上时代的步伐，为读者提供更加优质的服务。通过这样全方位的努力，公共图书馆才能在数字化时代中立于不败之地，继续履行其传播知识、服务社会的使命。

（三）完善公共图书馆采编业务外包制度

在这个快速变化的时代，公共图书馆作为知识的宝库，却似乎在管理的道路上止步不前。他们的采编工作，那些挑选、编辑、整理书籍的过程，依旧沿袭着古老的模式，未曾真正与数字化时代的大潮接轨。用户的需求日新月异，期待着图书馆能够提供更加便捷、高效的服务，但落后的业务流程让这种期待变得遥不可及。这不仅是对资源的浪费，更是对时代发展的辜负。曙光破晓，改革之潮涌动。公共图书馆需乘风破浪，大胆探索新的采编业务模式。其中，业务外包如同一股清新的风，为提高采编工作质量带来了新的可能性。想象一下，图书馆将自动配书、书目选购这些烦琐的任务外包给专业的机构，自身的采编团队则可以专注于更为重要的工作，如清单订购、书目编制，甚至可以开展更多元化的服务。这样的改变，不仅提高了工作效率，更提升了图书馆的专业形象。但改革之路并非一帆风顺，业务外包也需要精心策划和审慎执行。图书馆必须考虑到自身的经费限制和业务发展需求，避免盲目跟风。外包并不意味着放弃监督，公开公平的招标原则是保障外包质量的基石。通过法律的准绳，我们能够减少腐败问题的发生，确保每一笔开支都用在刀刃上。选择那些实力雄厚、信誉卓著的馆配商，是确保外包成功的关键。他们不仅能够提供高质量的书籍，更能够带来创新的采编理念和流程。完善的编目外包抽检制度，也是规范化建设的不可或缺的一环。①

---

① 李园贞,冯彩芬,郑建瑜.大学图书馆编目业务外包的实践和思考——以中山大学图书馆为例[J].大学图书馆学报，2010（3）：71-74+84.

后 记

在数字化浪潮汹涌的今天，图书馆采编实践正经历着前所未有的变革与重生。本书通过深入剖析数字化时代图书馆采编工作的新挑战与机遇，不仅回顾了传统采编模式的演变历程，更前瞻性地展望了未来采编工作的发展方向。我们坚信，随着大数据、人工智能等技术的不断融入，图书馆采编将迈向更加智能化、高效化的新阶段，为读者提供更加个性化、精准化的知识服务。

在此，衷心感谢所有为本书撰写、审校及出版过程中付出辛勤努力的作者、专家及团队成员。是你们的智慧碰撞与不懈努力，让这本关于数字化时代图书馆采编实践的专著得以问世，为业界同仁提供了宝贵的参考与启示。

展望未来，我们期待图书馆采编工作能够在数字化时代绽放出更加璀璨的光芒，成为连接知识与读者的桥梁，成为推动社会文明进步的强大动力。让我们携手并进，共创图书馆事业的美好明天！

参考文献

[1] 韦美良. 图书馆采购工作的理论与实践探索 [M]. 长春：吉林出版集团股份有限公司，2022.

[2] 朱蕊. 公共文化服务视角下图书馆的采编业务建设 [M]. 青岛：中国海洋大学出版社，2022.

[3] 平安. 图书馆文献资源采访实务教程 [M]. 北京：知识产权出版社，2022.

[4] 肖竹青. 高校图书馆文献采编与读者服务研究 [M]. 北京：企业管理出版社，2020.

[5] 李书宁. 图书馆电子资源采购的规范管理与控制 [M]. 北京：中国经济出版社，2019.

[6] 刘春辉. 虚拟现实技术在高校图书馆数字化服务中的应用 [J]. 才智，2024(20)：181-184.

[7] 杨萌，严海兵. 基于数字化转型的图书馆数据文化建设研究 [J]. 江苏科技信息，2024(12)：66-69.

[8] 陈芳芳. 数智技术驱动下公共图书馆古籍数字化建设研究 [J]. 图书馆工作与研究，2024(6)：52-58+80.

[9] 郭韵焓. 高校图书馆信息数字化建设优化 [J]. 文化产业，2024(17)：103-105.

[10] 闫永凤，臧萌，王亚博，王晗. 数字化社会公共图书馆的服务效能提升策略研究 [J]. 内江科技，2024(05)：3-4+7.

[11] 黄炜. 网络环境下公共图书馆采编工作的现状研究 [J]. 参花，2024(16)：116-118.

[12] 陈开君. 网络时代高校图书馆采编工作研究 [J]. 时代报告（奔流），2024(5)：104-106.

[13] 陈珊珊. 图书馆采编效率提升与图书包装设计优化研究 [J]. 上海包装，2024（5）：136-138.

[14] 陈茂坤. 智能时代背景下图书馆采编管理模式构建及创新 [J]. 文化创新比较研究，2024（12）：126-129.

[15] 张黄. 图书馆采编工作创新发展 [J]. 文化产业，2024（11）：82-84.

[16] 张洺源. 高校智慧图书馆采编管理模式的新变化 [J]. 文化产业，2023（32）：85-87.

[17] 赵佳艺. 当前提高公共图书馆采编工作质量的对策研究 [J]. 参花（下），2023（1）：113-115.

[18] 张波. 立足高校图书馆，观图书采编业务外包之应用 [J]. 文化产业，2023（18）：112-114.

[19] 高斌. 网络化时代图书优化采访及编目工作标准化分析 [J]. 大众标准化，2023（10）：173-174+177.

[20] 郝凤琴. 网络环境下如何做好高职院校图书馆采编工作的探索 [J]. 科技资讯，2023（7）：192-195.

[21] 赵佳艺. 当前提高公共图书馆采编工作质量的对策研究 [J]. 参花（下），2023（1）：113-115.

[22] 张洛绮. 试论如何提高高校图书馆采编部门信息化服务工作效率 [J]. 采写编，2023（1）：187-189.

[23] 方超. 大数据技术在图书馆智能图书采编业务中的应用研究 [J]. 科技经济市场，2023（1）：36-38.

[24] 何欢. 融合营销思维的公共图书馆采编工作研究 [J]. 文化产业，2023（1）：106-108.

[25] 王振君. 大数据技术在高校图书馆智能图书采编业务中的应用研究 [J]. 文化产业，2023（1）：115-117.

[26] 桂娟. 基于数据智能的高校图书馆采编工作研究 [J]. 电脑知识与技术，2022（35）：70-72.

[27] 赵冰. 基于大数据的智能图书馆采编模式分析 [J]. 集成电路应用，2022（12）：168-169.

[28] 赵晞伶. 对西部地区公共图书馆采编工作的几点思考 [J]. 内蒙古科

技与经济，2022（22）：130-131.

[29] 朱美丽.高校图书馆采编及流通工作优化策略研究[J].黑龙江档案，2022（3）：335-337.

[30] 张晨.基于"大流通"模式下社科类图书馆采编工作的难点以及应对策略[J].经济师，2022（7）：233+235.

[31] 韩佳芮.新时代图书馆采编工作的机遇与挑战[J].办公室业务，2022（9）：159-161.

[32] 袁群.现代图书馆采编部服务职能的转变策略分析[J].秦智，2022（1）：8-10.

[33] 孙熠.互联网环境下图书采编工作的问题和实践对策探究[J].山西青年，2022（8）：168-170.

[34] 翟婧.浅谈图书馆采编外包的利弊以及改进策略[J].公关世界，2022（9）：70-72.

[35] 时艳.新时期高校图书馆采编工作的变化及措施[J].采写编，2021（12）：187-188.